主编简介

王滨，教授，医学博士，博士研究生导师，现任滨州医学院院长。教育部本科教学审核评估专家，全国高等学校五年制临床医学专业教材评审委员会委员，山东省人民政府学位委员会委员，山东省高校首席专家，山东省卫生系统杰出学科带头人，山东省高等学校"医学影像学"省级教学团队负责人，山东省特色重点学科"影像医学与核医学"和"十三五"高校重点实验室"分子影像与转化医学"学术带头人，山东省优秀教学团队负责人，分子影像山东省高校优秀科研创新团队学术带头人。中华放射学分会委员、分子影像学专业委员会委员、山东省医学教育协会会长、山东省放射学分会副主任委员、山东省医学影像学研究会副理事长、山东省医学影像学研究会分子影像学分会主任委员、山东省放射医师协会副会长等学术团体职务。是国内外15种期刊的主编、副主编或编委。

长期从事教学、科研和临床工作。承担和完成山东省教学研究重点项目《全纳教育下医学院校残疾人"三合"教育模式研究》和研究生创新项目8项，获山东省教学成果二等奖1项，山东省优秀教材一等奖1项。指导博士和硕士研究生120余名，获得山东省优秀硕士论文6篇，研究生创新成果奖5项。先后承担和完成国家自然科学基金、卫生部优秀青年科技人才专项基金、教育部留学回国人员启动基金、山东省科技攻关和山东省自然科学基金等课题30余项，已鉴定科研课题29项，分别获卫生部、上海市和山东省科技进步二、三等奖10项。主编、参编专著、译著和教材19部，其中国家"十二五""十三五"规划教材7部。期刊发表论文390余篇，其中SCI收录50余篇。国际和重要国内学术会议发表论文170余篇。1998年获全国模范教师荣誉称号，并授予全国教育系统劳动模范。2007年被评为山东省首届优秀研究生指导教师。

题　　词

贺滨州医学院　残疾人医学事业创建十周年

开拓医校教育
新领域

甲戍孟夏
彭冲

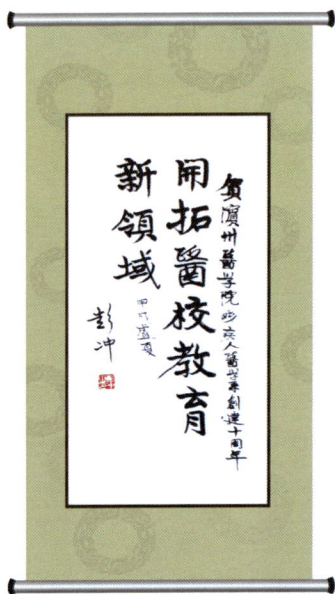

全国人大常委会原副委员长彭冲为我校题词

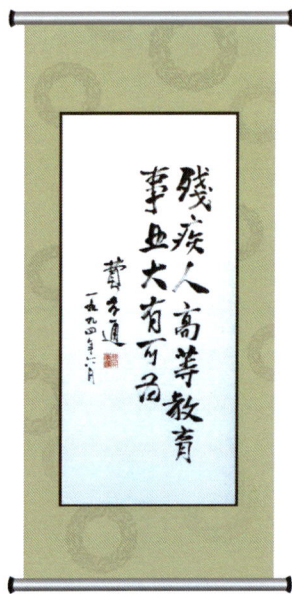

残疾人高等教育
事业大有可为

费孝通
一九九四年六月

全国人大常委会原副委员长费孝通为我校题词

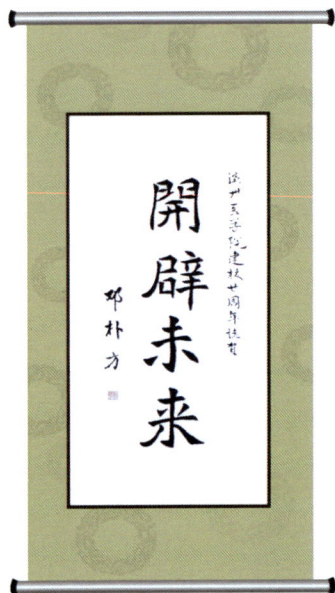

滨州医学院建校廿周年纪念

开辟未来

邓朴方

中国残疾人联合会原主席邓朴方为我校题词

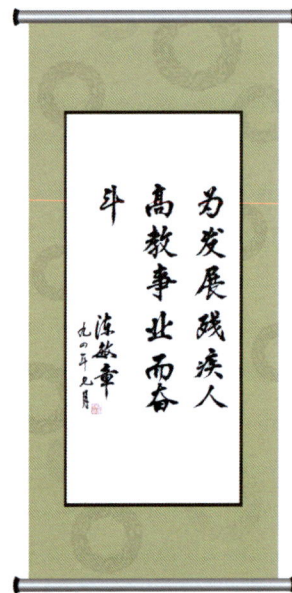

为发展残疾人
高教事业而奋
斗

陈敏章
九四年九月

原卫生部部长陈敏章为我校题词

中国残疾人联合会

亲爱的老师们、同学们:

你们好!

今天是滨州医学院创办残疾人高等教育30 周年的日子。大家欢聚一堂,共同庆祝。我多想能跟你们在一起,分享这激动人心的时刻!

30 年前,滨州医学院以高度的社会责任感和对残疾青年的关心鼓励,创建了医疗二系。这是中国残疾人事业发展历程中的一个重要事件,滨州医学院也成为有志献身医学事业的残疾人的梦想地,这是一个具有深切人文关怀的远见。

残疾人获得接受高等教育的机会,就如同星光为在黑暗中前行的人照亮道路。30 年间,我收到过很多老师和同学的来信,每当看到同学们讲述自己为理想而奋斗,勤奋学习的情景,我都特别感动。30 年间,我也给同学们写过很多信,还录制过贺信,把我真诚的问候和祝福带给你们。

30 年来,一批又一批残疾同学从这里毕业,走向社会,从事着人道、奉献,治病救人的崇高事业，有的还成为医学领域的学科带头人和专家，实现了人生理想和抱负。你们的成绩也让人们更进一步认识了残疾人的生命价值和意义。

　　近年来，滨州医学院在探索残疾人高等教育与融合方面不断取得新成果，我感到很高兴，也为你们骄傲。我相信在残疾人事业发展的道路上，滨州医学院一定能留下闪光的足迹。这些年，我一直想来滨州医学院看望老师和同学们，相信不久的将来，我的美好愿望一定能实现！

　　再过些天又是新的一年了，在此，我衷心祝福老师和同学们新年快乐，工作顺利，学习进步！

海迪

2015 年 12 月 17 日

尊严与幸福之路

——医学院校残疾人大学生"三合"教育模式

主　编　王　滨

副主编　秦国民　张玉丽

编　委　王　滨　秦国民　张玉丽　刘志敏

　　　　蔡　虹　朱光燕　孙亚楠　李建昌

　　　　王忠彦　陈丛显

科学出版社

北　京

内 容 简 介

医学院校开展残疾人教育是医学院校利用其教育资源和医疗资源的优势有效服务社会的一个新渠道。本书是山东省 2012 年高校教学改革重点项目"全纳教育下医学院校残疾人三合教育模式研究"的成果。本书以全纳教育理念为引导，针对残疾人大学生的身心特征，在总结滨州医学院 30 余年残疾人高等教育的办学经验的基础上，从理论上探索了"残疾人与健康人相融合"、"教育康复与医疗康复相结合"、"通识教育与专业教育相统合"的残疾人"三合"教育模式。全书围绕"三合"教育模式，从残疾人大学生成长、教师发展、课程开发、教学评价、育人成效等方面进行了分述，针对实践中发现的问题提出了相应的建议。

本书可供从事特殊教育学、心理学和残疾大学生教育的研究人员以及高校教师、研究生和本科生参考阅读。

图书在版编目（CIP）数据

尊严与幸福之路：医学院校残疾人大学生"三合"教育模式 / 王滨主编.—北京：科学出版社，2017.11
   ISBN 978-7-03-054852-8

Ⅰ.①尊… Ⅱ.①王… Ⅲ.①医学院校-残疾人-大学生-教育模式-研究-中国 Ⅳ.①G760

中国版本图书馆 CIP 数据核字(2017)第 253211 号

责任编辑：李　植　胡治国／责任校对：郭瑞芝
责任印制：张欣秀／封面设计：陈　敬

科 学 出 版 社 出版
北京东黄城根北街 16 号
邮政编码：100717
http://www.sciencep.com

北京京华虎彩印刷有限公司 印刷
科学出版社发行　各地新华书店经销
*
2017 年 11 月第 一 版　开本：B5（720×1000）
2017 年 11 月第一次印刷　印张：11 5/8　插页：2
字数：220 000
定价：88.00 元
（如有印装质量问题，我社负责调换）

引　言

尊严与幸福之路

——滨州医学院残疾人大学生"三合"教育模式的探索与启示

人是教育的目的。一切教育都是为了人的尊严和幸福，为了人的自由和谐全面的发展。残疾人高等教育面向特殊群体、肩负特殊使命、彰显独特魅力，是一项伟大的事业。多年来，滨州医学院在残疾人高等教育领域的探索与实践，体现了对教育使命的深刻理解，展示了对生命价值的尊重与担当，寄托着滨医人深厚的教育情怀和生命关怀。

破冰：开创历史——

哲人说，历史中有属于未来的东西，找到了，思想就永恒。伴随着当代中国风雷激荡的伟大变革，我国残疾人高等教育走过了不凡的历程。今天，站在历史与未来的交汇点上，登高望远，抚今追昔，我们将触摸到怎样的历史脉搏？

历史的时针回到1985年，中国残疾人高等教育的历史源头在这里定格。那是一个激情与理想飞扬的时代，世间万物都迸发着勃勃生机。然而，由于种种原因，一个群体的成才愿望被淡忘，残疾人上大学在当时只能是梦想。"人生而平等，我们为什么不能上大学？"这样的时代叩问，尖锐而又无奈。

1985年，滨州医学院以敢为人先的勇气、为国分忧的情怀、勇于担当的豪情，创办了我国第一个专门招收残疾学生的临床医学二系，开创了中国残疾人高等教育的先河。这一创举赢得了国内外的广泛关注和高度评价，被誉为"做了天底下功德无量的大好事"。从此，多少残疾青年上大学的梦想变为现实，多少家庭枯涸的期盼化为惊喜的热泪！

临床医学二系的创办，成为全国残疾人高等教育事业发展的标志性事件，永载我国残疾人高等教育的发展史册，永远铭刻在滨医的发展史上。它突破了当时招生政策的限制，促进了招生政策的积极调整；探索建立了政府支持、残联协调、学校为主体的新体制；它对传统的残疾人观念和教育观念产生了很大冲击，极大地改变了人们对残疾人的看法，使人们逐步认识到：残疾人同样有接受高等教育的权利，残疾人高等教育是一项崇高的事业，是社会文明程度的重要标志，接纳残疾人接受高等教育是政府和学校义不容辞的责任。

滨州医学院创办残疾人高等教育的创举和在残疾人领域与时俱进的实践，适应了时代发展的要求，展示出社会主义大学的博大胸怀和文明理念，产生了广泛的社会影响，推动了社会文明观念的转变，为展示我国保障人权的良好形象和人权事业的发展成就作出了贡献，被社会誉为"人道主义的一面旗帜"。

创新：引领未来——

"让残疾学生在这里得到最好的教育"，这是对未来的庄严承诺，更是对美好生活的热切召唤。

三十多年来，滨州医学院努力探索适合中国国情、满足社会需要的残疾人高等医学教育模式，在培养目标、教育过程、文化建设、资源整合上进行创新设计，探索形成了一条"残疾人与健康人相融合"、"教育康复与医疗康复相结合"、"通识教育与专业教育相统合"的残疾人"三合"教育模式，即在教育环境方面通过"残疾人与健康人相融合"构建残疾学生与健康学生融合相处、无歧视的教育环境；教育手段方面"教育康复与医疗康复相结合"采用医疗康复与教育康复相结合达到残疾生的身体与心理的协同康复；在教育途径方面采用"通识教育与专业教育相结合"培养掌握一定专门技能的"完整"的残疾人，重视高等教育内在适切性与外在适切性的有机结合，强调残疾生职业幸福设计；"三合"教育模式实现了基于和合教育理念、人本教育理念、素质教育理念下教育环境、教育手段、教育途径的内在统一。

滨医开创的这一依托普通高等学校发展残疾人高等教育的模式顺应了世界残疾人高等教育"一体化"和"回归主流"的发展趋势，适合我国高校的实际情况以及社会文化特点，被专家称为"滨州医学院模式"。这一模式现在已成为我国残疾人高等教育的主导模式。为残疾青年开辟了成长、成人、成才、成功的道路，开辟了我国残疾人高等教育的新境界，通过教育创新实践弘扬了创新精神，培育和丰富了创新文化。

"三合"教育模式把教育环境、教育手段、教育方式有效结合起来，把教育过程和残疾人的康复过程结合起来，实现康复与教育的互动融合。肢体、心理、社会综合康复的实质就是全面实施素质教育，实现医学教育、残疾人教育和生命教育的深度融合，为学生的健康成长和全面发展铺就一条成功道路，这成为残疾人教育的一条重要规律和实践经验。残疾人教育创新实践进一步深化了我们对残疾人教育规律、高等教育规律、医学教育规律的认识：发展残疾人教育必须坚持以人为本，充分认识其社会意义，自觉担当社会责任，真正把它作为一项崇高的事业来做；必须构建适合残疾人特点的教育模式，为残疾人大学生提供优质教育资源，培养全面发展的合格人才；必须营造体现人文关怀的育人环境和大学文化，为残疾人大学生健康成长和融入社会积极创造条件；必须形成政府、社会、学校共同关注和支持残疾人教育的机制，形成残疾人教育的合力。

关怀：彰显大爱——

没有爱就没有教育，爱是最好的教育。残疾人这个特殊群体需要更多的关怀，残疾人教育这个事业需要更多的支持。

三十多年来，滨医人崇尚仁爱，维护尊严，大力营造关心、关爱、关怀的人文环境。以博大的胸怀接纳残疾学生，以博爱的情怀帮助残疾学生，使他们在温馨的氛围中幸福生活、健康成长，在平等的环境中提升尊严、和谐发展。残疾人教育的文化内涵、人文价值得到充分的展示，生命尊严进一步彰显，培育了关爱生命、关爱社会、关爱人类的人文情怀，成为独特、宝贵而具有丰富教育价值的文化资源。

知识改变命运，教育照亮人生。三十多年来，滨医成为残疾青年心中的圣地，而滨医也坚守着最初的诺言。三十年来，先后有 1100 余名残疾人大学生完成学业，重塑人生，收获成功。他们有的走向世界，在国际讲坛展示着自信的风采；有的扎根基层，在医疗一线践行着白衣天使的使命。大爱滨医，成为众多残疾青年化茧成蝶、涅槃重生的摇篮。

医学关怀生命，大学必有大爱。作为医学院校，通过举办残疾人高等教育，师生对生命和健康的认识更加深刻，对大学的使命、教育的真谛、医学的本性也有了更深切的体会。残疾人教育深化了滨医人对生命的理解，为树立善待生命、珍视健康、尊重多样、和谐共融的理念提供了生活感情基础；深化了滨医人对教育的理解，使大家生动地认识到真正的教育就是要给学生以尊严、信心、力量和智慧，真正的教育就是要影响人、解放人、改变人、成就人，教育必须要有有教无类的情怀、因材施教的智慧，医学教育必须科学与人文相辅相成、相得益彰，必须实现主体教育、专业教育与社会需要的融合。

结　语

有人说："这是　项伟大的壮举，更是一项崇高的事业。"它蕴含着人世间一切美好的东西，关于希望，关于温暖，关于尊严，关于幸福。它让凄凉回归温情，让冷漠回归人性，让无奈回归希望。回首残疾人高等教育的发展历程，充分彰显了兼容并包、有教无类的教育情怀，体现了上善若水、容润万物的人性之美，弘扬了人道博爱、公平正义的现代文明。

这是一条尊严与幸福之路，也是一条通向光明与未来之路。

目　　录

第一章　世界残疾人教育发展历程回溯

特殊教育（special education）是根据特殊儿童的身心特点和教育需要，采用一般或特殊的教学方法和手段，最大限度的发挥受教育者的潜能，使他们增长知识，获得技能，拥有良好品德，提高适应能力的一种教育。根据教育对象的年龄可将特殊教育分为：早期教育、青少年教育和成年教育；从教育实施场所可分为：家庭教育、学校教育和社会教育；从教育内容可分为：生活教育与训练、文化知识教育与训练和职业教育与训练；从受教育水平可分为学前教育、基础教育和高等教育。特殊教育的对象可分为三类人群：盲、聋等感官残疾、智力残疾、肢体残疾、病残和多重残疾等不同类型和不同程度残疾的残疾儿童（disabled children）；有学习困难、阅读困难、计算困难等学习问题，存在打架、斗殴、吸毒、反社会等行为问题和出现悲观厌世、过于冲动等情绪问题的不同类型问题的问题儿童（problem children）；有超常智力、能力的超常儿童（gifted and talented children）。狭义的特殊教育对象通常针对第一类中的残疾人。

我国《残疾人残疾分类和分级》将残疾人（disabled person）定义为"在精神、生理、人体结构上，某种组织、功能丧失或障碍，全部或部分丧失从事某种活动能力的人"，并将残疾分为视力残疾、听力残疾、语言残疾、肢体残疾、精神残疾和多重残疾6大类，而各类残疾又按照残疾程度分为四级，其中残疾一级为极重度，残疾四级为轻度。《残疾人保障法》中明确规定："高等院校必须招收符合国家规定录取标准的残疾考生入学，不能因其残疾而拒绝招收"。目前我国残疾人主要以三种形式接受高等教育：通过单招进入高等特殊教育院校或专业；通过高考进入普通高等院校；通过自学考试、远程教学等方式学习高等教育课程、获取大专或本科学历。

本书作为教育对象的残疾人大学生包括视力残疾、听力残疾、肢体残疾等。

一、排斥到接受：18 世纪特殊教育机构的形成

18 世纪以前，现代医学和公共卫生体系尚未建立，生存对于绝大部分人群来说都不是件轻松的事情，产妇营养不良和流行病、瘟疫等因素使得婴儿死亡率很高，近半数婴儿活不到成年。猩红热在早期基督教时期非常常见，许多文献中都提到人们因患猩红热而导致失聪、失明、精神错乱的案例。直至 1800 年，欧洲仅有 1.5 亿人口，其中半数年纪不足 21 岁，平均预期寿命仅有 35 岁。儿童的社会地位也与如今有巨大的区别，即使是年纪很小的孩子也被赋予为家庭赚取经济收入的期待。同时，由于各个阶层、各个年龄段都有大量的文盲存在，为儿童提供教育并不是当时社会所关注的问题，直至 19 世纪中旬，社会才意识到为 6～12

岁儿童普及识字技能是促进社会发展的重要任务之一。

对于没有职业、没有经济来源的残疾人来说，社会对他们的接纳程度非常低，许多残疾人被驱逐流放，基本生存条件都无法得到保障。但随着思想的进步和基督教、医学、心理学的发展，特殊教育逐渐形成。18 世纪以前，特殊教育表现为传教士个体自发行为的"传教士教育"或"教会教育"，以及医生自发的"医疗训练教育"。"传教士教育"或"教会教育"主要以教会教规为主要思想和方法，在提供宗教的精神慰藉和庇护同时，尝试用普通学校的方法教授聋人说话以及读、写、算等基本知识。学生不多且多来自收留的残疾人，也有贵族子弟。学生除学习外，有的还从事教会的勤杂工作。这时的教育尚未形式化，没有专门的、固定的场所和教育体系、机制。如西班牙修道士德乐翁曾在贵族家中教授聋儿。医生个人自发举办的特殊教育，多是在博爱思想影响下，结合自己的医学知识，以对残疾缺陷进行医疗矫治和康复训练等活动为主要内容，提高机体感官机能。这一阶段的特殊教育本体上是以宗教、医学为内在依据。在认识论上，把残疾人视为身体病态的弱势群体，并以教育帮助作为救赎残疾人以及自己原罪的途径。这一阶段的特殊教育多称为"教会教育"，不具备现代意义上的教育实质。

（一）中世纪前对残疾人的歧视和特殊教育的零星探索

原始社会时期，父辈对子辈的教育以维持生产和种族繁衍为目标，由于当时的文化发展仍属于早期阶段，对于下一代进行的教育并没有从生产、生活中独立出来。保障自身生存已经是件非常艰难的事情，身体严重受损的人很难在艰苦的自然条件下生存，他们无法感知危险，无法击退敌人，也无法外出狩猎或觅食。因此在集体生活中，他们无法做出任何有效的贡献，对集体的生存构成一定威胁。这一时期，身体和精神上的异常被视为恶灵入侵，人们会求助萨满祭司和巫师进行治疗。史料记载，萨满祭司和巫师会为患者进行驱魔仪式，在患者的头骨上凿洞企图让恶魔逃离人类的躯体，有时为了防止恶灵感染其他居民，祭司会直接杀死这些异常的人。

两河流域文明时期，苏美尔人的神话中出现关于地母神宁马赫（Ninmah）醉酒后制造出残缺不全、身体虚弱、智力低下的人类的故事，残疾人被描述为神明的错误，消除残疾人的法律经常伴随着流行疾病和瘟疫的出现而出现，这种对待残疾人的态度自然无助于特殊教育的发展。

古希腊社会崇拜贵族气质，重视儿童的先天身体素质，强调通过体育和音乐教育塑造漂亮和完美的人[①]。形态不正常和有残缺的人被称之为畸形，自出生起就要被扔到山谷中成为飞鸟和走兽的美食。有时被抛弃的婴儿会被别的城邦收去抚养，但长大后仍然无法融入主流社会。虽然不受重视的残疾人不可能在文学作品

---

① 渥德马·菲林斯克，李伟. 1991，西方历史上对残疾人的态度[J]. 中国社会医学，（6）：51～54.

以主角存在，但我们仍能从有限的古代文献作品中了解到当时社会对于残疾人的态度。文学家们通常将这些外貌与他人不同的人描述为罪犯、怪物且有自杀倾向、狡诈、怯懦、沉迷性爱等负面形象。"畸形人"被视为是恶魔一般的存在，是由于作恶而被惩罚的人类，他们仇视正常人，并会给社会带来厄运、疾病、痛苦甚至谋害正常人。公元前4世纪，雅典瘟疫横行，苏格拉底（Socartes）和柏拉图（Plato）等政治家和思想家提出了严格的优生政策："最好的男人必须与最好的女人保持着尽可能频繁的性联系，最差的男女之间尽可能少的发生性联系……最差配偶的孩子及出生时畸形的孩子应当被置于不能接近和不知道的地方，这是正确的和合法的"。亚里士多德（Aristotle）也赞成处死"劣等"婴儿的法律。

早期基督教时期，受神学和宗教教义影响，社会对残疾人的态度有了积极的转变。《马太福音》和《马可福音》中都有残疾人获得治疗的故事，尽管这些记载未必是真实的史实，但仍能从侧面显示出基督教教义中有利于改善残疾人生存环境的影响力。14世纪，基督徒开设了一些收容盲人的收容所，为以后的盲人教育发展起到了示范作用。虽然教义提出要重视仁爱，同情并援助弱者、孤独和身患残疾的苦难人，但也有部分人将教义解读为人患有某种疾病或丧失身体机能是由于个体或其父母触犯宗教教义而导致上帝对其进行惩罚，因此残疾人是有罪的，不能成为教会成员。人们潜心于宗教和道德修养，对于残疾人仅仅给予微不足道的关心，但鼓励残疾人通过加深信仰和提高道德修养获得救赎。

中世纪灾乱、瘟疫、战争频发，残疾人和残疾人教育仍然处境艰辛，但由于基督教的传播，人们对残疾人的态度逐渐发生改善，甚至也逐渐承认残疾人的合法地位，并为残疾人建立了福利制度。地区、国家、民族之间的战争导致许多人因外伤成为残疾，许多无法在家中得到照顾的残疾人被安置在教堂或贫民照管机构中，虽然基本生存得到维护，但残疾人仍处于社会底层。由于麻风病是6～13世纪欧洲国家的主要健康问题，许多国家成立了麻风病院。在社会出现危机或者紧急事件时，残疾人、特别是麻风病人总被当作滋扰者受到社会的驱逐。随着迷信的增加，社会对于残疾人的误解也在不断加深，身体畸形的残疾人被视为"魔鬼之子或女巫"，是魔鬼的子嗣甚至是魔鬼本身，具有强烈的危险性，因此消灭他们在道义上是合情合理的。新出生的畸形儿会被认为已被小妖甚至魔鬼本身所替换，人们将杀死畸形儿或经长时间鞭打以"唤回"正常的婴儿。长相畸形、智力低下的儿童被视为没有灵魂的肉，会被人们淹死。数量众多的麻风病院除了收留麻风病人以外，也收留了很多其他特殊群体。相对于其他残疾人群，盲人的社会参与度相对较高。15世纪有传教士在叙利亚的一所麻风病院中搭建了一个特殊的小棚子，他在里面教授盲人演唱圣歌，附近的教民会为他们捐献救济金。这一时期医学尚处于发展初期，虽然有希波克拉底、盖伦、塞尔苏斯等人在解剖学和病理学等医学领域形成一定理论，但尚未形成较为系统的科学体系，针对各种残疾状态的治疗方式尚充满野蛮、迷信的色彩，更偏向于江湖骗术。医学文献中曾描述"当癫痫患者跌倒时，活埋一只黑色的公鸡，并加入患者的一撮头发和指甲碎片，恶灵会从癫痫患者身上离开而转移到公鸡身上，以此拯救患者"。

从原始社会到中世纪，社会生产力低下，无法提供足够劳动力和生产力的残疾人并不被主流社会所接纳，社会既不会肯定他们的生存价值，也不会考虑到他们被尊重和接受教育的权利。基督教的发展促使社会对于残疾人出现充满矛盾的态度，虽然存在一些关于残疾人教育的理论和机构建设的零星探索，但仍未形成促成特殊教育发展的力量。

（二）文艺复兴时期的人文关怀和特殊教育的萌芽发展

欧洲文艺复兴运动兴起到特殊教育学校产生之前这一阶段是特殊教育的萌芽阶段。欧洲"文艺复兴"中意识形态领域的变革对残疾儿童教育的产生意义最大。14～16 世纪兴起的文艺复兴运动和思想启蒙运动在思想上与中世纪占统治地位的禁欲主义不同，代表先进生产力的新兴资产阶级提出"人皆有用"、"人皆平等"；"自由"、"平等"、"博爱"等人文主义的思想，冲破了旧观念的束缚，社会开始承认残疾人的价值，这为残疾者享受平等的受教育机会奠定了思想基础。人们试图摆脱教会对于人的思想的控制，赞颂人的尊严和价值，宣扬人的思想解放和个性自由，强调现世的生活价值和尘世的享乐，突破经院哲学和神学的禁锢。荷兰政治思想家格劳修斯提出与生俱来不可侵犯的自然权利，英国哲学家洛克提出人的生存权利和法律平等思想，法国思想家卢梭提出"人生而自由平等"、"天赋人权"理论。文艺复兴所营造的重视人文、理性和科学的环境对于残疾人的生存环境和特殊教育的发展都有着积极的作用。残疾人的权利、平等、自由、尊严、价值得到世人关注，思想家们开始尝试运用不同的教育理论试图证明残疾人可以通过教育取得一定的成就，助推了特殊教育的形成。教育家、思想家、文学家通过对聋哑人的教育模式，特别是聋哑人语言学习模式的研究，形成一系列重要教育理论和原则，为特殊教育的形成和发展奠定了基础。特殊教育从聋哑人开始探索，逐渐扩大至盲人和智力低下人群。

对聋哑人群教育模式探讨的出现并不是偶然。这一时期西班牙的统治家族受到遗传性耳聋的困扰。根据当时仍沿用的查实丁宁法典中对于继承法的要求，无法开口说话的听障男性无继承权，这一条例严重影响了西班牙贵族们的权益。因此激发了针对听障男童教育的发展。一位名叫佩德·罗·庞塞·德·莱昂（Pedro Ponce de León）的本笃会僧侣曾受聘于多个西班牙贵族家庭治疗、教导听障男童。庞塞的具体教学方式无从知晓，但莱昂 1578 年的一份法律文件中详细描述了他的学生们所取得的进步："我曾受聘于许多贵族家庭教导听障和智力低下的学生如何说话、阅读、写字和识记；学习祈祷，学习基督教教义以及如何说话进行忏悔。有些学生不仅掌握了拉丁语、希腊语也通晓一些意大利语。一人被授予神职，在教堂中负责办公事务和薪酬，并在特定时刻进行服务。一些学生掌握了一些自然哲学和占星学知识，也有的成为出色的西班牙史学家。他们不仅成功的继承了家族产业和爵位，甚至入伍军队并精通各种武器。"有学者提出庞塞的记录有许多夸大的成分，但不可否认，他对于残疾人也能学习和使用图形等工具辅助的教学理念对后世起到了巨大的积极影响。因此，可以说佩德·罗·庞塞·德·莱昂是第一个成功的特殊教育工作者。胡安·帕布鲁·博内特在庞塞教学理念的基础上融入了手指语、手势语、语言和读唇法，为了让听障学生更直接地了解如何发音和说话，博内特建议用一个有弹性的皮制舌头模仿真实舌头的位置，方便听障人士学习从视觉上感知发音器官的运动。1620 年，博内特发表了第一部关于残疾人教育实践的论著《字母表简化——聋哑人说话教学方法》，然而这本书直至 1890 年才被翻译成英文。

16 世纪，意大利医生、数学家、思想家杰诺米·卡丹不仅公开反对迫害行巫者，而且逐渐淡化了原来欧洲人心目中认为巫师是罪犯的过激思想。这不仅有利于欧洲迫害巫师行为的减少，更有利于残疾人生存和特殊教育的发展。卡丹是一位天才，他的职业是内科医生，但他又是一位具有天赋的数学家，同时又被称为"精神病学之父"。早在 1550 年他就认为那些具有残疾的人实际上是可怜的，当他的一个儿子被发现患有听力障碍后，卡丹投入到有关残疾人的潜能及相关教育方法的哲学思考中。他摒弃亚里士多德的观点，相信对感觉障碍者的教育是可能的，他推测：应用各种刺激物作用于感觉障碍者感官的教育方法可能获得成功。根据文献推测，卡丹可能采用了感觉方法教育盲人，为盲人设计了盲文。他认为，"聋人教育是困难的，但是是有可能的"，而更合理的是"书写同言语相连，言语同思想相关"。因此，"书写特征和思想可以不必借助声音而联系在一起"。为此，他为聋人设计了一套凸起的印刷码，但并没有资料证明他进行过尝试应用。

西方特殊教育的雏形出现在 16 世纪末的医学训练。医学的进步，眼镜的广泛运用和盲文的发明都在一定程度上给残疾人带来了福音，保障了特殊教育的发展和推广。医学解剖学的发展，以客观的生物学为依据，对于儿童生理缺陷的实质有了正确认识，这些科学的认识震撼着原先宗教、迷信、族规、信仰中的旧观念，为残疾人教育训练提供了依据。意大利解剖学家卡布里奥·法洛匹奥描述了耳的骨迷路；而巴托洛米奥·欧斯塔齐奥验证了鼓膜张肌及咽鼓管的存在；科斯塔佐·瓦伏里在发现了镫骨肌；阿圭攀登特描述了中耳肌群的功能；比利时医生维萨留斯对于人体结构的研究，西班牙医生赛尔维特和英国解剖学家哈维对于血液循环的研究为现代医学和生理学的发展奠定了基础，也为后人从科学角度解释残疾提供了依据。

（三）18 世纪特殊教育学校相继出现，特殊教育正式诞生

特殊教育的发展与基督教有着深厚的渊源。首先，西方人认为上帝是至美、至善的终极存在。基督教本身就是认识世界的一种哲学思维，同科学一样是人们

与世界交往的两大思维方式之一，深深影响着人们的生活生存。19世纪哲学家赫胥黎称宗教与科学是不可分的双生姊妹，牛顿认为世界的两本书是《自然之书》和《圣经》，爱因斯坦认为"科学没有宗教就像瘸子，宗教没有科学就像瞎子"。可见，科学与基督教是密切联系的，但它们分属于彼此不同的领域。科学认识只能限于现象世界，发现与回答"事实"，而基督教指向对人的终极存在的关切，给予和回答"意义"。正由于科学对解释人的终极存在的无能为力，而基督教以超自然、超自我的终极意识，使人超越理性和经验，凭借对上帝信仰获得终极关切。如同科学将理性内在于人性一样，基督教也将"上帝"内在于人性，最主要的就是给予道德的终极依据。

18世纪中叶，在启蒙思想的影响下，欧洲开始了对残疾人的教育训练，一些卓越的、具有创新精神的哲学家、医生、教师，开始开辟特殊教育的新时代。卢梭在《爱弥儿》中，从他的自然人性观点出发，依据人生来自由平等、"天赋人权"等观念提出，教育要遵从儿童天性，适应儿童的发展，并论述了盲人与聋哑人感觉器官代偿问题。狄德罗还专门著述《供明眼人思考的谈盲人的书》和《供健全人参考的论聋哑人书简》，论述残疾人对外部世界的认识问题。裴斯泰洛齐还亲自创办了特殊教育机构。意大利著名幼儿教育专家蒙台梭利通过观察意识到这些儿童的身心缺陷不仅是医学上的问题，更主要的是教育问题，认为用特殊教育的措施可以改善其心理状态。蒙台梭利制作了各种教具帮助残疾儿童练习操作，引发他们的学习兴趣，使这些儿童有了明显的进步。可以说，文艺复兴以来，平等、自由的人权思想为残疾人获得平等社会地位奠定了基础，残疾人开始具有受教育的资格和权利。

在这种思想的影响下，欧洲各地出现许多残疾人教育机构。1770年，传教士德·莱佩在巴黎成立了世界上第一所聋校。随着人权思想在国家政治地位中的凸显，1789年法国政府承认了莱佩的聋人教育机构，并予以国家意志作为保障。1784年，阿羽伊在巴黎成立创办了世界上第一所盲校。他肯定了劳动对改善盲人境遇的作用，不仅要求教给盲人一般知识，还要解决盲人的职业教育问题，以补偿盲人的个性缺陷。此外，阿羽伊还提出过由国家负责教育盲人，对盲人进行义务教育的思想。在巴黎盲校学生中最为出色的学生路易·布莱尔发明出以6个凸点构成、手指尖一次可触及的、表示法文字母的点字盲文。

1832年库尔兹在德国慕尼黑成立了世界上第一所肢体残疾人学校。1837年，世界上第一所智力落后儿童学校在巴黎成立，创办人是（塞甘）谢根。谢根认为，智力缺陷是由于意志方面的损害，意志障碍是白痴最主要的缺陷。他把白痴理解为一种神经系统的紊乱，其表现是儿童全部或部分器官与能力的少动和缺乏意志，因此这使重度落后儿童的活动完全依赖于本能。他认为白痴是生理和心理发展中的停滞，而落后是发展没有停止，只是发展速度比正常慢。谢根非常看重儿童良好习惯的养成，也非常看重习惯对儿童发展所起的重要影响。

其后，西欧各国在政治文明进程中，纷纷建立国家行为的特殊教育学校，或对个体行为的特殊教育机构予以国家承认。可见，特殊教育源起于人性解放、人权崛起，具有体现残疾人的尊严、保障其平等权利的政治蕴涵。

18世纪末，法国精神病医生皮内尔指出了智力落后的病态；依塔尔第一次用实践证明了智力落后儿童教育的可能性，他对野男孩维克多采用设计环境、感官训练、医教结合等方法进行训练，其成功经验成为19世纪前半叶整个智力落后儿童教育的基础。1840年瑞士人古根比尔建立了第一所智力落后儿童学校；法国人谢根1846年发表了影响巨大的经典之作《智力不正常儿童的教育、卫生和道德训练》。洛克、孔狄亚克的感觉论提出让儿童学看、学听、学嗅、学尝、学触摸，为感觉训练奠定了基础。特别是洛克的认知理论和心理学观念改变了人们对残疾人的态度，残疾人获得了接受教育的理论基础。这时，特殊教育实质上是医学、心理学医疗训练的性质和意义，主要由医生实施对残疾儿童的分类，以医学、心理学的治疗手段为主，开展医疗训练。法国人谢根甚至把智力落后儿童教育学校命名为生理学学校，认为自己的教育训练是属于生理学范畴[2]。但医学、心理学的医疗训练毕竟具有了教育的雏形，鼓舞了医生、教师开展教育的热情，医学模式与思想深深影响着特殊教育发展，许多国家至今仍然使用医疗教育学的概念。

18世纪，西方世界已普遍能够接受残疾人教育，许多神职人员、医师、教育家参与特殊教育，特殊教育对象有了初步的分类。同时，在启蒙思想家、哲学家和医师等人的影响下，旧的教育观念和模式被打破，出现了许多新的教育理念和方法，特殊教育已经成为了教育的一个分支学科，开始逐渐地独立运行和发展。

二、萌芽到确立：20世纪初特殊教育体系的建立

进入20世纪以来，义务教育得到普及，社会文化水平逐渐提升，特殊教育及劳动职业训练、救济慈善等有关事业也有了进一步发展，特殊教育融入了教育学体系。特殊教育秉承了博爱、平等、仁慈的宗教精神和康复训练、缺陷补偿的理性精神。特殊教育在形式上和思想上与宗教、医学开始分离并转向教育领域，在办学主体上由个体自发转向国家意志。特殊教育在这一时期成为教育领域的一个教育学概念，融合了教育的功能特点和属性要求，具有政治、经济、社会、文化等外在工具价值和促进自身全面自由发展的内在价值，体现出社会化要求和个性化要求的特点。外在表现为国家行为的特殊学校教育形式不断确立，且不断以立法和制度的形式予以保障，对特殊教育做出了法律规定，体现了国家意志，明确了教师、管理、财政、教育机构等基本要素，划分有关权利和义务，指出各自的培养目标、指导思想、培养体系、发展格局和基本途径等，特殊教育有了自己的专业领域，并成为一种专业活动，理论与实践有了相对固定和完整的体系、范畴

---

② 赖仲泰. 2004，康复医学与特殊教育[J]. 现代特殊教育，（4）：40～41.

和基本根据,特殊教育开始成为一个日趋完整的学科体系,现代特殊教育正式诞生。病理学的进步为认识残疾人和进行科学主义的特殊教育提供了支持,特殊教育得以运用经验学科的新成果进行检验。从科学主义出发,秉承了残疾缺陷为病态的观念,更重视面向残疾人的残疾缺陷为本质的教育,并以盲、聋哑、智力落后、肢体残疾、问题行为矫正等更精细的分类、更专业化的学科理论建设、更相对分离的专门教育实践组织形态等,将残疾缺陷用社会分工分类的社会学方法予以常态化、体制化、社会化,从而也不断强化和夸大了他们的残疾缺陷,并视之为与健全人的本质区别。在安置形态上,注重采取隔离制特殊学校教育的做法进行特殊的有针对性的教育。从本体上看,现代特殊教育是以教育学为主要存在的内在根据,是教育领域的教育学概念,与普通教育相并立,具有现代教育的科学理性精神等功能属性。但正是由于教育属性功能的加入,同时带来了教育本身固有的社会分层机制,使得残疾人的社会分层分化加剧,从而产生社会歧视等效应。同时,面对工业大生产对教育培养人才的压力和教育对残疾人培养的某些无奈,以及残疾儿童培养难以适应大生产需要等实际,使得特殊教育面临着转向而与教育学分离的危机③。

　　这一时期,西方很多国家都颁布了一系列影响特殊教育的政策与相关法律,甚至在宪法中明确指出残疾人有权参与任何水平的教育系统,无论公民残疾的性质如何,中央或地区政府负责提供公民所需要的任何资源,帮助他们充分地参与其所处的社会生活。西班牙在1982年4月7日通过《残疾人社会与工作一体化条例》,该条例首次为促进在教育、就业与社会生活中完全接纳残疾人提供了一个框架。

（一）聋人教育的发展和聋人高等教育的出现

　　西方社会的听障教育经历了百年的发展已经形成较为完善的体系,教育专家开始关注聋人的高等教育需求。教育专家认为,部分聋人具有进一步接受高等教育的资质,并对聋人高等教育的目标、课程、教育年限做出论证。当聋人基础教育普及后,美国政府正在大力倡导开办高等教育,并用法令保障了开办高校所需的用地。学者们开始更加深入地探讨针对听障人群的教育教学方法,出现了以积极推行口语的贝尔和坚持手语的加劳德特为代表的"手口之争"④。

　　亚历山大·格雷厄姆·贝尔（A·G·Bell）的祖父是著名的演说家与语音学教授,受其祖父影响,贝尔对语音与发声学产生了兴趣,并参与了"可视语言"创制。贝尔是第一个使大家接受使用"特殊教育"这个词语的人。他为特殊儿童开办全日制学校,使用玛丽亚·蒙台梭利学前教育的方法,开办聋童幼儿园,对聋童进行早期语言训练;第一次强调了人类在发音过程中发音机制的重要作用,

---

③ 有宝华. 1994,美国早期特殊教育发展综述[J]. 外国教育资料,（3）:69~73.
④ 刘颖. 2011,二十世纪中后期美国聋人高等教育改革及其启示[J]. 中国特殊教育,（8）:36~40.

并将语音学的研究成果用于聋教育教师的培训。1868 年，贝尔开始为先天聋孩子上语音课。1871 年 4 月，他在波士顿附近对聋教育教师讲授"可视语言"。次年，他在波士顿开始讲授发声生理学课程，1873～1877 年在波士顿大学担任发声生理学教授。1886 年，贝尔发明了最早的机械听力测试，给二十世纪科学的听力测试在频率和强度级别的制定上提供了准确的听力损失参数。贝尔将"可视语言"介绍到北美聋人教育领域，并在克拉克学校适用。克拉克聋哑学校认为，聋童与正常人具有相同的智力水平，因此教育应使聋人获得足够的知识和工作才能，使学生能够从事高层次的工作，而不是去当工人。该校采用普校教学方法以及口语训练并成为 19 世纪美国聋教育中口语教学的代表，影响了美国对聋人教育的立法，使口语教学法在 19 世纪的美国得以合法化。同时克拉克聋哑学校也开创了全新的教育模式——"家庭教育"模式，并大量起用女教师。女性教师耐心而细心，且符合"家庭教育模式"；她们注重口语能力的训练，将学习重点放在语言清晰的表述训练上，将学生放在更加广阔的社会空间中去学习，符合口语教育的基本理念——无障碍地进入主流社会。

手语推广的代表人之一托马斯·霍普金斯·加劳德特在 1817 年 4 月 15 日成立了美洲大陆第一所专为残疾人提供教育服务的学校——"康涅狄格州聋人教育与指导中心"，后更名为"美国哈福德聋人教育与指导中心"，主要开设语言类（手语、书面语，少量口语）；传统文化类（历史、地理、物理等）；机械类（机械使用与修理）；宗教和传统道德类 4 类课程。加劳德特所教授的手语，是以法国手语为基础的英语改良版，也就是美国手语，教学主要采用莱佩创制的聋教育方法。1864 年，加劳德特筹建并成立了美国第一所聋人高等学府——国立聋人学院。该学院于 1894 年更名为"加劳德特学院"，后又更名为"加劳德特大学"。该大学以培养有专业知识、能胜任聋人教学的聋人教师为目标。课程内容涵盖文学、艺术、哲学、政治学、社会科学、古代语言学、现代语言学、历史、数学等。学生们在加劳德特大学学习五年，毕业后将获得学士学位。加劳德特大学的成立打破了长期以来人们对聋人无法接受高层次教育的偏见，赋予了聋人参与、决策聋人教育结构和聋人课程的权利，这使聋人的意愿得以在聋人教育中体现出来。同时工业化、城市化的兴起，要求每个公民都需要具备一定的知识和技能，以适应大工业技术的变革需要。聋人的职业培训学习快速发展，职业训练达 70 余个工种。

（二）盲人教育的情况

与此同时，针对盲人的特殊教育机构也开始形成涵盖不同教育层次、较为完整的教育体系。1829 年费斯切在波士顿成立了美国第一所盲人教育机构——"新英格兰庇护所"，豪任第一任主管并去欧洲盲人教育机构了解盲人教育经验、寻找盲人教师、选购教学设备。豪开创了对聋、盲双重残疾人的教育实践。他是美国最早提出"遗传规则"的人，警告近亲结婚者，并发现部分盲人伴有智力缺陷，且对该类人的遗传特征进行了描述。豪提出盲童教育的三个主题：区别每一个个体，依学生的不同能力进行个别教育；盲校课程应尽量与普通学校课程相一致，但可以更多地强调音乐和手工艺学习；教育盲童，将他们发展成为对社会有用的成员。豪也希望并向政府呼吁成立国立盲人高等教育学府，但未得到批准，盲人后来大部分进入普通高校接受专业或技能教育。新英格兰庇护所课程内容包括涵盖史、地、读、数学、物理等的传统课程和涉及交际、音乐、健康、生活劳动的特殊课程。文化课在开始并未受重视，而工业化兴起，文化课的比例才在盲校逐渐加重。盲校课程在当时也显示出了阶层特征。这里的教学方法以听觉刺激、触觉刺激为主，教学材料包括形象、生动的声音材料，凸起的图片、文字、乐谱、实物等。

19世纪美国常用的盲文码主要有四种：法国的布莱尔盲文、罗马的印刷盲文、纽约人维特的点字盲文和英国的穆恩盲文。由于盲文不统一，导致盲文教学和印刷都非常困难，影响了盲人教育的快速发展。1879年，为促进美国盲人教育的发展，国会同意拨款支持美国盲人教育，为盲校出版教材及阅读书籍，但前提是必须解决盲文码使用的问题，这促使盲人教育者必须对盲文码做出选择。

（三）特殊学校和特殊班级的建立

特殊教育机构的发展经历了早期的宗教慈善救助阶段、19世纪初开始的残疾儿童福利教育阶段、20世纪开始纳入教育系统的系统教育三个阶段。宗教慈善救济给予残疾儿童的是隔绝式教育；福利教育阶段依然是隔绝式教育；进入教育系统后，开始推进融合式教育。特殊教育从无到有、从隔绝到融合的发展，完成了特殊教育从慈善型向权益型的转化。

20世纪初，美国重新命名学校名称，革除学校歧视用名；明确特殊学校性质，将隶属于社会福利机构的学校改由教育部门管辖；完善特殊教育体系，明确学校教育目标，制定学校课程、完善教学方法；全面推行残障儿童的义务教育，这使得美国接受特殊教育的残疾人数大大提高[5]。

特殊教育理念开始从"隔绝"的观念转变为"隔离"的观念。医学的发展增加了残疾儿童生存机会，而义务教育又规定了每个儿童的教育义务和权利。生活条件、生存环境低下造成儿童的心理和生理问题，因此要通过教育来协调心理并促进儿童生理上的发展。市场不再需要童工，法律规定青年人生活的主要内容应该是学习，而非工作，因此青少年只能回学校接受教育。移民子女大量涌入学校，因种种原因他们难以在普通班级获得成就，教师不愿花费精力管那些他们认为不值得管的学生。优生学兴起对教育也产生了一定的影响。为使每个儿童能接受恰当的教育，各种适应特殊儿童教育需要的办学形式逐渐出现。

贝尔和豪都赞成残疾儿童在普通学校中接受教育，使残障儿童能够从正常

⑤ 林霄红，吴若飞.2008.中、美"残疾人高等教育法"比较[J].红河学院学报，（4）：78～81.

儿童那里获得正面的影响，美国的日校首先对聋童开放，其次是盲童，再次是弱智儿童。同时，公立学校中也出现了为特殊儿童设立的特殊班级——"无等级班级"，主要招收逃学、流浪、行为问题、低成就的学生，同时少量招收没有工作的青年。课程设置以普通学校课程，以及治疗、训练类课程为主。最初，人们对日校、日班的褒贬态度各不相同。赞成者认为学生水平接近，课程切合学生实际，教师接受过专业培训，符合"人人平等"的教育原则，有利于学生的社会融入。反对者认为日校、日班的残疾学生实际上并没有接触正常学生的机会，更无模仿正常学生行为的机会，学生上学不方便，正常学生看不起残疾学生，导致残疾学生更加自卑。优生运动者也反对残疾儿童，特别是弱智儿童进入普通学校。

19 世纪到 20 世纪经济、医学、教育飞速发展，残疾人逐渐被社会正视，不再是被排挤的对象。全球各地出现大量针对不同残疾类型人群的特殊教育机构，并针对其不同生理情况进行教育理念和教学方法的探讨。同时，特殊教育也不再局限于基础和中等教育，更延伸至职业教育乃至高等教育，残疾人在更加多样化和完善的特殊教育体系中接收到了较好的教育，为更好地融入社会、独立生活奠定了坚实的个人基础。

三、隔离到全纳：20 世纪末特殊教育形态的转变

随着针对各种特殊教育人群不同层次的教育机构的形成，特殊教育的学科体系得到完善，但也带来了教育与学生现实生活和主流社会现实生活的隔离、科学精神与人文关怀的隔离。残疾人生存境遇的窘迫和局促及其生命意义的工具化、片面化，一定程度上是特殊教育追求理性化的结果。这些问题的实质，是价值秩序的位移，即人的生命价值被实用价值的僭越；同时，也是以健全人为主导的社会群体的价值选择对残疾人弱势群体的压迫，是普通教育话语权对特殊教育地位的遮蔽。教育学对解决这一系列社会问题的无能为力，特别是对回答平等问题、人的尊严问题、社会适应等问题的无能为力，逐渐受到人本主义的质疑和批判，于是特殊教育开始由教育学向社会学转向、求解。

在与社会学的融合中，20 世纪 90 年代在西方形成了狂飙全球的全纳教育思潮，并迅速蔓延到整个教育领域。作为对现代特殊教育隔离制的回应，全纳教育以激扬高涨的后现代话语和思维，将残疾人的缺陷视为人的正常差异；反对基于残疾缺陷的医学、心理学的实证科学理性，反对隔离；在价值论上，将博爱、仁慈、平等、人权、尊严、价值张扬到极致，高度彰显了人本主义的关怀；主张以社会学的视角，用民主、群体、合作的价值理念和方法论对残疾人进行教育，并提出构建全纳社区和全纳文化，通过社会资源和力量进行残疾人教育。从本体上看，全纳教育力图将特殊教育作为一个社会学体系的概念，侧重用社会学的方法

而不仅仅是教育学的方法解决残疾人的发展问题，体现了特殊教育的人文社会意蕴和价值属性特点。

（一）全纳教育的提出

全纳教育思想起源于美国 20 世纪 50 年代以来的民权运动（civil rights），在正常化（normalization）、回归主流（mainstreaming）和一体化（integration）等思想的基础上，W.Stainback 和 S.Stainback 等学者正式提出全纳教育的教育理念，此后便成为特殊教育领域讨论最为热烈的话题。

1994 年，联合国教科文组织在西班牙萨拉曼卡召开了"世界特殊需要教育大会"并通过《萨拉曼卡宣言》和《特殊需要教育行动纲领》，首次确立全纳教育的原则，倡导"学校应该接纳所有的儿童，而不考虑其身体的、智力的、社会的、情感的、语言的或其他任何条件"。联合国教科文组织在 2005 年发布的《全纳教育指南：确保全民教育通路》中将全纳教育定义为："通过增加学习、文化和社区参与，减少教育系统内外的排斥，应对所有学习者的多样化需求，并对其做出反应的过程。以覆盖所有适龄儿童为共识，以常规体制负责教育所有儿童为信念，全纳教育涉及教育内容、教育途径、教育结构和教育战略的变革和调整。"从此全纳教育迅速成为世界各国特殊儿童教育的主要形式。

全纳教育所强调的容纳主要是针对"排斥"的。从英语中的容纳和排斥两个词来看，很明显就可以看到这两个词的对应性。容纳为"inclusion"，其反义词排斥为"exclusion"。全纳教育主张人人都有平等的受教育权，即不仅要有平等的入学机会，而且要能做到平等地对待每一个学生，满足他们的不同需求。全纳教育强调的平等观，并不是要追求一种绝对平等，而是强调我们的教育要关注每一个学生的发展，不要只关注一部分学生，而歧视或排斥另一部分学生。全纳教育旗帜鲜明地反对歧视和排斥，正是因为在我们的教育实践中确实还存在着歧视和排斥等不平等的现象。

全纳教育提出的一个重要思想就是要平等地对待每一个学生，这就涉及我们对学生的看法和评价。在我们的教育基本上仍然以考试成绩作为评价学生唯一标准的前提下，学校中出现歧视和排斥的现象就不足为怪了。《萨拉曼卡宣言》申明每一个儿童都是不同的，都有各自独特的特性、兴趣、能力和学习需求。这些不同性，不应该成为歧视和排斥学习或行为有问题的学生的理由[6]。相反，我们更应该关注他们，提供适合他们的学习条件。在我们提倡要更加关注这部分学生的过程中，也有人指出，如果过多地关注这部分学生，那么对学习好的人也是一种不平等。实际上，全纳教育主张的是关注每一个学生，而并不是仅仅关注某些人。在目前的教育现实状况中，确实是有一部分人被排斥（包括显性和隐性的），而我

---

⑥ 周满生. 2008, 全纳教育：概念及主要议题[J]. 教育研究，（7）：16～20.

们的教育目的并非如此。因此，全纳教育提倡更多地关注被排斥的人是完全有道理的，这和全纳教育提倡的关注每一个人是不矛盾的。

（二）全纳教育的实施

一些发达国家主张对残疾学生实行全纳教育，即残疾学生应进入普通教育机构接受高等教育。研究者提出，残疾学生在中学毕业之后可进入三类学校继续接受高等教育：即四年制的学院或者大学；二年制的专科学校；职业、技术和商业学校。但是，因残疾学生的障碍程度与接受前期教育的差异，在教育相对发达的美国、日本依然保持有加劳德特大学、罗彻斯特理工大学、美国国立聋人技术学院及日本筑波技术短期大学那样的专门为残疾学生提供教育的高等院校[⑦]。

除专为残疾学生开设的高等院校，发达国家的高等教育机构一般不为残疾学生开设专门的专业，而是通过提供必要支持的方式让残疾学生接受专业教育。以盲人为例，目前我国没有专门的盲人高等学校，接收盲人的专业较为局限，而发达国家大多数高校和专业都有盲人接受高等教育，残疾个体能够选择的专业相对较多。以聋人为例，在美国等发达国家许多聋人选择学习语言、法律、心理咨询等各种专业；在日本，聋人能可以选择包括家政、农业、机械、美容、美术、设计、齿科工艺等众多专业。而专为残疾学生开设的高等院校中专业设置也很多样，美国的加劳德特大学下设艺术与科学学院、交际学院、教育与人类服务学院、学校管理学院以及本科课程学院并开设诸多专业供学生选择就读[⑧]。残疾人的生理特点导致其在选择专业方面可能有所局限，对此一些发达国家采用了调整课程的方式，以满足特殊学生的教育需要。除接受一般专业课程之外，为帮助残疾学生完成学业，还会辅以一些培养学生生活技能的发展自我决定、自我提倡意识的课程等。

基于全纳教育理念，这些国家对于残疾学生的专业设置并无明确限制，而是由学生根据自身情况进行选择。这样不仅拓宽了残疾学生的选择余地，在某种程度上改善了残疾学生专业单一、与市场需求不相适应等导致的就业问题，更重要的是尊重了残疾学生自主选择专业的意愿，而非半强制性地把这些学生简单归入有限的几个专业。根据这样的专业设置情况，为学生提供合适的支持与服务成为这些国家残疾人高等教育研究的重点。

1992 年 9 月，西班牙颁布皇家法令要求各个大学在一年级新生招生名额中留出 3% 的比例给残疾学生，包括非听力损伤或言语损伤的其他类型残疾学生。西班牙教育与科学部还为残疾人参加大学入学考试制定了指导方针[⑨]。该方针规定：聋或重听学生参加大学入学考试时，可以将考试时间延长四分之一，有关考试的注

⑦ 茅艳雯，马红英.2010，发达国家残疾人高等教育研究综述[J].中国特殊教育，（3）：8～13.

⑧ 韩梅，袁群，贾林，等.2011，美国聋人高等教育层次结构、经费结构分析——以加劳德特大学和美国国家聋人工学院为例[J].绥化学院学报，（4）：1～2.

⑨ 赵向东，郝传萍.2004，西班牙高等教育中的残疾学生[J].中国特殊教育，（10）：3～7.

意事项必须以书面的形式提供给这些学生。如果有口试的话,必须为考生配备手语译员。该方针还规定,盲生的大学入学考试时间可以延长二分之一,并将试卷翻译为布莱尔盲文。考试应该在适当的房间里举行。对于肢残学生,在考试时也应做出适当的安排,以便他们能自由进出考场。

然而这些保障措施在实施过程中却遇到了一些困难。西班牙萨拉曼卡大学发现确定残疾学生的人数不太容易,因为招生时并不是所有的残疾学生都如实地向学校提供了全部信息。有些学生从外表上似乎看不出来自身的残疾状况,也并未向学校说明自己是残疾人,只有占招生名额 3%的少数学生公开承认自己是残疾人。1994 年西班牙萨拉曼卡大学组织了一场由残疾人、职业组织、教师、学生参加,全纳教育为主题的辩论赛,以此设法弄清楚残疾学生数量和他们所遇到的困难,以便完成他们选修的课程。这场争论通过地方媒体的报道,在社会上引起了较大的反响。次年,萨拉曼卡大学宣布,第一个"残疾学生融入大学生活的学期"正式开始。随后公布了一份名叫"融合教育的十种方向"的文件。文件包括对以下几个需要关注的问题的建议:信息的提供,相关资料的收集,教师培训,个别帮助人员,出入建筑物,改进生活设施,校内外的交通问题,与其他机构和组织的协作网。这份文件首先由"学生顾问服务中心"通过,整个 1995~1996 学年,"学生顾问服务中心"最重要的工作目标之一就是确保残疾学生完全融入大学生活的方方面面。此外,还基于下列三项原则设计和实施了一个方案:第一,残疾学生应该参与大学的各项学术活动、文化活动以及社交生活;第二,大学应该以学年为单位收集有关残疾学生的统计资料;第三,大学应该承诺改进出入设施,消除障碍。学校当局已经开始行动,不过在招生方式上还存在一些问题。比如,残疾学生报考时,应当问清楚他们有什么残疾,以及这种参与机会对他们的生活会产生何种影响。此外,诸如财政资助,合适的住房条件,城市交通状况以及就业前景等信息,也需要如实地提供给学生。由于萨拉曼卡大学在融合教育上采取了有力措施,使得残疾学生人数有了较大幅度上升。进入新世纪后,该大学的残疾学生人数也在稳步增加。

特殊教育的兴起和发展集中于近两百年,制约特殊教育起步的主要因素就是社会生产力发展和社会对于残疾人观念的转变。根据特殊教育发展历程可以分为18 世纪前特殊教育机构的形成、20 世纪初特殊教育体系的建立和 20 世纪末特殊教育形态的转变三个阶段。每一个阶段都是由其特殊的社会背景和医学发达程度所决定的。如今,在全纳教育的指导下,为残疾人提供教育的机构开始更加关注残疾人个体不同的需求,鼓励所有受教育群体积极参与,建立合作关系,针对特殊学生群体进行课程和教学改革,主动满足残疾人群的需求。残疾人群已经从过去被动安置的群体转变为社会主动接受的重要群体。

第二章　医学院校残疾人大学生"三合"教育模式构建

残疾人的发展是一个社会问题，残疾人大学生作为其中的一个特殊群体，他们的发展关系到教育公平，更关系到社会和谐。1985 年，滨州医学院创办了我国第一个专门招收残疾人大学生的大学本科系，开创了我国残疾人高等医学教育的先河，探索形成了"残健融合、教康结合、通专统合"的人才培养模式，取得了丰硕的办学成果，形成了鲜明的办学特色。

一、残疾人大学生教育的理念

（一）全纳教育理念

20 世纪 90 年代，随着科技、经济发展和民主政治的进步，国际人权运动高涨，国际社会文化观念也发生了很大变化，全纳教育（inclusive education，亦称融合教育）应运而生，它最初由 Stainback 夫妇于 1986 年提出，联合国教科文组织 1994 年在西班牙的萨拉曼卡召开"世界特殊教育大会"，会议通过《萨拉曼卡宣言》和《特殊需要教育行动纲领》，首次明确提出"全纳教育"一词，提倡"学校应该接纳所有的儿童，而不考虑其身体的、智力的、社会的、情感的、语言的或其他任何条件"[①]。全纳教育提出之初，不仅强调了儿童受教育的权利，提倡教育应该满足所有儿童的需要，每一所学校必须接受服务区域内的所有儿童入学；更强调每个儿童都有其独特的特性、兴趣、能力和学习需要，必须认识到学生的不同需要，要满足学生不同的学习风格和学习速度，并确保每个人受到高质量的教育。

2005 年联合国教科文组织发布《全纳教育指南：确保全民教育的通路》对全纳教育进行了新的定义，指出"全纳教育是通过增加学习、文化和社区参与，减少教育系统内外的排斥，应对所有学习者的多样化需求，并对其作出反应的过程。以覆盖所有适龄儿童为共识，以常规体制负责教育所有儿童为信念，全纳教育涉及教育内容、教育途径、教育结构和教育战略的变革和调整。"在这里强调全纳教育不仅要进行教育资源的参与、融合，同时减少系统外的干预；更重要的是强调了全纳教育的系统性，也就是涉及教育内容、教育途径、教育结构和教育战略等的方方面面。

为这些儿童都能受到自身所需要的教育提供各种条件，并通过适合的课程、

---

① 彭兴蓬，邓猛. 2013，融合教育的社会学分析[J]. 中国特殊教育，（6）：20～24.

学校管理、资源利用及所在社区的合作，来确保教育质量。

许多组织或学者对"全纳教育"也进行了研究，提出了自己的看法。大多数的研究者和组织都认为：全纳不是一种行为的结果，而是一个持续的过程，是一种不断学习——行动——反思的过程。其主要理念包括：①接纳所有的儿童。基于"全纳"的名义接受是平等的，无条件的，不考虑儿童的性别、种族、身心的发展情况和家庭背景。那么"全纳教育"也就是指，只要儿童具备了学习的年龄，我们就有必要将他们接纳进来。②注重儿童之间的相互融合。这种融合既包括了儿童之间的相互融合，也包括了儿童和社会之间的相互融合。最终目的在于通过全纳教育使所有儿童能够真正被社会接纳，真正融入校园，真正融入社会中去，从而真正减少对特殊儿童的排斥，使所有儿童能更好地适应社会的快速发展。③注重儿童之间的个体差异。全纳教育不仅重视儿童的受教育权，也非常重视他们之间的差异性，全纳教育主张教育要满足所有学生独特的教育需要，以促进学生人格方面的个性发展，而不能排斥任何人。因为只有重视学生之间的差异性，才能更好地为学生提供有针对性的教育形式和内容，才能从真正意义上保证学生的教育质量，才能真正帮助学生更好地适应周围的环境，使学生真正融入社会中来。

通过梳理可见，对残疾人大学生来言，全纳教育的理念经历了由肢体的全纳，到当前的精神理念全纳，不仅强调残疾人大学生的机会均等、权利均等，更重要的是强调差异原则和融合原则。人和人是不一样的，残疾人大学生之间当然也是有差异的，这就要求在教育环境中要学会承认差异，承认人的多样性和世界的多元性，每个人都要以宽容、平和的心态理解这种差异性的存在，我们可以为了容纳多样性而对环境、设施进行必要的调适，但尽量不把多样性的要求排斥在共融的群体之外；对教育机构来说，遵循教育的系统性原则，要求在整个系统内进行教育教学改革的设计，所以，在医学院校进行残疾人大学生的教育应该做到"不排斥"、"不歧视"、"不放弃"，所谓"不排斥"是残疾人大学生有受教育权，应该包括在受教育范围之内，"要满足所有学生独特的需要，以促进所有学生的参与发展，而不能排斥任何人"；所谓"不歧视"是在教育系统内外都应本着一视同仁的原则对待残疾人大学生；所谓"不放弃"是指在任何的教育改革都应该顾及残疾人大学生这一群体，尤其是在残疾学生与健全学生共存的学校，要关注随班就读残疾人大学生的相关发展需求，在教育改革的设计中对残疾人大学生发展需求应有所体现。

（二）人本主义教育理念

人本主义教育是人本主义心理学在教育中的应用。人本主义心理学于 20 世纪 50 年代在美国兴起，60 年代开始形成，70～80 年代迅速发展，其主要代表人物是亚拉伯罕·马斯洛和卡尔·罗杰斯。人本学派强调人的尊严、价值、创造力和自我实现，把人的本性的自我实现归结为潜能的发挥，而潜能是一种类似本能的性质。人本主义最大的贡献是看到了人的心理与人的本质的一致性，主张心理学必须从人的本性出发研究人的心理。它既反对行为主义把人等同于动物，只研究人的行为，不理解人的内在本性，又批评弗洛伊德只研究神经症和精神病人，不考察正常人心理，因而被称之为心理学的第三种运动。

人本主义心理学派在教育应用方面做出突出贡献的是卡尔·罗杰斯，他提出了著名的"以人为中心"的教育思想，认为：

1. 人类具有学习的愿望和潜能。"潜能"一词最早由古希腊哲学家亚里士多德所撰，它是相对于"现实"的概念，意为可能性的存在，即心理学上所指的个人将来"可能为者"，个人的潜在能力，心理学上又称之为"性向"。潜能并不是人们所认为的那种只有少数人才具备的禀赋，而是人人都潜藏着的能力。罗杰斯认为人皆有天赋的学习潜能与倾向。这种学习包括对技能的渴望、对知识的渴求、对他人与自我认识的要求、对人际和谐、积极评价的需要与积极创造。罗杰斯以"实现趋向"（actualizing tendency）来定义人的本性。实现趋向是存在于每一生命体身上的追求自身潜能最大化、追求生存状态最优化的内在动机，是人的紧张、需要、创造性、追求快乐等的原动力。

2. 人类的学习愿望和潜能可以在合适的条件下释放出来，当学生了解到学习内容与自身需要相关时，学习的积极性最容易激发，在一种具有心理安全感的环境下可以更好地学习。只要建立起良好的师生关系、形成情感融洽、气氛和谐的学习情境，这些学习的潜能和愿望就能释放出来，所以要创造适于学习和潜能开发的学习环境和氛围。罗杰斯十分强调学习氛围对学生的影响，指出学生在学校中学习与生活时，在心理上永远是无法完全免于威胁的（此处所指的威胁，是指个人在求学过程中因种种因素所承受到的精神压力），威胁的来源可能是方方面面的，如容貌、家庭条件、社交能力等的不足均可能成为学生忧虑的原因。这种忧虑或威胁感往往使学生在此类问题上更加手足无措，或者消极逃避，不能充分利用学习机会，学习很难得到进展。而如果学生处在一种相互理解和相互支持的环境里，在没有等级评分和鼓励自我评价的环境里，在一种有安全感的环境里，他的恐惧感就会大大减少，甚至完全消除，他就能以从容的心态去学习。

3. 罗杰斯对教师的角色和定位提出了自己看法，他认为，教师的任务不是教学生知识，也不是教学生如何学习知识，而是要为学生提供学习的手段，至于应当如何学习则应当由学生自己决定。教师的角色应当是学生学习的"促进者"。对残疾人大学生来说，教育首先要关注其潜能；要为残疾学生潜能的实现、身心发展提供适宜的学习环境，这对残疾学生的身心发展十分重要。

（三）和合教育理念

和合是中华文化的特性。中国文化特别注重"和"，"和"意指和谐、和睦、祥和、中和，中国的先哲们很早就提出，如老子提出"冲气以为和"，孔子注重"和为贵"。"合"是联合、合作、融合。《管子·兵法》中提到："和合故能谐"。"和合"连用，强调包容并由部分集中为新的整体，各种异质因素的和谐共处与相互融合为一体。"和合哲学是中国传统思想的重要组成部分，具有典型的东方属性。和合思想强调，社会生活的各个方面和各种关系是一个相互联系、相互作用和相互依存的有机整体，只有各种要素和合、协调、有序组合，才能使社会有机体有效运行。由和合思想出发，社会通过自组织和自调节的功能，而达到新的和合。因此，和合思维又是调控各种复杂社会关系的一种方法论。在此语境下，将和合思维转移为一种和合教育理念，是根据时代的发展以及整合已有教育思想的基础上提出来的"[2]。和合教育的基本理念：和合教育以"和"为价值导向，以"合"为途径手段，分析、重组、优化教育元素，融突和合，发挥最优效能，达成教育对象与教育者和合发展的最佳状态。和合教育不是简单求和，更不是教育因素的简单叠加，而是基于教育目标的实现，以一定的教育目标为指引，着眼于教育目标的定位，基于对教育对象的定位，立足于当前教育实践困境，运用和合观的思维方式与基本原理，注重各种教育手段功效的最佳组合，协调家庭、社会与学校的和合；教师、学校行政管理人员、学生之间和合；学校硬件、软件（教风、学风为主导的校园文化），聚合教育力量，和合发展，形成一种教育合力。就残疾人大学生教育来说，应该强调教学育人、管理育人、服务育人的合力，强调学校、家庭和社会三位一体合力教育，强调环境育人和文化育人的合力；力求达到教育目的与手段的统一。

（四）素质教育

素质的含义有狭义和广义之分。狭义的素质概念是生理学和心理学意义上的素质概念，即"遗传素质"。《辞海》中的界定是"素质是指人或事物在某些方面的本来特点和原有基础。在心理学上，指人的先天的解剖生理特点，主要是感觉器官和神经系统方面的特点，是人的心理发展的生理条件，但不能决定人的心理内容和发展水平。"广义的素质指的是教育学意义上的素质概念，指"人在先天生理的基础上，受后天环境、教育的影响，通过个体自身的认识与社会实践，养成的比较稳定的身心发展的基本品质"。

素质结构包括很多分类，从这个意义上说素质通常又称为素养。主要包括人的道德素质、智力素质、身体素质、审美素质、劳动技能素质等。素质按照内隐和外显的特点，可分为内在素质和外在素质。内在素质主要是人对世界、环境、人生的看法和意义，包括人的世界观、人生观、价值观、道德观等，也就是一个人对待人、事、物的看法，也可以成为人的"心态"。外在素质就是一个人具有的能力、行为、所取得的成就等。内在素质和外在素质是交融一体，不可分割的，

---

② 蔡先金. 2009，和合教育理念与模式[N]. 光明日报，（3）：29.

内在素质决定人的发展方向，外在素质是内在素质的延伸和体现。就残疾人大学生教育来说，首先要注重残疾人大学生内在素质的形成，通过培养残疾人大学生形成正确的人生观、世界观、价值观、道德观，这是残疾学生克服自卑、形成健康心态和健全人格的前提和基础；注重残疾人大学生身体素质、心理素质、能力素质、社会道德素质等外在素质的培养，这是残疾人大学生身心素质的外在体现。

二、滨州医学院残疾人大学生教育的发展历程

（一）依托临床医学专业办残疾人高等教育阶段（1985～2008 年）

1985 年 1 月 6 日，卫生部门医政系统牟天培同志（后任卫生部保健系统负责人）和中国残疾人福利基金会杨文娟同志来校考察。在听取学校汇报和实地考察后，他们明确表示："你们提出开办一个专门招收残疾考生的医学系，这是件大事，也是件好事，是件大好事。就全国来说，是首家，具有开创性的意义。学校完全具备办好医学二系的条件，卫生部门、基金会将全力支持办好。"1 月 20 日，省教育部门、卫生部门联合发文，"同意滨州医学院从 1985 年开始举办残疾大学生医学二系，每年招生 50 人，学制 5 年，规模为 250 人，面向全国招生。"我国首个招收残疾人大学生的大学本科系由此正式成立，这也是我国残疾人高等教育的开端。

1985 年 9 月 10 日，医学二系首届 57 名学生兴高采烈地跨进大学的校门。这届新生来自北京、天津、河北、山西、福建、江西、浙江、安徽、江苏、上海、山东十多个省市，其中五名学员为中国人民解放军总政治部推荐的在对越自卫反击战中立功受奖的伤残战士。这些学生高考分数平均高出本科录取分数线 34.7 分，最高分高出 114 分。他们大多数是几次参加高考均已超过录取分数线，均因身体残疾未被录取，有的录取了，又被退回。几经周折，他们在滨州医学院实现了自己的大学梦。中央人民广播电台、山东人民广播电台在清晨的新闻节目中，报道了滨州医学院医学二系招生的消息。此后，《人民日报》《文汇报》《解放军报》《光明日报》《大众日报》及华东、华北等地区的省市电台、电视台、报纸相继报道，宣告我国第一个残疾人医学系诞生的消息。滨州医学院残疾人临床医学系的创办，结束了中国没有残疾人高等教育的历史，体现了滨医人敢为人先、锐意创新的勇气和敢于担当、服务社会的责任感和使命感，开启了我国残疾人高等医学教育新先河。

（二）多专业招收残疾人大学生阶段（2008～2012 年）

《山东省 2008 年普通高等学校招生工作实施意见的通知》（鲁招委［2008 年］4 号）下发，规定"对肢体残疾、生活能够自理、能完成所报专业学习，且高考成绩达到要求的考生，高等学校不能仅因其残疾而不予录取。"滨州医学院根据文件精神，在《滨州医学院普通高等教育招生章程》中规定"临床医学、医学影像学、中医学等专业优先录取生活能自理、能完成所报专业学习且高考成绩达到要

求的肢体残疾考生，入学后单独编班管理。"滨州医学院残疾人大学生招生专业逐步扩大，招收残疾人大学生的本科专业（方向）扩展到 12 个，包括中医学（针灸推拿方向）、临床医学、中医学、麻醉学、口腔医学、应用心理学、信息管理与信息系统、统计学、药学、生物制药、医学检验技术、医学影像学等。残疾学生随普通班上专业课，单独编班管理。

（三）多类型、多层次协调发展的残疾人高等教育体系（2012 年至今）

多类型是指招收残疾人大学生的普通专业、只招收某一方面残疾人大学生的特殊专业和服务残疾人大学生的专业三类专业并存。招收残疾人大学生的普通专业是以招收正常学生为主、同时招收残疾人大学生的专业，如临床医学、麻醉学等；只招生某一方面残疾人大学生的特殊专业是针对某一方面残疾学生开设的专业，如针对视障生的针灸推拿专业；服务残疾人大学生的专业是为残疾人大学生教育服务的专业，包括特殊教育专业、听力与言语康复学、康复治疗学等。我校面向视障生的中医学（针灸推拿方向）是 2012 年获教育部批准的单独招生的专业，依托我校中医学本科专业教育资源，于同年面向全国招生，现在已招生 130 余人，视障生教育的开办，填补了我国医学院校开展本科层次视障生教育的空白，成为我国医学院校进行视障生教育的标志性事件。

多层次是指本科教育与研究生教育都有了发展。在开展本科教育的同时，积极发展研究生教育，现有听力与言语康复学、针灸推拿康复学、应用心理学（特殊教育方向）等二级硕士学位点 3 个，初步构建起了多专业、多层次、多类型协调发展的残疾人大学生高等教育体系。

30 年多年来，先后有 1100 余名残疾人大学生完成学业，成为医疗、科研等领域的骨干，在自己的岗位上为社会做出了贡献。30 多年中，学校始终坚持"以人为本"的办学理念，主动顺应世界残疾人教育发展主流和医学教育的转型，以残疾人大学生康复和发展为核心，精心育人，因材施教，努力探索适合中国国情和残疾人特点的高等教育办学之路，构建了"残健融合、教育与康复相结合、通专统合"的残疾人人才培养模式，即残疾人"三合"教育模式，这种依托普通高等学校发展残疾人高等教育的办学模式，被专家称为"滨州医学院模式"。

三、医学院校残疾人大学生"三合"教育模式解读

（一）教育模式概念

关于模式，《现代汉语词典》解释为"某种事物的标准形式或使人可以照着做的标准样式"。《辞海》中的解释是，模式（pattern/mode）亦译"范型"，一般指可以作为范本、模本、变本的式样。一般来说，模式有三个要点：第一，模式是现实再现，是对现实实践的抽象概括；第二，模式是理论性的，是一种理论的表

达，不是简单的某种方法；第三，模式是简化的形式，是对理论最经济明了的表达；第四，模式可以移植，具有很强借鉴性，可推广。

教育模式（educational pattern）在《教育大辞典》中的解释主要有三层含义：①教育在一定社会条件下形成的具体式样；②反映某个国家教育制度上的特点的模式；③某种教育和教学过程的模式，反映活动过程的程序和方法（《教育大辞典》，1989）。

我们认为的教育模式概念：教育模式是在一定的教育理念下，教育者制定教育方案，实施教育方案，利用各种教育手段将受教育者培养成为目标规定的人的过程、方法、途径的总和。教育模式具有综合性、简洁性、可移植性等特点。教育模式是对教育理念、教育目标、教育条件（包括教育内在因素、教育外在因素即教育环境）、教育手段（教育途径或教育方式）等因素的综合，具有综合性；教育模式是对人才教育培养方式的理论化提炼，具有简洁性；教育模式经过一定实践检验，较为成熟，可以推广和借鉴，具有可移植性。

（二）"三合"教育模式的概念

"三合"教育模式是以素质教育、人本主义教育、和合教育等理念为指导，着眼于培养身心和谐、人格健全、具有从事某种职业的良好基础的残疾人大学生的教育目标，从教育环境、教育康复手段、教育途径（教育目标）三个方面综合设计的一种教育模式，即在"教育环境"方面实施残疾学生与健康学生相互融合，共同居住、共同学习、共同生活，形成利于残疾人大学生身心发展的无歧视教育环境；在"教育康复技术"方面采用医疗康复与教育康复相结合，通过医疗手段或措施使残疾人大学生的身体功能（或部分功能）得以康复，通过教育手段或措施使残疾人人学生心理康复，消除自卑，形成健全的人格；在"教育途径"方面采用通识教育与专业教育统合的方式，通识教育发展残疾人大学生的理智和社会道德，专业教育使残疾人大学生掌握一门职业技术，为其融入社会、终身幸福奠定基础。（"三合"教育模式示意图见图 2-1）

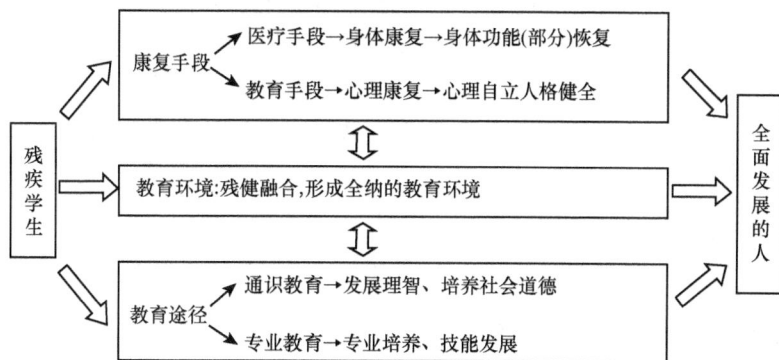

图 2-1 "三合"教育模式图

四、医学院校残疾人大学生"三合"教育模式的特征

（一）重视教育环境的整体设计，强调环境的育人功能

马克思主义教育学认为，人的发展是一个复杂的过程，它是生理素质、社会环境和后天教育相互作用的结果。生理素质是物质前提，发展则决定于教育与环境。所谓环境，《辞海》中的解释有两条，"一是指环境的所辖区域，另一种解释是指围绕着人类的外部世界，是人类赖以生存和发展的社会条件和物质条件的综合体"。就大学而言，校园环境是指直接或间接影响个体形成和发展的外在因素，可分为硬件环境和软件环境，硬件环境主要是大学的校园建筑、广场、交通设施、体育设施、生活设施、人文景观和文化标识等主要硬件设施构成的对学生学习、生活、成长产生影响的一切物态因素的总和；软件环境主要是指心理环境和精神文化环境。心理环境是与人的需求相结合在人脑中实际发生影响的环境，是一种"对人的心理事件发生实际影响的环境"，它的主要影响因素包括学校的人、事、物。

在高校中，心理环境主要指基于教师群体之间关系、师生关系、学生与学生关系生成的学生群体心理、教师群体心理，以及学生与学生、师生之间的交际心理等所形成的无形环境的总称。精神文化是校园文化的重要核心，主要包括学校的校风校训、学风教风，文化传统，约定俗成等，实质上是一所大学的文化理性认同和自觉习惯。高校的心理环境和精神文化不同于客观的有形的物质环境，其实它更是一种能动的软环境，影响着校园内各个群体的思想观念、价值标准，规范着师生员工的思维方式与行为习惯，促进学校成员成才需要以及学习动机的完成。心理环境的最高境界是形成"高期待"的心理环境，"充满鼓励、激励和关注，能共情和共同体验"，温暖如春、催人奋进，让身入其境的学子感情投入、情感共鸣，心与心之间进行零距离的交流；精神文化的最高境界是"真善美"文化，其主要目的是让学生形成"求真逐善爱美"的自觉。

因此，残疾人大学生"残健融合"教育环境注重课堂环境、心理环境、校园精神文化环境的整体设计，注重物理环境和心理环境、硬件与软件环境结合，注重无歧视理念的全程渗透，对残疾人大学生教育而言，要着眼于"不排斥、不歧视、不放弃"的教育理念，在教育环境设计中要极力避免对残疾人大学生"残弱"标签式透视或身份认同，要打造"包容、共享、共赢、无歧视"的育人环境，为残疾人大学生的成长和潜能发挥创造适宜的土壤。

（二）重视残疾人大学生的身心协同康复，强调健全人格培养

人格有若干种定义，从心理学、伦理学、教育学的角度都有不同的定义，整合以上学科来说，"人格是基于人的自然本性，经由个体社会化之后所形成的个体相对稳定持久的生存样态。具体而言，人格是在一定文化语境中产生并发

挥作用，其中内在包含思想、道德情感意识和价值观等多重意蕴，就其本质而论是一种标志人的兼具实然与应然两重内在属性并相互转化的生存样式，它标志着人的格式、标准以及行为方式，是人的一种社会存在与行为方式。"别林斯基认为"学校教育的终极目标是发展学生的人格，为社会培养有健康人格的人才，也就是借助人类创造出来的精神财富和文化价值去发展个性，形成伦理、道德、心智、身体全面发展的人"③。

梁漱溟曾讲过：人这一生总要解决三大关系，而且是按顺序来的。首先要解决人与物之间的关系；然后解决人与人之间的关系；最后一定要解决人与内心之间的关系。健全的人格养成必须正确处理人生中的以上三大关系，对残疾人大学生而言同样如此，所以残疾人大学生健全人格的标志至少有三方面，一方面残疾人大学生能正确评估自身的情况，形成正确的自我认知，对自身的优势、劣势形成正确评估；二是正确处理与别人的关系，有良好的社会适应能力；三是有健康的心态，虽然身体残疾，但身残志坚，能够在现有的基础上科学规划自己的未来。

教育与康复相结合即把残疾人大学生的教育过程和康复过程结合起来，实现教育与康复的互动与融合。身体是干事创业的本钱，身体健康和心理健康是衡量残疾人大学生生活质量的重要指标。每一个特殊儿童都首先是先天或后天疾病造成的病人，这种因病造成的缺陷是首要缺陷，即第一性缺陷。心理上的缺陷、技能上和社会不适应的缺陷等第二性、第三性缺陷往往是由第一性缺陷派生出来的，"一般而言，第一性缺陷是需要医学帮助的，第二性缺陷、疾病造成的心理损害是需要心理学、教育学来补偿的。"④残疾人大学生由于身体功能障碍带来心理困扰，直接影响了其心理健康，甚至妨碍了其正常生活和健全人格的形成。"三合"教育模式着眼于残疾人大学生的身心健康，采用医疗康复与教育康复相结合的方法，促进残疾人大学生身心康复。医疗康复是指利用医学院校先进的医疗资源，通过医疗手段尽可能帮助残疾人大学生身体功能（或部分功能）的康复；教育康复是把教育作为解放人的重要手段，"教育的本质是成就人的丰富心灵，教育的原点是关注人的发展"⑤，通过教育帮助人解除蒙蔽，拨散心头上的雾障，重新找回生活的自信，形成健全的人格。斯普朗格认为，教育就是对人的本性的唤醒，通过唤醒，即通过"不受因果关系制约的那种领域里的教育"，人的创造力量被诱导出来，生命感、价值感，直至精神生活运动的根都受到震撼，从而呈现出它们本来的清晰面目⑥。通过身心康复，免除残疾人大学生的心理自卑，形成平和的心态，认识自身的价值，着重帮助残疾人大

③ 邱学华. 2011，教育名言启示录[M]. 北京：北京师范大学出版社，6.

④ 李秀，张文京. 2005，试论缺陷补偿与潜能开发[J]. 现代特殊教育，（3）：19～20.

⑤ 朱永新. 2012，回到教育原点有多难[J].《基础教育论坛》，（8）：34.

⑥ 邹进. 1992，现代德国文化教育学[M]. 太原：山西教育出版社，67.

学生树立自尊心和自信心，增强社会交往的勇气和能力，开启精彩的人生。通过教育，使残疾人大学生正确地看待自己，不再在乎别人的眼光，"能够按照自身的追求去支配自身的发展"。

（三）重视高等教育内在适切性与外在适切性的有机结合，强调残疾人大学生职业幸福设计

"适切性"是在针对性的基础上提出的一个概念，主要指高等教育发展是否针对、适应、切合社会发展的需要，是否与高等教育使命相一致，是否与教师的要求和利益相矛盾，是否适应、切合学生的身心发展和就业就职需要。[7]高等教育具有"内在"和"外在"两种适切性，"内在适切性"是着眼于教育的育人功能，强调高等教育要切合学生的内在需要，以培养人的社会道德、理智和理性能力为首要目的；"外在适切性"着眼于教育的社会服务功能，强调高等教育要切合社会需求，以培养学生的职业能力和谋生技能为主要目的。[8]

"通识教育"是实现"高等教育的内在切合"的基本路径，经由"通识教育"培养学生作为"社会人"的理智和社会道德，这是做人的前提和基础。适当、系统的通识教育，对于学生日后的健康成长乃至良好的个人品质必将起到不可估量的作用。"通识教育"的"通"不是通才的"通"（即什么都知道），而是贯通的"通"，即不同学科的知识能够相互通融，"通识教育"的"识"，不是知识的"识"，而是识科学、识社会、识人类，需要综合和全面地了解人类社会及其自身的总体状况。通识教育的目标是"培养完整的人（又称全人），即具备远大眼光、通融识见、博雅精神和优美情感的人"[9]。一个受过通识教育的学生，形成较宽厚、扎实的专业基础以及合理的知识和能力结构，应该自尊、自爱、自强，于国于家满怀仁爱，具有强烈的社会责任感，具有前瞻性的思维和历史的眼光，能够融通中华文化和外来文化，使他们为迎接迅速变化的世界作最好的准备。

"专业教育"是实现"高等教育的外在切合"的基本路径，经由"专业教育"[10]使学生掌握一门或一种社会需要的专业或职业，解决自力谋生的问题，为残疾人大学生将来从事一种职业打下基础。残疾人大学生具有自谋职业、自食其力的职业技能，这是享受职业幸福的前提，而职业幸福是人终生幸福的源泉之一。如果说"维护和增强个人在其他人和自然面前的尊严、能力和福祉，应是21世纪教育的根本宗旨"的话，那么实施专业教育，让残疾人大学生掌握一门技术或专业是其

⑦ 申培轩. 2005，论高等教育发展的适切性——兼论高等教育对农村的适切性[J]. 武汉大学学报（哲学社会科学版），（4）：565～569.

⑧ 周光礼. 2015，论高等教育的适切性——通识教育与专业教育的分歧与融合研究[J]. 高等工程教育研究，（2）：62～69.

⑨ 金永红，兰欣卉. 2015，培养人文素质是大学通识教育的核心元素[J]. 北方经贸，（6）：241～242.

⑩ 秦绍德. 2008，通识教育：本科教育改革的重要方向[N]. 中国教育报，（9）：19.

维持自己尊严和能力的基石。专业教育可以使残疾人大学生自力、自为、自荣，是其享受终身幸福的前提。

"三合"教育中的"统专统合"即"通识教育与专业教育统合"，经由"通识教育"实现"高等教育的内在切合"，经由"专业教育"实现"高等教育的外在切合"，达到通识教育与专业教育的有机统一。如果说通识教育解决的如何认识自然、认识社会、认识人类、认识人生的问题，帮助残疾人大学生形成正确人生观、世界观和价值观，那么专业教育解决的就是谋生的问题，通识教育与专业教育的结合是人生问题与谋生问题，为残疾人大学生终身发展和终身幸福奠定基础。

第三章　医学院校残疾人大学生成长

高校是大学生学习知识、交流思想、成长成才的主要场所，培养全面发展的高素质人才是高校的根本使命。党和国家高度重视残疾人大学生的成长成才，越来越多的残疾青年有了上大学的机会。相比健全学生而言，残疾人大学生的成长历程充满着更多的压力与艰辛。残疾人大学生进入大学后能否真正成才，考验着各高校的教育理念和人才培养质量。

据统计，2015 年，全国有 8508 名残疾人被普通高等院校录取，1678 名残疾人进入特殊教育学院学习；2016 年全国有 9592 名残疾人被普通高等院校录取，1941 名残疾人进入高等特殊教育学院学习[①]。在残疾人大学生入学数量有所增加的同时，残疾类型也有所拓展。随着残疾人大学生数量的增加，其成长的现实路径充满挑战，成长过程中的各种问题日益突出，残疾人大学生的思想教育、日常管理、就业创业、心理健康、残健融合等问题也必须要呼应各种新需求，做出更高层次的新追求。我们对残疾人大学生成长这一问题的关注和新时期残疾人大学生成长问题的提出，源于社会残疾人事业的发展，源于医学教育理念的变革与发展，有深刻的国内外教育背景及深远的社会意义。

一、医学院校残疾人大学生成长的基本内涵

（一）成长的内涵

"成长"的概念是 20 世纪 70 年代初荣格提出的。一开始就提出"青少年成长过程中，在学习文化科技知识的同时，还要学习做人、强化心理能力。"[②]通过参考相关的文献，国外高校大学生的成长成才方面主要表现在以下几个模块，一是关注大学生人格的成长，注重大学期间培养和完善大学生人格；二是关注大学生性格的培养，注重在校期间培养完备的性格体系；三是关注大学生实践动手能力的成长，注重在校期间参加各类实践活动，提高动手能力。相比而言，我国大学生培养方式和在校期间成长路径的研究主要有"能力上有体现、实践中有收获、操作中有提高"等方面的表现，主要分为教育目标和内容。在教育目标上，是培养学生健全的人格，使之成为心理阳光、快乐的人；在教育内容上，是对大学生自身身心各方面素质及智慧的挖掘和智力的培育。任何年龄的人适应社会的发展和进步都是有必要进一步研究的课题，残疾人大学生也不例外，他们的成长不单纯聚焦在提升他们的专业素质和专业技能，更多的关注点在于如何建立和

---

① 中国残疾人联合会.2017，2016 年中国残疾人事业发展统计公报[残联发（2017）15 号][EB/OL].
[2017-03-31]. http://www.cdpf.org.cn/zcwj/zxwj/201703/t20170331_587445.shtml
② 老卡尔·威特，小卡尔·威特，卡尔·威特.2010，教育全书[M]. 北京：中国妇女出版社，14.

保障他们身边的环境和条件。

（二）成长的特点

大学生本身就是一个时代的产物，每代大学生有每代大学生的特点，大学生也必将深深刻上那个时代的印记。大学生的成长将学校、家庭和社会三个因素合为一体，他们的特点通常表现在以下几个方面：一是学习上有了新的目标，根据自身的兴趣爱好确定新的学习目标，而不仅仅需要分数和学业排名的过程；二是生活上有了新的方式，学会了一个人如何独立充实地生活，也学会了和来自天南海北的同学相处的生活方式；三是思维方式上有了新的转变，站在全新的角度去了解社会、了解家庭、了解朋友等。对于残疾人大学生来说，成长的特点和普通大学生有相似的方面，也有不同的方面。不同的地方主要体现在由于身体的缺陷带来他们心理上或多或少的自卑或者压抑，这些困惑亦或是障碍都会让他们的成长路径更加漫长和艰辛，他们适应大学生活的过程比普通大学生在时间上的跨度上要更长一些，遇到的问题也更多一些。

二、医学院校残疾人大学生成长的问题透视

医学直接关乎人的生命和健康。医学教育与其他专业教育相比，具有自身的特殊性，如医学教育专业的综合性、医学过程培养的实践性、医学教育标准的国际性以及医学教育的高成本性等。医学教育的特殊性带来医学教育环境的特殊性。医学院校残疾人大学生的成长与医学教育的特殊环境息息相关，也因此凸显出培养过程中的特殊问题。

（一）成长高定位、就业高期待与社会接纳度低的矛盾

医学院校肢体残疾人大学生所选专业一般而言没有特别限制，只要身体条件允许，可以学习任何专业。因此，临床医学、口腔医学、中医学等专业是肢体残疾大学生的集中选择。医学院校视障学生因其身体条件限制，所学习的专业主要集中在中医学、针灸推拿学、中医学（针灸推拿方向）等。而眼视光学、医学检验学等专业是听力障碍残疾人大学生的主要选择。大体而言，医学院校残疾人大学生的专业选择主要是医学或医学相关专业。可以说，成为一名医务工作者，或者去医院工作，是医学院校残疾人大学生成长的职业定位与就业期待。但是，随着医学专业从业标准的不断提高，残疾医学生进入医院工作的可能性越来越小，自主创业的人数越来越多。这成为医学院校残疾人大学生成长过程中不可避免要思考的首要问题。

（二）残疾人大学生临床实践能力培养的有限性问题

临床实践能力培养是医学院校学生培养的重中之重。临床实践能力培养主要

包括三个方面：临床操作能力，如手术及各类技能操作；临床思维能力，如对病人的临床观察，对病例的分析等；人文关怀与医患沟通能力，如与病人培养信任感等。临床实践能力培养的主要途径是临床的见习与实习，而残疾人大学生的见习与实习轮转最容易受身体的限制。因此，残疾人大学生通常实施"选科实习"，着重去自己能够参与的科室实习，临床实践能力培养对其而言具有一定的困难，缺乏完整性与系统性。

（三）残疾人大学生个性化成长成本高与资源配备紧张的矛盾

个性化成长要求指残疾人大学生成长要综合考虑其生理与心理的特征，根据残疾人大学生自身的特点，"量身定制"其自身的成长路线。这就需要对残疾人大学生成长的各个环节、各个阶段、各方面内容予以系统的顶层设计与组织实施。在这一过程中，需要完善的成长支持体系与丰富的教学资源，主要包括人财物的强力支撑。具体而言，包括充足的师资配备，如专业教师、生活教师、学生辅导员等；完善的无障碍设施建设，如盲道建设等；丰富的教学资源保障，如优质的见习实习教学基地，愿意接纳残疾人大学生并能提供优质教学保障。事实上，在残疾人大学生成长过程中，一个比较大的障碍是学校之外的后期教学中所遇到的困难，如医院的认可度与硬件条件等。

三、滨州医学院残疾人大学生的成长实践

医学院校残疾人大学生的成长需要社会、家庭、学校各方的参与和努力，需要以先进的教育教学理念和学生管理理念为指导，遵循残疾人大学生的成长规律与原则，系统建构，稳步前行。目前，滨州医学院在校残疾人大学生100余名。从残疾类型讲，包括肢体残疾与视力障碍学生；从数量上来讲，以视力障碍学生为主，肢体残疾学生人数越来越少；从生源结构来讲，学生来自全国各地，且普通学校与特殊学校兼而有之；从学情来讲，无论是肢体残疾还是视力障碍，残疾人大学生学习主动意识较强，学习能力参差不齐，学习压力较大，学习个性化特征比较突出。残疾人大学生的管理必须考虑新的学习环境与学生特点，在管理育人方面有所尝试和突破。

（一）医学院校促进残疾人大学生成长的原则

1. 教育平等原则 伴随社会文明的进步，教育打破了教育问题上的身心障碍的羁绊，高高举起了"教育机会均等"的旗帜。教育平等观成为现代教育最基本的出发点，更是残疾人教育的立足点。教育平等体现在诸多方面：首先，作为教育的对象"人"，其受教育的成长权利是平等的。这意味着从应然的角度讲，残疾人大学生成长与普通大学生一样，虽然艰辛，但亦平等；其次，教育平等不只是

应然而为，从实然的角度讲，也是平等的。换言之，教育平等要落实在残疾人大学生成长的实践过程中；最后，从成长的出发点和落脚点讲，残疾人大学生同样需要通过教育的实施，成长为个人适应、职业适应、社会适应的"大写的人"，即残疾人大学生的成长最终要回归社会主流生活和文化生活。

2. 个别化教育原则　教育平等绝不意味着千篇一律，更要尊重残疾人大学生的个体特点，遵循个别化教育原则。没有个别化教育，就没有真正意义的特殊教育。残疾人高等教育的特殊之处就在于教育对象的个别差异很大，他们的成长过程具体鲜明的个性色彩。个别化教育原则不是搞特殊，而是在残疾人大学生成长过程中，从成长目标设计，到成长路径选择，从成长策略的建构，到成长的阶段性评价，都要为残疾人大学生个体"量身定制"，保障残疾人大学生个体获得自身的最大化成长。

3. 积极行为支持原则　积极行为支持是指以残疾人大学生成长为导向，通过全面而多元的参与方案，介入残疾人大学生成长环境，通过教育、管理、服务等改善残疾人大学生生态环境，促进其自我管理与自主成长。积极行为支持原则强调团队的合作，如残疾人大学生与教师、同辈等重要他人的参与；强调社会效度，包括社会互动、社会适应性与融合性等；强调系统协调，包括成长各影响因素的整合，以期达成成长过程的最大化效果。

4. 第一课堂与第二课堂协同育人原则　残疾人大学生成长是一项系统工程，成长体系由第一课堂与第二课堂共同组成。第一课堂指按照人才培养方案要求组织实施的课堂教学活动，是制度化、系统化的途径。第二课堂的定义是基于它同第一课堂教学的本质区别和分析概括，是一个动态概念界定，基于目前高校第二课堂开展的实际情况做的定义，并不排斥随着"第二课堂"实践活动的纵深发展演变。最初人们把第二课堂定义为课外活动。随着教育教学改革的发展，特别是人才培养形式的拓展，第二课堂在活动的内容和形式上也不断地变化和发展。多样性是"第二课堂"这一教学形式的本质特征。它的内容十分广泛，涉及学生德、智、体、美诸多方面，包括社会实践活动、课外科技活动、文娱体育活动以及社团沙龙活动等多项活动领域，知识性从横向看比第一课堂宽，从纵向看比第一课堂广。第一课堂是残疾人大学生成长的主渠道，第二课堂是其成长的重要路径，二者相互补充，协同发展，构成了残疾人大学生的成长路线。坚持第一课堂和第二课堂协同育人，意味着要夯实第一课堂对第二课堂的基础性作用，彰显第二课堂对第一课堂的延伸和补充作用。

（二）滨州医学院残疾人大学生成长的路径分析

滨州医学院残疾人大学生的成长路径以融合教育为主线，以第一课堂为主阵地，第二课堂为特色快车道，第一课堂与第二课堂协同育人。其中，第一课堂围绕残疾人大学生成长目标任务，着力构建医教融合、教康结合的课程体系；第二课堂采取多种活动载体，引导学生主动参与，通过独立或团队合作，探索、实践、研究创新等方式实现特色发展。特别需要指出的是，无论哪种路径，都必须紧密围绕成长目标设计，在开展过程中都突出实践能力培养，在过程中和结束后都倡导个性化的形成性评价方式，并且都离不开强有力的支持服务体系来保驾护航（图3-1）。

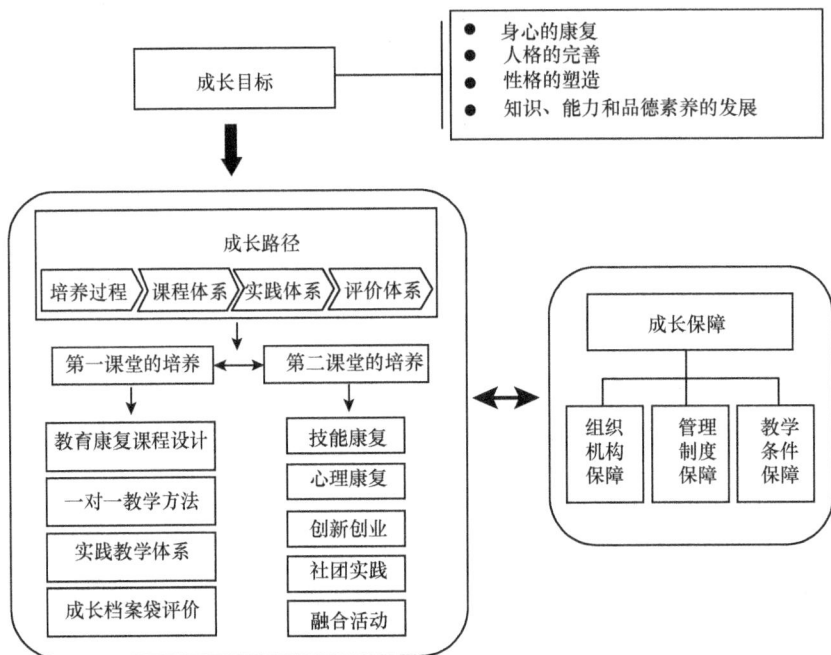

图 3-1 滨州医学院残疾大学生成长路径示意图

1. 成长主渠道 第一课堂。

课堂教学是残疾人大学生成长的主渠道，因此，必须充分发挥课堂教学的育人作用，课堂教学的整体设计思路是全程优化、点面互补、突出重点、求实创新。

（1）全程优化：即课堂教学各个环节，从入口、过程到出口追求最佳效果。就入口而言，人才培养方案与教学大纲的制定必须突出残疾人大学生的特点，合理定位目标、优化课程设置、整合课程内容、灵活教学方法、创新教学评价。以残疾人大学生成长与发展为价值导向，处理好目标与内容、内容与方法、评价与反馈的关系，提高残疾人大学生课堂教学的适切性。就过程而言，要追踪残疾人大学生的学习状态、主动参与程度、自主学习程度，并及时有效反馈整改；就出口而言，要做好残疾人大学生一人一案、一人一评，保障残疾人大学生培养质量。

（2）点面结合：作为个体的人，课堂教学必须充分考虑残疾人大学生个体的生理心理特点，制定个别化教育计划，实行因材施教；作为整体的人，课堂教学要着眼专业办学要求与行业需求标准，围绕人才培养目标，严格执行人才培养方案，保障残疾人大学生培养质量。

（3）突出重点：实践能力培养既是残疾人大学生培养的难点问题，也是需要突破的重点，必须通过多种渠道予以强化。对因身体条件限制未能进行的实践培养环节，要做好补偿性教学，降低身体条件的限制。

（4）求实创新：残疾人大学生培养属于高等特殊教育，既是特殊，必然异于普通教育，格外需要创新。特别是在教学目标的严格要求下，更要创新理论教学方法、考核评价方法、见习实习方法等，在教学的创新中成就残疾人大学生的成长。

特别一提的是残疾人大学生的个性化评价体系问题。大学生的学业评价是以国家的教育教学目标为依据，运用恰当的、有效的工具和途径，系统地收集学生在各门学科教学和自学的影响下认知行为上的变化信息和证据，并对学生的知识和能力水平进行价值判断的过程[③]。虽然很多高校一直在大学生学业评价上不断尝试改革，但由于诸多因素的影响，目前仍然缺乏比较多元化和人性化的评价方式。对于残疾人大学生来说，学业评价也是他们学习生涯中非常重要的一环，多元和个性化的评价体系有助于促进他们在学业、技能、价值观等多方面的协调发展。学校采用学生成长档案、临床技能大赛、英语学习计划等方式，对于残疾人大学生进行个性化的学习评价，追踪残疾人大学生动态成长过程，为实现残疾人大学生个性化培养提供依据。学生成长档案是每学期让学生回顾上一个学期的成绩、荣誉，本学期的发展计划，不断督促学生学业进步。临床技能大赛是通过期中、期末对其专业技能进行考核，提高专业技能。英语学习计划以季度为单位，通过英语竞赛的方式激发学生学习英语的热情，提高学生将来在考研、就业中的竞争力。通过以上方式，加强学生过程的追踪与培养，并在学生的纵横比较中，掌握学生的成长轨迹，尽可能地使每位学生都得到充分的发展。

2. 成长快车道　第二课堂。

我校残疾人大学生的第二课堂主要是指学生自主创新、沟通协调、组织管理、完善人格等能力的培养，与第一课堂相得益彰，共同服务于残疾人大学生成长，是完整的残疾人大学生教育体系的重要组成部分。目前，我校残疾人大学生第二课堂育人主要包括技能康复、心理康复、创新创业、社会实践、融合活动等。

（1）技能康复：康复是一种健康策略，目的是促进人类在与环境的交互作用中不断促进其健康状态，或是对健康状况已经经历或将要残疾的人让他们达到或保持最佳功能状态。它使用一切康复手段促进病、伤、残患者克服功能障碍，恢复身心功能，最大程度地帮助恢复日常生活、学习、工作和社会能力，提高生活质量，回归家庭与社会[④]。

残疾人大学生的培养，较之普通学生来说，身体功能的康复和生存技能的培

---

③ 马静，赵丛. 2015，浅议多元化大学生学业评价体系的构建与实施[J]. 教育教学论坛，（41）：13～14.
④ 钟海平，邱建维，郝晓红. 2016，老年与残疾人康复职业能力培养与课程设置探讨[J]. 课程教育研究，（6）：13～14.

养更为迫切，他们对于未来生活的规划和职业的理想也更为清晰。学校非常重视残疾人大学生肢体和功能康复。学生入学后，学校对每一个残疾人大学生进行查体，针对他们的不同情况制定、实施科学的康复治疗方案，利用滨州、烟台两所直属附属医院的优势，先后为百余名肢体残疾的学生实行了矫形手术，使其肢体功能（或部分）得以康复。同时，学校通过设置灵活多样的体育课程和开展丰富的体育活动来改善和恢复残疾人大学生的肢体和视力方面的功能。各项活动的开展因人而异，控制好运动的强度、时间和频率，通过康复活动的开展，找到更加适合残疾人大学生的保健科学方法，适时调整，不断提高他们的身体素质。

在专业教育的基础上，学校着力培养残疾人大学生面向未来的，基于岗位的职业技能。因此，根据肢体残疾与视力障碍学生的专业特点，学校着力打造品牌活动，提高学生技能。目前，学校开设了"我是好医生"微课堂擂台赛、"中医针灸推拿技能大赛"，围绕职业医师资格证考试、中医盲人医疗按摩师资格考试，加强培训与指导，有效提高了学生的专业技能。

（2）心理健康："医学的终点就是教育的起点"，美国特殊儿童心理学家、教育学家柯克道出了医学和教育对残疾学生终身作用的真谛。医疗康复作用于"身"，而教育康复关注于"心"，对于残疾人大学生来说，其心理健康状况与否直接关系到他们健康和谐人格的发展，对他们未来的人生规划有非常重要的影响。基于心理素质培育的心理健康教育是以关注心理品质、注重潜能开发、着眼建设性和未来希望感塑造的本土化心理健康教育理念，它将关注点聚焦在人的健康幸福、积极进取、乐观开朗、勇敢创造等良好心理状态和积极心理品质方面，强调"标本兼治"，即解决心理问题与培养健全心理素质相结合[5]。

滨州医学院针对不同类型残疾人大学生的心理特点，因势利导，长善救失，通过心理教育、训练、咨询、治疗等全面系统的心理干预，促进残疾人大学生的发展，建立"学校—学院—班级"三级心理预防及康复体系。具体而言，2015年11月成立大学生心理健康教育中心，这是学校开展大学生心理健康教育指导与咨询的专业机构，邀请专业教师定期对残疾人大学生开展心理健康讲座和开展心理问题咨询；建立心理信息员制度，搭建学院、班级、宿舍三级的心理信息工作体系，加大心理信息员的培训力度，增强他们的心理感知和教育能力；建立健全心理健康月报告制度，提高工作的规范化建设水平。对于家庭有重大变故和心理上有问题的同学，及时开导，定期和学生、家长进行沟通。及时有效的疏导学生心理困惑，提高学生心理健康水平。学院开设针对残疾人大学生的心理健康课，积极开展心理健康教育及知识普及活动。班级组成心理互助组，每位学生必须参加

---

⑤ 刘衍玲，潘彦谷，唐凌.2014，基于心理素质培养的大学生心理健康教育课程体系建构[J]. 西南大学学报（社会科学版），（3）：93～97.

其中一个互助组，通过互助组开展心理自助互助活动。通过"三级"心理预防、教育和康复体系的常态化实施，排除了学生心理困惑，保障学生以充沛的精力更好地投入学习。

（3）创新创业：大学生创新创业是指大学生发挥创造性思维，运用个人所掌握的知识和资源，在学校的协助下或凭自身能力组织和运营一个企业，并承担其所带来的风险。创业是一项操作性很强的社会活动，而在校园环境下社会经验相对不足的大学生要想从事创业活动，需要先接受创新创业教育，以消除对创业的陌生感，弥补创业相关知识的不足，减少在创业过程中的盲目性，提高创业的成功率[⑥]。构建大学生创新创业教育体系，旨在通过对大学生进行创业教育，激发其创新意识和创业精神，使其在学习过程中掌握开展创业活动所需要的基本知识，具备批判性思维、决策力等各项创业素质，保证大学生创业者在充分认识创业的整体环境和自身创业能力的前提下，做出正确的创业选择[⑦]。

学校于 2014 年成立了服务于残疾人大学生的创业孵化中心，该中心目前拥有包括"黑暗体验心灵之旅"创业团队、明眸推拿养生中心、"校园的影子"创意影像制作、自闭症康复研究中心和盲文支持系统在内的五个社团。其中，明眸推拿养生中心已走上正轨，为全校师生及周围社区居民提供中医理疗服务。黑暗体验项目经过筹备现已成立南京黑暗文化发展有限公司。"校园的影子"为校园音像制作团队，目前已经制作了学院视频、黑暗体验宣传视频，微电影《梦在路上》等诸多优秀作品，并取得不错战绩。学校积极推动残疾人大学生社团走向创业，希望能够借助创业平台，将理论与实践相结合，为残疾人大学生的成长与就业提供广阔平台。

特别值得一提的是 2014 级中医学（针灸推拿专业）视障学生王彦龙团队的"非视觉健心——黑暗体验"创业项目，这是一个为提高公众视觉保护意识，心灵沐浴减压的体验项目（图3-2）。当前，无论是青少年还是成年人，有心理压力的人逐年上升，并且我国的近视率日益增高。视力保健与心理减压一样，成为当前影响人们幸福指数的重要问题。项目主要内容是给体验者营造一个全黑的环境，让体验者在盲人大学生的帮助下完成一些活动，体验者能在此过程中意识到视力、光明对自身的重要性，并且达到一个心理减压的效果。体验活动主要是以小团体形式

图 3-2　滨州医学院视障大学生王彦龙——黑暗空间有限公司创始人

⑥ 胡桃，沈莉. 2013，国外创新创业教育模式对我国高校的启示[J]. 中国大学教学，（2）：91～94.
⑦ 赵丽，陈曦. 2016，大学生创新创业教育体系研究[J]. 当代教育理论与实践，（5）：114～118.

进行，在此过程中能增强体验者的团队协作力，完善他们的性格，增加他们对陌生环境的适应力。本项目也立足于解决社会中盲人群体就业渠道狭窄这一重大社会问题，尝试为盲人探索新的就业岗位——"健心师"。本项目获得海峡两岸创业大赛全国三等奖，并入围由北欧发起的"阿克苏诺贝尔社会公益项目征集"，并在2014年11月作为创业代表项目参加了24个国家参与的"亚太区中期会议"，得到了各国人士的支持。更为可喜的是，2017年6月2日，本创业项目成功进入市场，升级"黑暗空间"公司并在宁波正式开业，完成残疾人大学生历史上"最黑"的开业典礼，在社会上引起广泛反响，也是我校在校残疾人大学生创业的成功典范，这一创业团队的成功经验对于创新创业背景下残疾人大学生培养提供了宝贵经验。

📝 案例分享 »

视障大学生王彦龙创业纪实

"纵得天之不公，昭昭然无所相妥。今以我消逝之光明，唤醒心中不屈的猛龙，我亦将抗争之心咆哮成奉献的光束，照耀盲人事业的发展道路，默默付出，无悔此生。"

写下这段文字的就是"黑暗体验"创业项目的主人公，他叫王彦龙，来自滨州医学院特殊教育学院，主修中医和法律专业。他曾参加由北欧阿克苏诺贝尔主办的中国大学生公益项目，并获得全国铜奖。他也曾参与世青创新中心与成美基金会举办的2015年中国青年创想家活动，荣获"青年创想家"称号。他发起的"非视觉健心师"已成为国家级重点社会实践项目，曾被三十多个国家共同参与的"亚太区中期会议"邀请作为中国代表项目参会。

梦想人人都有，可还有多少人勇于坚持着最初的梦想，并为之奋斗着？目前盲人的就业渠道十分狭窄，除了按摩，其他方向少有路径。无数思想与能力兼备的盲人，怀揣着满腔热血拼搏，当他们步入社会之后，现实是残酷的，不少人被迫放弃了自己的梦想。但王彦龙仍能在梦想的指引下前进，脚步坚定如初。在一次"大学生创业挑战杯"的活动中，他带着年轻而充满活力的团队出现在大家面前，犹如一道光，让中国盲人"看"到了希望。这个团队有很明确的理念，就是要改变国内盲人的发展现状。他和他的团队通过对世界盲人发展现状以及中国盲人就业情况的详细分析，创建了一个独特并富有生命力的项目——"非视觉健心"。该项目尝试为盲人探索新的就业岗位——"健心师"。命运始终会眷顾有才华的人，成功也从来不会辜负有心人：他在山东省大学生"创青春"创业大赛中摘得银奖；在"2015海峡两岸大学生创业大赛"上获得了全国三等奖。2017年6月2号，本创业项目成功进入市场，升级"黑暗空间"公司，在宁波正式开业，完成残疾大学生历史"最黑"的开业典礼，在社会引起广泛反响，也是我校在校残疾大学生创业的成功范例。

（4）志愿服务：志愿服务是指社会成员自愿和无偿地为人和社会提供服务的公益性行为，它倡导志愿、无偿、利他的服务精神，既体现了现代公民的社会责任意识，同时也反映着一个国家的文明和进步水平。我国有着扶危救困、助人为乐的悠久传统，但是专门的志愿服务却是自改革开放以后才逐渐被大家所认识和熟悉起来的。最早在中国从事专门和专业志愿服务的志愿者来自海外，20世纪80年代初期，联合国组织派遣了包括环境、医疗、地理和语言等各个领域的志愿者来到中国从事各类社会服务工作。三十年来，在我国政府的持续推动之下，我国志愿服务体系不断发展，已初具规模。

　　滨州医学院在志愿服务的具体实施路径上一直积极探索，并依托不同专业成立了多个志愿服务队，目前残疾人大学生志愿服务队与服务残疾人志愿服务队有：承光心汇器官捐献服务队、蓝丝带支援服务队、明眸推拿协会、手语协会、母教义工协会、回声志愿服务队、青柠志愿服务队，在推拿按摩、手语文化交流、听力障碍人群服务、自闭症儿童康复训练等方面进行社会服务，鼓励残疾人大学生参加社会实践活动，更多的接触社会、了解社会，提高适应社会的能力，从而更好地融入社会。2015年8月，校级重点社会实践团队关爱脑瘫儿童、关爱自闭症儿童实践队到滨州无棣进行社会实践，在无棣爱心医院建立了特殊教育实践基地，形成了完善的实践报告，荣获2015年"凯风山东"大学生暑期社会实践优秀服务队。学校手语协会学生对在校大学生开展义务手语培训，定期赴烟台市聋哑学校、山东爱聋手语研究中心、烟台市聋儿语训中心等开展志愿服务活动；明眸推拿协会、养生中心积极在校内外进行义诊活动；蓝丝带志愿服务队每周为胶东地区自闭症儿童免费提供自闭症康复干预；言语听力康复专业儿童开展脑瘫儿童语言康复知识普及，形成不间断志愿服务模式，拓展了青年大学生社会服务途径，提高了残疾人大学生的综合素质和普通学生服务残疾人事业的能力。

案例分享

滨州医学院肢残大学生承光心汇器官捐献创始人刘杨纪实

（2014年04月12日　来源：人民网-教育频道）

　　刘杨，男，滨州医学院临床医学院临床医学专业2011级专科生。

　　2013年5月8日，第66个世界红十字日，一支由滨州医学院、烟台大学、鲁东大学、山东工商学院等8支驻烟高校的600多名青年志愿者组成的器官捐献宣传服务队正式成立。可没有人会想到，发起人会是滨州医学院一名身患重症的在校大学生，他叫刘杨，2013年22期《中国青年》杂志在"领秀"专栏以"在绝望中寻找希望"为题对其事迹进行了长篇报道。

　　他是全国首支大学生器官捐献志愿者团队的创建者；山东省在校大学生第一个签署器官捐献协议的大学生；驻烟高校第一个由烟台电视台进行专题报道的大学生。

　　"人的生命是有限的，我们要把有限的生命投入到无限的为人民服务中去"。刘杨的一期手术取得了初步的成功。回到学校后，他如愿做了一名器官捐献志愿者。刘杨查阅了大量的资料，了解到：中国有150万个等待器官移植的患者，截止到 2011 年 12 月底，共实现捐献 163 例，绝大部分患者都已在等待中死亡或者还在等待死亡。宣传上的空白，教育上的缺失，让很多人没有机会接触"器官捐献"这样一个概念。刘杨决定呼吁和号召更多的人关注器官捐献，加入器官捐献，受益于器官捐献。

没有关于器官移植的教材资料，刘杨就自己制作器官捐献知识 PPT；没有钱做宣传展板，他就用手写用笔画，拄着双拐走进每一间教室去宣讲。从开始不被人接受，到有人加入团队，几个月的时间他几乎走火入魔。烟台大学、山东工商学院、烟台红十字会、毓璜顶医院……，到处都有刘杨宣讲器官捐献的身影。功夫不负有心人，两个月后，驻烟高校首支器官捐献志愿服务队——承光心汇正式成立，成员达 600 余人。

"我的中国梦就是我的医师梦，我自己的力量很弱小，可这个梦想却很伟大，通过自己的努力，可以使盲的孩子看到光明，使绝症的尿毒症病人获得新生，这是一件多么有意义的事情，我愿为我的中国梦而奋斗终生！"

——刘杨网络日志

我校特殊教育专业蓝丝带志愿服务队社会服务有感

滨州医学院 2015 级特殊教育专业 王子英

我是 2015 级特殊教育专业的王子英，很荣幸作为蓝丝带志愿者服务队代表来和大家一起分享我们的故事。

还记得我当时是抱着一腔热血加入蓝丝带。接触的第一个孩子是个大概 6 岁左右的小男孩，长得虎头虎脑很可爱。那时我还在学习理论知识，没见过自闭症孩子，隔着观察室的玻璃看学姐给他做干预，只觉得这个孩子有些调皮得特别，不知道他是不会说话，还是不愿意说话，要抢东西的时候总是发出得得的声音。课间，学姐和我说："你可以和他玩一玩建立一下感情"。我很高兴地过去和他打招呼"文文你好，你好文文……"，但是唤了几次名他连头都不回，他从头到尾只玩一个软球，大部分时间都在用软球拍打自己的手，我试图去拿软球想要和他一起玩，他以为我要抢他的软球，就把软球藏在怀里趴在地上，怎么也不愿意站起来……

听到这里估计大家的画面感会有一些强，是的，这是我接触自闭症孩子的第一天，我很受打击，我还把这一天写进了日记，想着日后我要带这样一个孩子，该是如何的让人抓狂……当然我没有一直抓狂下去，学姐在课下给我开了"小灶"，我开始明白要给这些特殊孩子上课，自己要做足功课，要了解他的一些基本信息，知道他喜欢什么讨厌什么，哪些方面有障碍，哪些课比较喜欢上，哪些东西学起来比较慢，出现问题行为要怎样处理……有没有耐心影响我们能不能和孩子相处，而有没有专业的方法技术则决定我们能不能真正去帮助孩子成长。每个孩子每天有两小时的干预，而为了这两小时，我们课下大多时间都耗在了教学准备室里。先和指导老师商量孩子的前后续课程，然后绞尽脑汁地设计适合于孩子的活动、教具。没有适合孩子的教具就自己制作，这段时间我们真的是练就了"十八般武艺"只为让孩子喜欢上我们的课堂，只为让孩子和我们一样期待一起上课。干预后指导老师们会和我们一起讨论孩子上课的情况，再针对他们本节课的表现制定出下节课的干预计划以及需要注意的问题。我很感谢这一路走来陪伴我们的老师还有成员们，我们的课余时间几乎泡在一起，甚至逛超市也要想着我们家的小孩子喜欢吃什么可以给他准备一些，这些孩子就像我们自己家的孩子一样。后来，我们没有了开始时那种紧张，能从容不破地系统地去干预，全面地给家长提供建议。我们在和孩子们一起成长。当然我们也十分感谢蓝丝带的家长，你们的支持让孩子的每一步都走得更有力量。

还有一个孩子我的印象也很深刻，他的社交能力不好，具体表现为他对其他人的开心或伤心都漠不关心。我们当时设计了一堂情景模拟课，大概是这样子，看到别人摔倒了要上前去说："摔倒了，很疼吧，我给你吹一吹。"那节课上得不算顺利，孩子总是东张西望，不愿意配合，不断挥舞着自己的胳膊，所有的互动也有些敷衍了事。"估计这个目标得教好久才能有进展吧"，我心里暗暗地想。课间休息，他又开启了兴奋模式，在走廊里跑来跑去。我很怕他摔倒就边喊名字边在后面追他，一不小心被从干预室出来的同学绊倒了，一屁股坐在了地上。当时我就想"坏了，要追不上他了。"那个孩子突然回头看了看我，停了几秒他竟跑过来拉我，"我给你呼呼"，这几个字真的让我内心咯噔一下，充满欣喜，到现在想起来还有点起鸡皮疙瘩。也可能就是这几个字让我在心里决定了，这条路我要一直走下去。

最后我想给大家分享一首小诗：牵一只蜗牛去散步

上帝给我一个任务，叫我牵一只蜗牛去散步。

我不能走得太快，蜗牛已经尽力爬，每次总是挪那么一点点。

我催它，我唬它，我责备它，

蜗牛用抱歉的眼光看着我，仿佛说："人家已经尽了全力！"

我拉它，我扯，我甚至想踢它，

蜗牛受了伤，它流着汗，喘着气，往前爬……

真奇怪，

为什么上帝要我牵一只蜗牛去散步？

"上帝啊！为什么？"天上一片安静。

" 唉！也许上帝去抓蜗牛了！"

好吧！松手吧！

反正上帝不管了，我还管什么？

任蜗牛往前爬，我在后面生闷气。

咦？我闻到花香，原来这边有个花园。

我感到微风吹来，原来夜里的风这么温柔。

慢着！我听到鸟声，我听到虫鸣，

我看到满天的星斗多亮丽。咦？

以前怎么没有这些体会？我忽然想起来，

莫非是我弄错！原来上帝是叫蜗牛牵我去散步。

不要问我们是谁，我们是蓝丝带，我们是千千万万个为特殊人群服务的工作者，我们的孩子或许走的慢一些，但我们知道他们也在努力地成长。我们会一直陪着他们坚定地走下去。

（5）融合活动：学校第二课堂融合活动相对第一课堂活动具有特殊的差异性，对于残疾人大学生的自主参与、个性发展、情感体验具有独特的作用，对于残疾人大学生融入学校生活，沟通与普通大学生的交往，起到积极作用，成为我校残疾人教育整体结构中独特的组成部分。我校第二课堂融合活动的突出特点是普特融合、平等参与、交往互动、提升共享。

图3-3　2012年9月，学校首届2012级中医学（针灸推拿方向）视障生新生入学

图3-4　2013年9月，2013级中医学（针灸推拿方向）视障生新生军训

图 3-5　2013 年 9 月，特殊教育学院迎新晚会暨大学生艺术团成立仪式

图 3-6　2014 年 10 月，"特教扬帆，使命起航"演讲比赛暨山东省残疾大学生就业服务中心揭牌仪式

图 3-7　2016 年 5 月，"关爱孤残儿童，让爱洒满人间"第二十六次助残日特殊教育专业与中医学（针灸推拿方向）视障学生手语演唱表演

（三）残疾人大学生成长服务支持体系

良好的学习和生活环境是残疾人大学生成长的基础条件。教育部等七部门联合印发的《第二期特殊教育提升计划（2017-2020 年）》指出："普通高等学校要积极招收符合录取标准的残疾考生，进行必要的无障碍环境改造，给予残疾学生学业、生活上的支持和帮助"。滨州医学院从有利于残疾人大学生成长的角度出发，提供了一系列保障措施，确保了残疾人大学生的培养质量。

1. 学习条件保障 学校成立了专门的残疾人大学生学习资源中心，配备专职教师和专业设备，为残疾人大学生学习提供盲文试卷打印、盲文教材转换、盲文图书借阅等各种服务；同时，残疾人大学生学习资源中心成立青柠志愿服务队，普及盲文、手语文化，为听障人群和视障大学生服务，有效保障了残疾人大学生成长。

2. 管理制度保障 学校层面与学院层面出台了教学、学生管理等各项富有人性化的规章制度，覆盖生活、教学、科研、奖助学金评审、心理咨询与服务、社会实践各个环节，为残疾人大学生成长提供制度保障。

3. 生活条件保障 学校加大无障碍设施投资建设，包括盲道建设、残疾人大学生宿舍改造、残疾人大学生健身房建设等，尽一切努力为残疾人大学生成长提供便利条件。

四、滨州医学院残疾人大学生成长的思考

滨州医学院的残疾人医学教育为残疾人开辟了一条成人、成才、成功的宽广道路，保障和实现了他们平等的教育权利，促进了他们的健康成长和全面发展，给了他们做人的尊严和创造共享社会文明的能力，可以说，教育改变了残疾人的命运，救助了残疾人一家，影响了社会一片。30 多年的对残疾人大学生成长积极探索，这种探索为实现医学教育、残疾人教育和生命教育的深度融合，推进大学生素质教育创造了成功经验，也有一些值得改进的地方。

（一）去碎片化——医学院校残疾人大学生成长的良好状态

随着信息技术的快速发展，尤其是"互联网+"时代的到来，碎片化正成为一种网络时代的社会特征，伴随而来的是碎片化信息、碎片化时间、碎片化学习等一系列的碎片化现象。"碎片化"正成为社会的一种情境，并引发了社会大众对个性化信息的强烈需求。在教育的视域里，"碎片化"成为教育的一种特殊情境，对于学生的成长带来了一系列新的挑战。什么是碎片化？什么是碎片化学习与管理？如何认识学生管理中的碎片化现象呢？

"碎片化"的研究首先出现于西方社会学研究中，它主要用于描述一个传统社会向现代社会转型过程中的特征，集中表现就是各种社会利益群体的出现及其对

各自利益诉求的提出，原有的社会关系、市场结构和社会观念的一致性被打破，致使原先的整体利益、社会关系、社会阶层、社会观念以"碎片化"形式呈现。"碎片化"意即原本统一的整体被肢解为零星的碎片，它的集中表现就是完整统一的认识对象被人为地进行肢解，整体原有的系统性被打破，导致的结果就是各种碎片以杂乱无章的形式呈现。因此，从这个意义上讲，所谓"碎片化"的状态表示的是一种非良性状态。反观残疾人大学生成长的发展现状，碎片化学习状态和碎片化的管理状态越来越多。当前，信息技术的高速发展使互联网这一新媒体成为残疾人大学生学习和生活的重要工具，残疾人大学生的学习与网络紧密结合在一起。诚然，网络信息化的发展，使残疾人大学生信息的获取，在形式上、时间上更加灵活多样且富有个性，学生个体的自主性也能相对调动起来。但是，我们也应该深切的看到，网络虚拟化的特点，增加了残疾人大学生学生教育的复杂性，对学生管理者提出了更高的水平。在当代学习型社会，因时间的分散和分割而形成的碎片化状态，却绝不意味着管理内容的碎片化、管理目标的碎片化、管理方法体系的碎片化等。关于碎片化管理，目前虽然没有一个统一的说法，但是它对于残疾人大学生深度学习的挑战、对于残疾人大学生系统知识体系的架构、对于残疾人大学生持续、稳定发展的挑战，必须要引起我们的重视。特别是碎片化对于残疾人大学生完整精神世界的遮蔽要引起管理者极大的重视。我们要摒弃碎片化带来的思维方式的片面性和局限性，建立学生精细化、系统管理的良好运行机制。

（二）协同化——医学院校残疾人大学生成长的育人本位回归

1971 年，德国著名物理学家哈肯提出了"协同"的概念。1976 年，哈肯系统地阐述了协同理论。所谓"协同"，指"系统中各子系统的相互协调、合作或同步的联合作用及集体行为，结果是产生宏观尺度上的结构和功能"[8]协同论认为，系统内部子系统之间存在着相互协作与互相孤立的关系。各子系统在相互协作的关系下产生协同作用和整体效应，驱动子系统按照某种规则进行排列，使系统从各子系统间简单无序的堆积，转变为有序聚集的组合，在协同作用下推动系统发生质变并达到稳定状态，形成具有新功能的有机整体。作为系统性很强的残疾人大学生管理工作，可以也应当运用协同论，促进各要素有机配合，有效整合，有序排列，产生 1+1＞2 的效果。

残疾人大学生成长具有系统性，就系统内部而言，该系统包括作为管理主体的教育者系统、作为管理客体的残疾人大学生对象系统、作为管理介体的目标、方法和内容系统、作为管理文化的环境系统。这些系统的组成、结构，均会对残疾人大学生管理的效果产生影响。其中，作为管理主体的管理者系统对残疾人大

---

⑧ [德]赫尔曼·哈肯.1995，协同学——大自然构成的奥秘[M]. 凌复华译.上海：上海译文出版社，7～15.

学生的思想道德影响巨大。就系统外部而言,残疾人大学生成长系统除了一般意义上的思想教育系统外,还包括心理教育系统、专业教育系统、职业教育系统等等。必须发挥各系统的合力,做好残疾人大学生教育工作。因此,残疾人大学生成长必须打破内部要素、外部环境之间的条块分割,建立残疾人大学生协同管理机制,实现管理过程中要"全员育人"、"全方位育人"、"全过程育人",最终更好地实现残疾人大学生的"全人"教育目标。

事实上,在大多数高校,残疾人大学生成长过分关注了思想政治教育或者心理教育的某一个方面,而忽略了各个环节的整合。究其原因,与目前学生管理的条块分割机制息息相关。学生管理一般来讲是辅导员的事,与其他教师关系不大,而辅导员分属学工处和所在学院的双重领导,这就人为地为二者协同育人制造了障碍。因此,应当创新管理机制,打通学生管理的各个环节,唯其如此,才能改变当前残疾人大学生成长中教师与辅导员管理"两张皮"的现象,为二者协同育人创造条件,特别是"互联网+"的发展,为残疾人大学生成长带来更多机遇。

(三)融合化——医学院校残疾人大学生成长的路径追溯

融合,是社会进步的产物;它表明的是一种平等的态度、平等的价值和追求平等的信仰;它体现的是一种权利,一种残疾人理想与现实和谐共存的愿景,它是一种方向,或者说是一种趋势。当融合的合法性得到确证之后,我们要思考的是如何融合,和谁融合,融合的程度是什么,融合的途径是什么,融合的条件是什么,融合如此响亮,是否存在不尽融合的地方……诸如此类的问题伴随着我们,继续前行。

残疾人大学生成长的融合之路并不是一帆风顺的。它的实现需要多方教育资源甚至是社会资源的共同支持。但在现实生活中,融合教育看上去很美,却也曾步履维艰。主要的因素是残疾人教育观念的滞后、二元教育管理体制的约束、残疾人教育安置模式的单一、残疾人法律制度的薄弱等。比较突出的问题是社会的既定认识,认为"残疾人的教育事业是特殊教育领域中"的事业,而非"普通教育领域"和社会公共事业。基于此,在高校的体现就是残疾人大学生被囿于特定的残疾人团体之中,被小心翼翼地包裹起来,更有甚者,残疾人被大学拒之门外。这种模式造成残疾人大学生成长路径的僵化,其最终结果导致残疾人大学生被孤立于社会主流之外。残疾人大学生成长如何才能融入普通大学生之中,获得普通教育管理领域的回应以及特殊教育管理领域的支持呢?针对这些问题,应该从消除学习参与障碍,提高学习参与率;整合教育资源,拓展学习空间;革新学习模式,激发学习兴趣;注重职业技能培养,提升就业能力等方面予以重点管理。作为医学院校,滨州医学院在残疾人大学生融合教育管理模式上进行了不懈的探索。根据残疾人大学生的身心特点和社会需要,在培养目标、教育过程、教育模式、文化培育、资源整合上,进行了创新设计,提出并实施以"立人为本"、"和谐发展"的全人教育理念，形成了一条"残健融合、教育与康复相结合"的残疾人高等教育新模式。

（四）创新化——医学院校残疾人大学生管理的实践生成

当今人类正在进入信息化时代，步入网络化社会，用现在的时髦话语讲，当前我们进入大数据时代或者"互联网+"时代。不管用哪种话语表达，都传递出一个重要信号：走向新的信息化文明。在人类社会迈向信息化社会的历史进程中，最深刻的社会变化乃是社会信息化。社会信息化正在引起世界各国的高度重视，并成为社会发展尤其是经济发展的主旋律。21世纪中国社会处于信息化的挑战，但是这个挑战究竟在哪里？它带给残疾人高等教育的究竟是什么？我们每每想到信息化的发展，都会热血沸腾、异常兴奋，但是，反观残疾人高等教育发展的实践，我们也必须保持清醒的头脑。伴随大数据时代的发展，基于"互联网+"的新型的学习模式、管理模式悄然兴起。毋庸置疑，新技术的革新引发了教育思维方式、行为方式的极大变革，为教育的发展带来新的契机。但也毋庸讳言，新技术走进教育也存在诸多困惑。"互联网+"不会主动走进残疾人大学生教育，残疾大学生教育管理必须乘势而上，顺势而为，积极构建基于"互联网+"的残疾人高等教育理论与教育实践。"互联网+"背景下大数据时代所带来的机遇与挑战，倒逼残疾大学生管理从管理理念、管理态度、管理内容、管理形式、管理技术、管理方法到管理评价，都要进行彻底全面的变革。蕴涵着全新教育理念与方法的现代互联网信息技术使现行残疾大学生管理现状发生巨大改变，打破了传统的时空结构与传统的单一单向管理模式，代之以不受时空局限的、真实世界与数字化虚拟世界高度融合的、资源丰富的、互动合作的、以具有高级智能代埋功能的认知工具有效中介地、能充分发掘人的最大潜力和个性的、鼓励合作共处的、与生活密切联系的新的管理模式。作为残疾人高等教育的追随者，必须要解放观念，创新行动，增强残疾人教育事业使命感和责任感，主动积极地为残疾人教育发展做出自己应有的努力。

第四章 医学院校教师专业发展

随着我国特殊教育事业的发展引向纵深，特殊教育教师在残疾人大学生培养中的作用越发关键，特教师资的培养培训也越来越成为大家关注的问题。特殊教育需要什么样的教师，如何建设一支这样的师资队伍，这一问题倒逼高校重视和谋划特教教师专业化发展。事实上，随着教育康复理念的践行，社会对复合型、应用型特教师资的需求愈加强烈。教育部等五部委联合发布的《关于加强特殊教育教师队伍建设的意见》提出："改革培养模式，积极支持高等师范院校与医学院校合作，促进学科交叉，培养具有复合型知识技能的特殊教育教师、康复类专业技术人才。"传统单一的学科型特教师资培养培训模式已经很难满足社会发展的多重诉求，伴随"医教结合"理念的推行，医学院校对于特教师资的岗位胜任力与核心素养提出了新的期待，特教教师的专业化发展问题也成为新的研究课题。

一、医学院校特教教师专业化发展的基本内涵

（一）教师专业化发展的主要内容

"教师专业发展，又称教师专业成长，是指教师在专业生涯过程中，依托专门组织、专门培养制度和管理制度，通过持续的专业教育，习得教育教学专业技能、形成专业理想、专业道德和专业能力，从而实现专业自主的过程。它包括群体的专业发展和个体的专业发展"。[①]教师专业发展主要涵盖四个方面的内容：专业基本理论，包括教育教学基本理论与学科基本理论；专业基本技能，包括教育教学基本技能与学科基本技能；专业情感、态度与价值观，包括教师对专业的认同感、成就感；专业的自我意识，主要包括专业的研究意识与反思意识。我们探讨特教教师的专业发展就是基于以上相关内容的专业发展问题。

（二）特殊教育教师专业化发展问题

1. 着力解决的两个问题 明晰建设内容和方法是探讨特教教师专业发展的重要任务。首先，我们需要进一步明确特教教师群体包括哪些。通常意义上讲，特教教师是指服务和教育身心发展上有缺陷的对象，在学校从事特殊教育教学或管理的教师。其中，一线教师是我们主要关注的群体。其次，需要明确特殊教育教师专业发展的内涵。特殊教育教师专业发展主要解决两个问题：一是指特教教师在专业发展过程中达到的专业标准和资格，换言之，具有什么资质的人能够从

---

① 全国十二所重点师范大学联合编写. 2014，教育学基础[M]. 北京：教育科学出版社，128.

事特殊教育教学，并要达到怎样的从业标准；二是指特教教师在专业发展中如何达到专业标准和资格要求并保持持续发展。前者是一个静态化概念，后者则强调教师整体专业发展的过程，是一个动态化概念。

2. 特教教师专业化发展的内涵与特点　笔者认为，特殊教育教师专业发展是指，特殊教育教师在整个职业生涯过程中（包括入职前后通过主动、积极地学习、研究和反思），不断完善自身专业知识和专业技能，提高自身心理健康水平，发展积极的专业态度，从而达到专业自我认同与自我实现的、持续和动态的发展过程与状态。与普通教师专业发展相比较，除具有发展的主动性、动态性、持续性等特点之外，特殊教育教师专业发展还具有以下特点：第一，特殊教育教师专业发展具有复杂性。特殊教育教师的服务对象具有复杂性，包括肢体残疾、听障、智障、视障、脑瘫、自闭症等多重类型与多重残疾的特定群体，每一个群体都有其特殊的成长规律，这直接决定了特殊教育教师素质结构或岗位胜任力的复杂性。第二，特殊教育教师专业发展的复合性。特殊教育本身是具有跨学科的特点，具有教育学、特殊教育学、基础医学、临床医学、心理学、康复治疗学等多个学科的支撑，因此，从事特殊教育的教师也需要多学科的理论基础与实践背景，其专业成长过程必然是复合型教师的成长过程。第三，特殊教育教师专业发展具有协同性。特殊教育教师服务对象的复杂性，专业背景的跨学科特点，加之特殊教育系统的复杂性，都决定了特殊教育教师的专业发展不仅仅是学校自身的事，还是教育主管部门、残疾人联合会等部门共同的责任；不仅仅是教师队伍自身的事，还需要教学主管部门、学生主管部门、人事主管部门的协同和联动。当然，特殊教育教师专业发展也离不开社会环境与资源的辅助和支持。总之，特殊教育教师的专业发展因其复杂性、复合性、协同性变得更加具有挑战性，其发展目标也非一朝一夕可以达成，需要各相关利益方在整个职业过程不断学习总结、反思精进，实现持续积累和提升。

3. 医学院校特教教师专业化发展的理论困惑　从传统意义上看，特殊教育专业是具有师范属性的一个专业。因此，当医学院校遇上师范意义的专业，处境也就变得尴尬，就会遇到诸多理论和实践问题。相应地，特殊教育师资队伍建设也就多了一些师范的要求，在医学院校的医学属性背景下，如何融合，如何并肩携手前进，是医学院校特教教师专业发展的自我要求和使命。医学院校里特殊教育教师的专业发展，处在了缺少理论支撑的尴尬境地。特别是就其性质而言，还存有师范与医学的争论。这种争论导致医学院校特殊教育师资专业发展的实践摇摆，或左或右，或前或后，这种争论折射出发展的现实操作层面困境。但是，随着"医教结合"、"教康结合"理念的推行，医学院校在特殊高等教育领域的作为越来越大，医学院校特殊教育师资的培训、培养问题越为重要和清晰。特别是在特殊教育服务对象和模式发生重要变化，以及教师培养模式发生深刻变革的背景下，如何培养适应新时期教育康复实践需要的"上手快、能力强、后劲足"的高质量人才队伍显得更加迫切。

二、医学院校特教教师专业化发展的问题透视

医学院校的特教教师是促进康复医学事业发展，提升康复医学教育水平，培养康复医学人才的重要力量。探析特教教师专业化发展的短板与不足，才能优化特教教师专业化发展的环境，促进专业化发展的效益与质量。

（一）素质结构不尽清晰，专业化水平相对较低

调查表明，我国特教教师在专业知识、专业能力、专业态度等专业素质方面的现状不容乐观。对于医学院校而言，这一问题尤其突出。在此，我们先要明晰一个问题：医学院校从事残疾人高等教育教学的教师的核心素质结构应该是什么？根据调查和研究表明，医学院校从事残疾人教学的教师应该具有三个层面的角色意识：教师+特教教师+医学院校的特教教师。相应的应该具有"医学学科知识+教育学基本素质+特殊教育学基本素质"的素质结构。显然，医学院校因为自身人才培养模式的专业特点，距离三方面的综合素质较远。首先从知识结构看，从事残疾人高等教育的专职教师主要问题是教育学、特殊教育知识方面严重欠缺。其次，从能力素质结构看，教师的医学教育实践较多，残疾人教育实践有很大欠缺。具体表现为：专业课教学与特殊教育教法结合困难，出现不会上专业课、上不好专业课的现象。我们反复强调，残疾人大学生教育具有特殊性。但是，不容乐观的是大部分从事残疾人教学的教师仍沿用学科型教育和普通人教育的策略教学手段和方法，大部分教师在用特殊的教学资源作为辅助教学手段以外，其他方面基本上与健全人的教学一样，并没有根据残疾人大学生生理特点、心理特点和学习特点，开展因材施教，不能从根本上适应残疾人的需要，进而影响了教育教学质量。最后，从学历结构、年龄结构情况来看，目前从事残疾人高等教育教师整体学历层次与年龄水平呈现反向趋势，这种现象表明特教院校的教师多数经历都是从学校到学校很快迈上讲台。这两个因素综合起来说明，当前医学院校特教教师在特教知识和特教教学经历方面还存在着欠缺。

（二）教育场域复杂，课堂教学管理出现功能性盲区

毋庸置疑，在开展课堂教学的过程中，教师还负有课堂教学管理的责任。与普通教育相比，特殊教育课堂场域较为复杂：一是教育对象残疾障碍程度的差异，如视力障碍学生有低视力与全盲之分；听力障碍、肢体残疾与心理障碍学生有轻度、中度、重度之分。二是课程随时可能出现意想不到的突发状况，如随意性走动、大声喧哗、突然尖叫、攻击行为、自伤行为等，导致课堂教学无法正常进行，

考验教师的课堂教学管理水平。教师课堂教学管理经常出现两难境地：从行为上看，如果特殊学生有违反教育教学的行为，教师适当教育、制止、甚至必要的惩罚是允许的，也会起到警示作用，但学生的干扰行为往往是由障碍所致，而非主观故意。因此，教师在课堂管理方面，又往往陷入情感与伦理的漩涡，不忍心、不敢或者不会去疏导学生。长此以往，教师就会产生极大的心理压力，甚至出现心理健康问题。有研究表明，特教教师的心理健康水平显著低于普通教师的心理健康水平，且容易出现职业倦怠。

（三）教学奉献大，教学效能感低

教学效能感是指教师对自己影响学生学习行为和学习成绩能力的直观判断，它会影响教师对学生的期待，对学生的指导行为，从而影响教师的工作效率和教学工作成就感。教学是双边互动的过程，在这一过程中师生是民主平等的关系。但是，在残疾人教育课堂上，教师与学生的互动情况差异性较大，表现出不平衡；同时，教师在备课上课过程中的付出要超过对普通班级的努力，特殊教育教师经常需要花费大量时间和精力投入教学，甚至出现一对一教学。但是教学收效与产出却甚微，直接导致特殊教育教师普遍自我教学效能感较低，进而直接影响特殊教育教师的职业认同、情感依赖、离职倾向及行为，进而影响教师队伍的稳定与发展。

（四）专业综合性强，但协同发展机制尚未建立

特殊教育是一门涉及教育学、心理学、医学、康复学和社会学等多科学领域的学科专业，只有在特殊教育教师、心理咨询师、医生、语言康复师、物理康复师、职业康复师以及社会工作者的团结合作下，特殊教育工作才能取得比较好的效果。但是，我国特殊教育起步较晚，目前尚缺少特殊教育教师与其他专业领域专家合作的平台，虽然有些专家自发组织各种活动为特殊教育教师提供支持，但作用有限，难以保证合作的有效性和长期性，以实现合作的可持续发展。同时，受传统观念影响，我国绝大多数教师甚至家长仍然认为自己的主要职责是养育、照看而非教育与引导。由此带来，教师主动发展的反思和研究意识不强，协同发展、合作发展的愿望不强烈。

医学院校特教教师专业化发展中存在的问题，究其原因，有医学教育自身的原因，如医学人才培养的生物医学-社会心理模式中的转变所带来的医学思维模式的影响；有残疾人高等教育发展与医学教育融合过程中的特殊教育思维的缺失；更有教师教育发展过程中教师准入制度、教师评价标准的滞后等，需要我们拨冗迷雾，理性分析。

三、医学院校"双驱型"教师专业发展模式理论探索

（一）医学院校"双驱型"教师专业发展模式理论解析

1. "双驱型"教师专业发展模型（见图 4-1）**分析**　教师专业发展的主要内容包括专业思想、专业知识、专业能力、专业品质四个方面。专业思想只要是指教育观念，主要包括教育观、教师观、教学观，以及对教育意义、教师职业的认识和高价值认同；专业知识主要包括学科专业知识和教育教学知识；专业能力主要是指教师教学胜任力，包括：教学基本能力、教学评估能力、教学拓展能力，由于这三种能力又分别包括不同的方面，所以笔者将其概括为教学能力系统、教学评估能力系统、教学拓展能力系统（具体见图 4-2）；专业品质是教师在执业过程中形成的职业道德（自信、坚毅、宽容、大爱）、敬业精神、创新意识、整体理解。

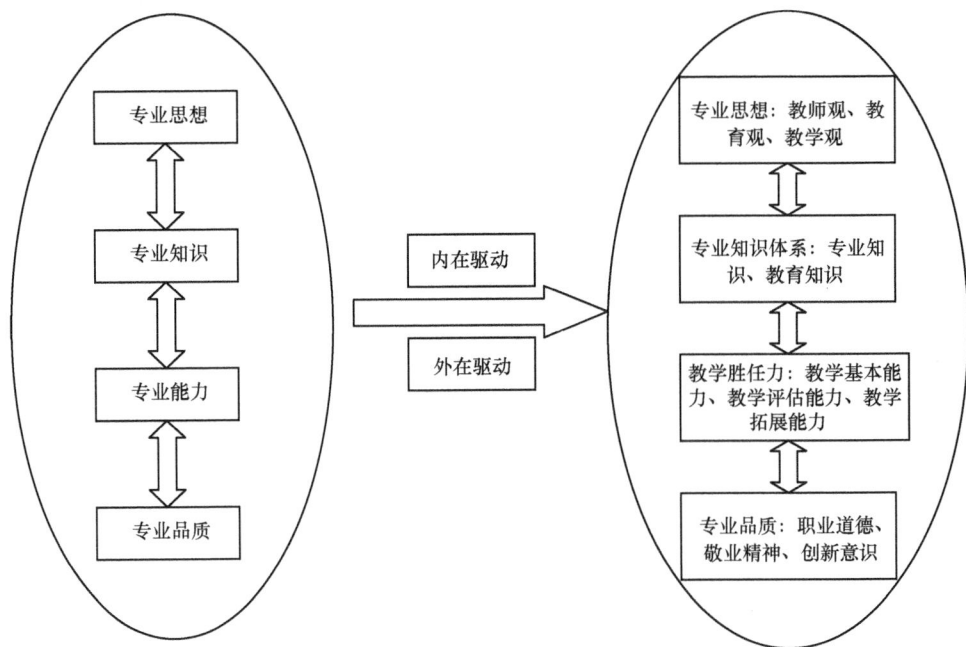

图 4-1　"双驱型"教师专业发展示意图

　　"双驱型"教师专业发展模式的特征：①系统性。教师专业发展是一个大系统，包含着专业思想、专业知识、专业能力、专业品质四个子系统，每个子系统又由若干因素构成。②紧密性。四个子系统是相互联系的，又是相互影响的，专业思想是核心、是灵魂，其作用好比机器系统中的发动机，决定和支配着其他系统的工作状态和工作质量；知识、能力素质是教师胜任教育教学工作的基本条件，是基础的基础，它们更多以外显的形式而存在，表现为教师日常的教育教学行

为和教育教学质量；专业品质是教师从事教育教学工作的内在动力和保障，它是教师自我不断成长和发展、构建完整素质机构，进行自我更新，走向专业成熟的内在驱动力。各子系统互相作用，相互铰合，构成了完整的教师专业发展内容结构。③平衡性。要保持教师专业发展系统的持续发展，必须要使四个系统都有效地运转起来，要保持四者的在动态运动中平衡，不能过于重视某一子系统的发展而忽视其他子系统发展，以此保障教师专业这个大系统的持续运转。④持续性。教师的发展是一个长期的过程，不可能一蹴而就，短期完成，而是与教师职业生涯相始终，具有持续发展的特点。

教师专业发展的动力源分析：教师专业发展是外部客观环境的支持与教师自身内部的努力相互作用共同促进的结果。教师发展的动力来源于两个：一个是内在的自身因素，一个是外在环境因素。

对于其自身来说，教师本人对教育、对教学、对教师职业的看法直接影响着其专业发展效果，"在教师教育活动中起决定作用的实际是教师对人性、人生和教育内涵的理解及在此基础上的个人潜能的发挥，支撑教师职业的主要是其教育理念及在此基础上而生成的教育智慧。"教师专业理解、专业认知，对于提升教师职业境界，挖掘教师的职业幸福源，促进教师内在职业快乐非常关键；另外，教师职业发展受外部环境的制约，包括学校的管理者、教师、管理制度、组织文化，要想促进教师的发展，应该打造一个利用教师专业发展的生态环境，从外部驱动教师进行专业发展。

教师专业内在发展：对教师职业认知提高，这要通过个人的职业道德修养、内在道德境界提升来完成的。

教师专业外在发展：是教师本人履行教师职业、在教育教学过程中所表现出来的从事教学和自我素质提高的能力。

教师专业发展内在驱动：是教师本人通过自己不断学习、实验、体验、感悟等方式升华自己的教育观、教师观、教学观，提高对教师职业的认识，增加自己从事教师职业的责任感、成就感和动力。

教师专业发展外在驱动：是国家、学校等相关利益方通过采取针对性措施来促进教师专业思想、知识体系、教学胜任力、专业品质的提高。

（二）教师教学胜任力的构成与分析

教学能力是教师专业发展的核心内容之一，能否胜任教学是教师专业发展的一个重要标志。笔者认为教师的教学胜任力是教师履行教师岗位职责、成功实施教学所必须具有的能力及其构成，它包括三种能力：教学基本能力、教学评估能力、教学拓展能力，这三种能力又分别包括不同的方面，可以概括为教学能力系统、教学评估能力系统、教学拓展能力系统，具体见图4-2。

教学设计能力
教学操作能力
语言情感表达能力
课堂管理能力
现代教育技术应用能力
临床带教能力

教学基本
能力系统

教师教学
胜任力

教学评估
能力系统

教学拓展
能力系统

教学评价方案设计能力
教学信息收集处理能力
教学反思能力
教学评价能力

自我发展规划能力
教学研究能力
课程资源开发能力
科研成果转化教学能力

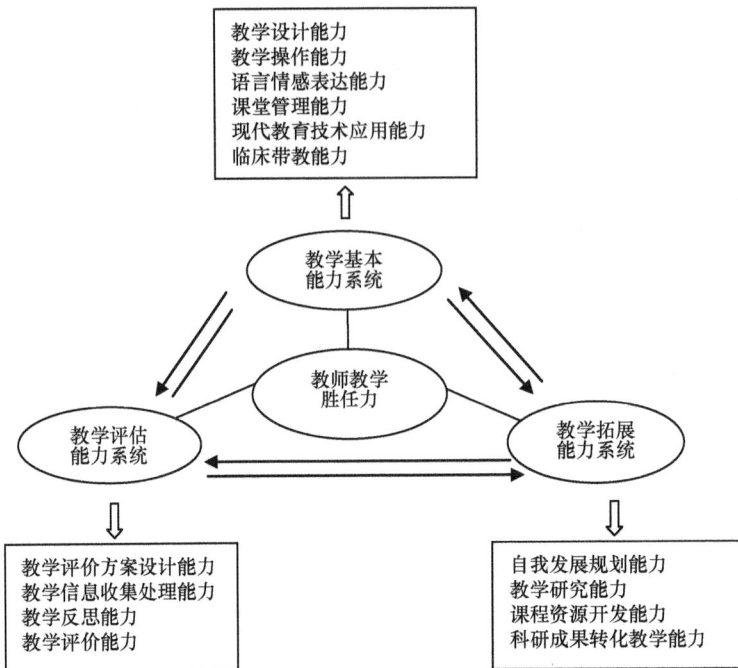

图 4-2 教师教学胜任力模型

教学基本能力系统：是指教师履行教书育人职责所必须具备的基本能力所构成的体系，主要包括教学设计能力（即教学内容设计能力、教学方法设计能力、教学过程设计能力、板书设计能力等）、教学操作能力（即课堂实施教学能力）、语言和情感表达能力（即普通话授课、与学生课堂交流能力、课堂情绪控制能力）、课堂管理能力（即调动学生融入课堂、控制授课节奏、处理课堂突发事件等能力）、现代教育技术运用能力、临床带教能力（即医学院校教师指导学生进行临床实践的能力）等，以上均为教师应该具备的基本教学能力，是医学院校教师教学活动得以正常开展的基础。

教学评估能力系统：是指教师利用科学手段，对教学各环节的教学信息进行收集、加工，并依据一定的标准对教学过程和结果做出价值判断的能力所构成的体系，主要包括评价方案设计能力（即教学各环节质量标准设计能力）、教学信息收集与加工能力、教学反思能力、教学评价能力等。教学评估可根据不同的标准分为几类：按评估的时间可分为课前评估、课堂评估和课后评估；按照评估对象可分为对学生学习评估和教师授课评估；按照评价关注点可分为教学过程评估和教学结果评估，即形成性评估和终结性评估。教师只有具备了教学评估能力，才能对自己的课程教学进行适时评估，充分了解教学过程的优点和问题，有针对性地改进教学方案，提高教学质量。

教学拓展能力系统：是指教师在教学思想、专业知识、教学能力、课程开发等方面不断进行创新的能力的总和，主要包括自我发展的规划能力（即教学职业生涯的规划设计能力）、教育教学研究能力（即医学教育思想研究、先进教学理念的吸收、教学方法创新能力）、课程资源开发能力（即专业知识学习能力、课程内容整合能力、科研成果转化教学能力）等。教学拓展能力是教师在教学业务方面持续发展的动力源，是教师教学持续创新的重要保证。

四、医学院校"双驱型"教师专业发展的实践路径

教师专业发展不但有"量变"的需要，还有"质变"的要求。医学院校是以医学类专业为主的学校，医学教育是涉及人类的生命健康安全，对从业者的基本素质、实践能力要求更高，对教师们也提出了很大挑战。毋庸讳言，当前医学院校中师资方面还存在着一些普遍的问题：部分教师的教育思想观念陈旧，教育理论水平偏低；教师教学能力建设不均衡，难以保证均衡的教学质量；青年教师教学基本功不够扎实、教学能力有待提高；个别教师的职业道德素质不高，有些教师的志业精神不高，缺乏创新激情和创新能力。十八大报告中"加强教师队伍建设，提高师德水平和业务能力，增强教师教书育人的荣誉感和责任感。"这是对教育工作的要求，也是对医学院校师资队伍素质建设的要求。

（一）构建职业道德建设体系，提升教师综合修养

1. 个人层面　加强职业道德修养，提升从教志业精神，塑造专业发展的生命自觉。

注重个人职业道德修养。医学院校教师强化学习，加强自己的职业道德修养，努力建立一种与时俱进，融国家、集体、个人三位一体的从教价值观，把教师个人的劳动价值与对国家、对学校的贡献结合起来，弘扬所从事教师职业的伟大与崇高，提升职业荣誉感、使命感、责任感，把个人的道德修养与教师职业幸福感结合起来，提高自己从教积极性。

要培养高尚的志业精神。职业精神主要强调敬业爱岗，而志业精神更加深入，不仅强调敬业爱岗，而且强调立志终身从事某项职业，把从事"教育职业"作为"事业"来发展。作为"事业"的教师职业，将不再是为了获取物质的拥有、职位的提升等外在奖励，而已升华为教师尊重和追逐内心的真正兴趣和动机、涌动着激情而做的志业，医学院校教师要把对教育事业的热爱变成一种内在的自觉需求和职业发展要求。

提升对教师职业的生命自觉。人的生命自觉是对自己的力量、自己的生活、自己的世界及其最高意义的自觉意识和不懈追求。"生命自觉是一种积极的精神能量，它带给人内在的幸福感与成长感。如果越来越多的个体能体验和提升自己的生命自觉，就一定会逐渐超越自身的不快乐、狭隘、愤怒、嫉妒、恐惧、焦虑等

消极心态，以更积极、建设性的情绪来面对生活的挑战。聚焦学校教育领域，只有提升教师、学生的生命自觉，才能真正让教师、学生感受到教育活动本身带来的持久的内在价值与生命的幸福感和尊严感。"②罗素说"始终如一的目标不足以使人快乐，但它几乎是快乐人生不可或缺的条件。而始终如一的目标主要体现在工作中。"教育工作既是教师一辈子所从事的职业行为，也是其在现实生活中快乐感获得之源泉。这是因为，快乐不仅是一种愉悦的心理体验，更体现出了一种和谐向上、充满了生命自觉的生活态度。有着生命自觉的教师会自觉地从生命的角度研究学生和发现学生，对于教师而言，他们的生命自觉，"首先体现在他们对培育学生生命自觉的体认和自觉实践上；其次，教师的生命自觉还体现在对教育外在环境的自觉体察上；再次，教师的生命自觉还体现在自觉地重建自我的精神生活上，通过自主自觉的学习和研究来丰富完善自我的精神生活"③。医学院校教师更应该将提升自己的生命自觉作为职业发展和个人修养的重要任务，主动构建自我发展的愿望与能力，积极认识与影响外部环境并能在主体创造活动中实现生命价值与人生意义，从而享受到职业快乐、职业幸福。

2. 学校层面　注重师德制度建设，构建师德建设长效机制。

以滨州医学院师德建设实践为例，学校于2015年制定了《滨州医学院关于建立健全师德建设长效机制的实施意见》《滨州医学院教师职业道德考核暂行办法》《滨州医学院关于进一步加强和改进青年教师思想政治工作的实施意见》等文件，健全师德考核标准，制定了《滨州医学院教师职业道德考核评价表》，将师德考核作为教师考核的重要内容，建立健全我校教育、宣传、考核、监督与奖惩相结合的师德建设长效机制，促进教师提高自身修养。

学校每年组织师德研讨会。如2014年学校组织师德建设专题研讨沙龙、"当代知识分子的担当与追求"讨论交流、专家讲学等活动，深入开展师德师风大讨论，增强了广大教师教书育人、以身立教、创先争优的责任感和使命感。

（二）构建职业能力培养体系，提升教师教学胜任力

多年来，滨州医学院注重教师从教能力培养与提升，采取多管齐下、多措并举方式加强教师教学能力建设，取得了良好的效果。

1. 成立专门的教师发展机构为教师专业发展做好组织保障　学校于2013年成立教师发展中心，围绕如下工作职责积极开展工作，运行良好：参与制定师资队伍建设与发展规划；开展师德、师风、职业道德教育；开展教育理论、教育技术和教学技能等方面的专项培训；为教师个人职业规划提供服务；支持帮助教师提升学历学位、访学研修；促进教师跨学科交流与合作；推广教育教学研究最新成果。学校教师发展中心定期开展教师需求的调研，根据学校的发展规划做好教

---

② 李伟. 2013，批判与重建：个体"生命自觉"与当代学校教育[M]. 武汉：华中科技大学出版社， 146.

③ 李政涛. 2010，生命自觉与教育学自觉[J]. 教育研究，（4）：5～11.

师教学发展的顶层设计，制定科学的方案，推动教师专业发展。

2. 实行"学校-院（系）-教研室三级联动培养"，强化青年教师的教学基本功　"学校-院（系）-教研室三级联动培养"是指学校、院（系）、教研室三个主体分工不同、各有侧重，共同促进教师教学基本功。学校负责医学教育理念引导和整体教学改革的设计，每年邀请国内外医学教育专家对医学教育发展形势进行宣讲，并根据先进的教育理念设计好学校的教学改革规划；院（系）负责组织教师教学技能提升，如每学期组织教学观摩或教学竞赛，邀请本学院或外校的教学名师、教学能手示范教学或做点评专家，现场对教师进行教学技能的示范或指导；教研室负责教师教学基本功指导，资深的教师通过传帮带作用，对青年教师进行备课、讲课、辅导答疑、课件制作等教学基本功进行指导和培训。

3. 采取常态化、机制化培训和比赛以提高教学医院教学能力　学校重视教学医院教师教学能力培养，自 2008 年以来采取定期培训与专题培训、集中培训与深入教学基地培训相结合的方式，每年对教学医院开展 2~3 次定期培训，内容包括备课、授课、现代教育技术应用，提高教学基地教师教学基本能力；另外，有针对性地指导教学基地教师做好教学改革项目的申报工作，包括课题的选择、申报书的填写、教学改革方案的具体实施，提高教学医院教师的教学研究能力。

学校定期组织教学医院教师教学技能竞赛。从 2010 年起我校每年组织教学医院开展教师教学技能竞赛。每次竞赛学校都成立医学院校教师教学技能竞赛组委会，由主管教学的副校长担任主任，由教务处、实践教学部及各教学医院主管教学的副院长担任委员，统一指导协调教学技能竞赛的各项活动。比赛的项目包括理论授课决赛、教案、多媒体课件决赛等，竞赛的项目也由理论授课、多媒体课件增加了临床技能，竞赛的影响也越来越大。教学医院教师教学技能竞赛为广大教学医院教师搭建了交流学习的平台，学校通过竞赛这种方式达到了以赛促管、以赛促学、以赛促教，对于改进教学医院的管理，更新教学医院教师教育教学理念，改革教学方法与手段，提高临床教学能力与水平起了很大作用，也有效缩小了各教学医院临床教学的差距。

4. 实施临床课教师与基础医学课教师协作式培养，实现临床经验共享　针对医学类专业基础课教师与临床课教师在教学上缺少交流与合作的现象，学校实施"基础课教师与临床课教师协作"提高，从 2013 年开始定期组织基础医学课教师到 2 所附属医院相关临床科室实践学习，参与病例讨论和临床查房；有计划地组织安排临床教师参与到相关基础教学的集体备课和教学研讨活动中。加强基础课教师与临床课教师的教学经验交流，有利于把当前临床中的案例引入教学，实现优势互补。参加的教师反映收获很大，对丰富其教学素材，增加临床经验都起到非常大的作用。

5. 制定教学各环节质量标准，让教师教学做到有章可循，保障教师教学评价能力提高　从学校层面上制定教学各环节的评价标准，使教师在教学过程中做到有章可循，这是加强教师评价能力建设的重要方面。制定了从理论到实践、从前期到后期各环节的教学质量标准，制定了《理论教学质量标准》（主要包括《理论教学质量评估表》《教案与讲稿书写规范》《教案评价标准（专家用）》《多媒体课件评价表》《新教师试讲评价表》等）；制定了《实验教学质量标准》（主要包括《实验教学课程综合考核表》《实验教学质量评估表》等）；制定了《临床教学规范》（包括《临床理论课教学规范》（含教学备课规范、多媒体辅助教学规范、新教师试讲规范、理论授课规范及理论授课评价表）、《临床见习教学规范》（含临床见习的准备、带教要求及临床见习教学评价表）、《临床实习教学规范》（含教学查房规范、实习讲座规范、病史采集规范、病历书写规范、出科考试工作规范、实习鉴定规范等）。让教师熟练掌握各项标准，在教学中做到有章可依，以保障教学的规范化。

6. 实施项目驱动，加强教师教学拓展能力（教学研究能力、科研转化教学能力）**培养** 教师的教学拓展能力主要包括教师的教学研究能力、教师的课程开发能力和教师的科研转化教学的能力。医学院校要有促进教师教学研究能力、课程开发能力、教师科研转化教学的激励机制。为此，滨州医学院设立专项基金，包括教学改革项目资金、教材发展基金等，定期组织教学研究项目的立项申报工作，资助或鼓励教师针对教学过程中的问题进行行动研究，把教学研究融入教学全过程中。近年来，学校加大教学研究立项的申报次数，资助的力度也加大，每年拨款 20 多万元进行专项资助。加强对课题的过程管理，注重把课题研究与教学实践紧密结合，提高广大教师的教学研究能力。

学校制定了促进科研转化教学的激励机制，把科研转化教学作为评价教师的一项重要指标，将研究成果进入课堂、进入教材情况作为评价教师教学优劣的重要方面，以此鼓励教师树立科研服务教学意识，不断提高科研转化教学能力。

五、医学院校教师专业发展的对策性建议

教学是教师专业发展的重要内容和基本环节，如何做好医学院校教师的专业发展，提升教师的教学水平，是需要研究思考的重要课题。

（一）树立教学的"学术"意识是教师专业发展的思想前提

教学是一种学术活动，学术的要义在于不懈地追求和探索。美国卡耐基教育基金会主席博耶（Earnest Boyer）在 20 世纪 90 年代提出了教学学术的概念。他认为，"学术意味着通过研究来发现新的知识，学术还意味着通过课程的发展来综合知识，还有一种应用知识的学术，即发现一定的方法去把知识和当代的问题联系起来，还有一种通过咨询或教学来传授知识的学术"[④]。因此，高校教师应树立

---
④ [美]欧内斯特·博耶. 2002. 关于美国教育改革的演讲[M]. 北京：教育科学出版社，78.

教学学术的观念，明确教学学术是学术的重要组成部分。教学不是传统简单的知识传递活动，不是一个经验层面上的操作性活动，而是一个内涵丰富、有无限探究可能的学术活动，是一个科学层面上的复杂性学术活动。教师专业发展的过程就是教学学术丰富的过程，教师教学真正要发展，必须经过反思和研究的过程，才能生成教学研究成果。从传统的把教学作为"感性活动"到现在的"学术活动"，不是文字游戏和表面文章，而是从片面到全面、从现象到本质的转变，是把教学从作为一种"程序性工作"转变为一种值得做的"研究性工作"的转变。只有这样，教师才能从实处激发自己对教学工作的热情，主动反思教学，认真研究教学，积极改革教学，积累教学中一点一滴的财富，从而在教育实践中不断提高自己的学术水平。

（二）常态化机制是医学院校教师专业发展的根本保障

美国著名社会学家英格尔斯认为，完善的现代制度实现需要执行和运用着这些现代制度的人自身从心理、思想、态度和行为方式上都经历一个向现代化的转变。他说"再完美的现代制度和管理方式，再先进的技术工艺，也会在一群传统人的手中变成废纸一堆。"因此，人的理念对改变人的行为非常重要。如果说树立"教学的学术意识"是理念转换，那么建立教师发展常态化的机制并着力于机制的健康有序运行，则是教师教学发展的根本保障。建立与完善高校教师发展的常态化机制，首先，学校领导要认清高等教育的发展趋势，从战略上重视医学院校教师发展，科学进行顶层设计，将高等教育改革的任务与学校的发展目标紧密结合起来，把医学院校教师发展与学校的长远发展结合进来，将教师教学发展纳入学校总体发展中。其次，重视组织机构建设，重视校本管理，建立长效机制。依托教师发展中心等组织，对医学院校教师的继续教育与发展制定规划，采取统一的、线性的有效管理，避免流于形式，缺乏实际成效。

（三）避免实践性缺失是医学院校教师专业发展实效性保证

"教育在本质上是实践的。"[5]任何教育理论只有在教学实践中才能赋予其生命力，理解教育的实践本性，严格地建设教育实践的科学对教育、对高等医学教育具有重要的意义，所以避免实践性缺失是医学院校教师教学发展实效性保证。当前医学院校教师在教学实践性上的欠缺有两方面，一是不能将教学实践经验升华为知识。对于大多数的医学院校教师来说，他们虽然拥有丰富的教学经验，但是由于其研究能力、反思能力不足，自身的教育理论功底不深，不能把经验总结凝练为实践性知识，教师实践性知识长期都处于缺失状态。二是先进教育教学理论指导实践做得不够，不能及时将先进的教育教学理论应用于教学实践，教学理论

---

⑤ 宁虹. 2012，严格科学地实现素质教育——教师的专业[J]. 教育研究，（11）：4～10.

与实践长期处于一种孤立和分离的状态。避免实践性缺失要求医学院校教师首先做一个把教育经验向教育知识的提升者，及时将教学经验凝练升华为知识；另外要求医学院校教师做一个先进教育教学理论的践行者。医学院校教师要与时俱进，学习先进的教育教学理论知识，并将教育教学理论有效地落实到实践中去，做到理论和实践的有机结合。因而，医学院校教师要在立足于自身实践与反思的基础上，借助于教育理论观照，形成自己富有个性与创意的教育实践话语。

（四）形成合力效应是医学院校教师专业发展的重点

过去，教学很大程度上被认为是教师的个人责任田，教师专业的发展主要靠单打独斗的自我尝试和自我感悟，这种发展只能是有限的、局部的发展，不利于教师综合素质提高。针对这种情况，帕莫拉·埃德姆斯（2006）提出的建构主义范式为教师教学自我发展提供了新的思路，他认为，知识具有主观性、情境性、复杂性、个人性和价值性；重视知识的辩证性、创生过程与应用情境；认为知识是被创造性地建构起来的，是很难被简单地传递的。这一过程通常是建立在适合参与者兴趣之广泛主题的基础上，大家共同参与，进而使经验与知识被重构，同时获取共识并创生了新知识，由新建构的知识来引导行为。因此，建构主义的教师发展要求加强教师间合作，注重团队效应。在教师间成立研究团队，教师也必须主动参与和积极融入各种教学团队中去。教师在教学过程中，如果能够主动地与同事开展互动与合作，在共同参与、集体思考的过程中，通过思想碰撞激发更多教育智慧火花。另外，在教师培训的过程中，注重教师教学能力、教学评估能力、教学拓展能力培养，三管齐下，避免任何一方面成为短板；注重把这三方面融合于医学院校教师个人的教学实践，努力使这三方面能力形成"合力"效应，从而促进医学院校教师专业发展，提升教师综合素质。

第五章　医学院校残疾人教育课程开发

　　课程，是教育领域中的重要概念，它能敏感地反映国家和社会对学校教育的要求。课程开发与设置的合理性与科学性，对于促进学生的全面发展，形成学生健康和谐人格的意义非凡。正因为如此，课程问题才会成为每一次教育改革的核心问题，而解决课程问题的关键则在于课程的开发，这是实现学校教育目的和教育功能的前提。对于医学院校的特殊教育来说，特殊教育课程（以下简称特教课程）开发的合理性直接关乎残疾大学生的人格成长和生涯发展，关乎他们所学的知识是否适应未来职业发展的需要。因此，合理规划设计和开发特教课程也是实现医学院校"三合"教育实践探索的必经之路。

一、课程及课程开发的理论梳理

（一）课程的概念

　　在课程的发生发展过程中，人们对其界定多种多样，课程的流派也是异彩纷呈。在没有出现"课程"这一专门名词前，中西方古籍中便有了关于课程实践方面丰富的记载。如中国古代《礼记·内则》记载："六年，教以数与方名；九年，教以数日；十年，外出就傅，居宿于外，学书计"。在古希腊时期，斯巴达在各教育阶段分别实施赛跑、跳跃、掷铁饼、角力等七方面的训练。在我国，"课程"一词始见于唐宋期间；在西方国家，"课程"一词最早出现在英国教育家斯宾塞《什么知识最有价值？》（1859）一文中，意为"跑道（race-course）"。根据这个词语，最常见的课程定义是"学习的进程"，简称"学程"。既可以指一门学程，也可以指学校提供的所有学程。

　　随着课程一词的产生以及人们教育观的变化，课程的含义也日益多样化起来。不同时代不同流派的课程观点同时存在于当前的教育领域中，典型的课程界定主要包含以下几个方面：

　　1. 课程即教学科目及其进度安排　　把课程等同于所教科目，在历史上由来已久。我国古代的课程有礼、乐、射、御、书、数"六艺"；欧洲中世纪的课程有文法、修辞、辩证法、算术、几何、音乐、天文学"七艺"。

　　2. 课程即学习经验　　美国教育家杜威根据实用主义经验论，反对"课程是活动或预先决定的目的"这类观点。在他看来，手段与目的是同一过程不可分割的部分。所谓课程，即学生的学习经验。

　　3. 课程即文化的再生产过程　　鲍尔斯和金帝斯被认为是这一主张的重要代表人物。在他们看来，任何社会文化中的课程，事实上都是该种社会文化的反映，学校教育的职责就是要再生产对下一代有用的知识和价值。

4. 课程即社会改造的过程 一些学者认为课程把重点放在当代社会的主要问题和主要弊端、学生关心的社会现象，以及改造社会和规划社会活动等方面。课程应该有助于学生在社会方面得到发展，帮助学生学会如何参与制定社会规划。

根据国内外学者的研究成果，本书将课程的定义归纳为：课程（curriculum）是为实现各级各类学校的教育目标而规定的教学科目及它的内容和进程等的总和，主要体现在课程计划、课程标准和教科书中。

（二）课程开发的概念

《辞海》把"开发"解释为"用垦殖、开采等方法来充分利用荒地或天然资源。如：开发资源"。《牛津英语词典》把"开发"解释为"一项计划、方案的具体细节的确定或小说情节的完全展开"。据此，为了学校教学而进行的教学大纲及其配套资料的编制，如教科书、教材的编写、教具的配备等，以及为达到某种课程目标而准备一项可操作的计划，以便去运用现有的教学大纲，包括教科书和教学材料的选择等课程资源的开发和利用等方面的活动，以及保证该项计划及其配套资料的有效性和充分性的活动都可以称之为"课程开发"。

根据课程内容的来源，可以把课程开发活动分为两类：一类是新编，即所有的课程成分都是新开发的，没有依赖现有的课程材料；另一类是改编，即从现有的课程材料中选择合适的成分并稍加改进，如课程选择、拓宽、加深、整合等。

本书中的"课程开发"主要采用我国著名课程论专家钟启泉的观点，他认为，所谓的课程开发（curriculum development），就是指借助学校教育计划——课程——的实施与评价，以改进课程功能的活动的总称。现在学术界普遍认为，课程开发是以专业定位为参照，依据课程目标，通过对课程内容的计划、组织、实施、评价、修订以达到课程目标的整个过程。

（三）课程开发的主要特点

课程开发是在强调了课程概念的扩大与学校、教师集体在课程编制中所占据的主体作用，在形成有效开发体制的条件下推进的。当今"课程开发论"的主要特点可以概括为：

第一，学习者中心课程。它同儿童中心课程不同，是一种摆脱"学问中心课程"的"学习者中心课程"。它不是单纯地从儿童的兴趣、需求、爱好出发去组织教学内容，而是重视客观的科学体系和构造，重视发挥学习者的主观能动性。目的是培养学习者的自我学习能力。

第二，课程概念的扩大。它不仅包括国家和地方的课程编订计划，而且还广泛地包括学校和班级的课程实施、运筹的过程，注重学校作为完成课程研究的场所的功能。

第三，注重潜在课程。这里所谓的"潜在"或"隐蔽"，系指隐含于知识授受过程中的种种无法言明的因素。对学生来说，它是一种无意识地、潜移默化地在起作用的固有文化样式和价值观。例如，学校中所使用的语言的水平，学校特有的规范和传统、风气、价值体系等等，儿童不掌握它，就不能适应正规的教育课程和课堂教学。认识潜在课程，开拓分析两种课程关系的技法，是今后教育学研究的课题之一。

第四，校本课程开发。"课程开发"有不同的层级：国家一级的，地方一级的，学校一级的。这三者的关系，世界各国是大不相同的。不过，当今的一般趋势是，学校在课程开发中起着创造性的作用，开发的主体是第一线的教师。这是对以往的中央集权型课程编订的批判。这里也提出了改善教师进修体制乃至增加教师定员编制的要求。[①]

二、医学院校残疾人教育课程开发的现实困境

（一）课程开发的价值取向

学校需要有明确的教育哲学观和办学宗旨。从总体上讲，国家对各级各类学校的培养目标和培养规格都有统一的规定。但是，这种规定是最基本的原则性要求，不可能面面俱到，兼顾到各个区域各个学校的具体特点。如若不结合地区和学校办学特点，简单地贯彻执行这一原则，就容易形成千人一面，千篇一律的培养目标和培养方式，像是工厂的机器生产相同规格的零件一样，培养出来的学生也都是"同质性"的人才，缺失了自己的个性特征，很难满足当今这个日新月异发展迅速的社会对不同人才的需求。这就要求不同的学校要有自己明确而独特的教育哲学观和办学宗旨。

特殊教育经常被人们看作是慈善型、福利型的事业，大多数人只看到了残疾人在眼前需要救助的一面，而忽视他们在未来可能为社会做贡献的一面。大量的特殊儿童没有得到必要的训练，在离开学校时缺乏就业能力，这更增加了社会的负担和强化了人们对残疾人的偏见。因此，对于开办残疾人教育的地方医学院来说，应当充分利用自身的资源特色和当地的环境优势，根据残疾大学生的具体特点确立自己在办学上的独特品位，抵制"隔离式公平观"，构建具有发展性和灵活性的特殊教育体系。只有在这样的价值取向指导下，学校才能合理规划课程的设计与开发，倘若在校本课程开发中缺失了这种明确的方向，那么校本课程开发便成了纸上谈兵，无法在实践中很好地运作。

（二）学校自身的教育资源

任何一所学校都有丰富的教育资源，这些教育资源有历史积淀形成的，也有

---

① 钟启泉. 2003, 现代课程论[M]. 上海：上海教育出版社，10.

当前建设过程中产生的；有显性的，也有隐性的；有的是学校自身所独有的，也有的是整个区域文化所共有的。但无论是哪种类型的教育资源，都应该受到学校的高度重视和认真利用。目前对于教育资源的开发和利用主要集中在文本资料的收集和使用中，但是对于教育资源中的非文本资料的收集利用程度不够。课程开发的成败与否在很大程度上取决于地方医学院校对自身的教育资源的开发和使用程度。很多学校课程开发的主体主要集中在一些专家学者，他们所开发出来的课程资源在专业上具有较高的水平，但是由于地区不同，学生的特性不同，忽略了学生在课程开发中的信息反馈等作用，造成了部分课程资源缺乏必要的通用性，这也造成了课程资源的利用较为有限。当前的任务是，将学校有限的和有形的教育资源，通过校本课程开发，化作无限和无形的教育资源，源源不断地输入到教师的教学和残疾大学生的学习中去，在教师和残疾大学生之间形成民主开放性的课程文化，以确保课程开发的有效性。

（三）教师的课程能力

课程开发是一项十分复杂的工作，对于高等教育来说更是如此。"没有教师的发展则任何课程改革都不可能取得成功"，校本课程开发同样也离不开教师校本课程开发能力的发展。教师校本课程开发能力既是当前课程改革的迫切需要，也是我们一直倡导的素质教育的体现以及教师专业发展的内在要求。教师不仅是课程开发的实施者，也是课程开发的决策者。从校本课程目标的定位、内容的选择、实施方案的制定以及教学的具体实施和评价都需要教师的具体决策和参与。校本课程开发赋予教师更多的权利，当然也承担了更多的责任。当教师成为课程开发的主体时，他才能更多地关注自己的教育教学过程，对学生学习发展的情况、教学活动开展的质量、与学生互动情况等进行思考与探索，并提出建设性意见。教师的主体性也就能得以充分地发挥。因此，做好地方医学院校课程开发工作，首先需要教师从思想上有正确的认识和参与动力，只有教师认识到课程开发的重要性并乐意全身心投入才是课程开发顺利进行的保证，同时，教师还必须具有课程开发的知识和技能，并全面了解和掌握残疾大学生知识结构的特点，能够由知识文化的"执行者"变为"规划者"和"创新者"，真正成为学校课程开发的主体。

（四）残疾人大学生的特点和需要

课程开发以学生的全面发展为起点和终点。教育本身就是一种以人的发展为根本任务的活动，就地方医学院校课程开发而言，考虑的是如何满足不同特点残疾大学生的不同需要，让医学院校可以根据自身的办学宗旨和特色开发出适合本校残疾大学生发展的特色课程，让每一个残疾人大学生都能全面参与到对多样化和特色化课程的选择中来，参与自己应有的课程决策，让自己的个性得到充分的张扬和发展。在残疾人大学生入学之初，就要对他们开展专业意识教育，逐渐培养他们的专业兴趣，可以采取专题讲座、座谈会等形式对新生进行多主题的专业教育，逐步培养他们的专业思维意识和能力，使他们在后期的教学工作中逐渐地参与到学校的课程设计和开发中来。

（五）知识的本土化

课程是学校教育的重要载体，是实现学校教育目的的重要途径和手段。知识是课程的重要内容，不管人们对知识有着怎样不同的理解和看法，在课程中，知识问题都是永恒的问题，课程永远不可能摆脱知识的纠缠，学校教育也无法绕开知识问题这一基本的核心问题。知识与课程存在着不可分割的密切联系，知识既是课程的核心，又是课程的来源之一。"人生有涯，知识无涯"，一个人即使穷尽一生的精力和时间也只能学习和掌握一部分知识，那么作为地方医学院校来说，在校本课程开发的过程中应该关注什么样的知识？什么样的知识又是适合残疾人大学生的教育呢？本书认为，以本地区和本校资源为基础进行课程开发，是做好课程开发的基础。正因为如此，课程开发给了本土知识更广阔的发展空间，让残疾人大学生更加系统地了解本土知识，理解本土社会，并愿意为区域经济社会发展贡献自己的聪明才智。这种将本土知识整合到课程体系的做法，将会让地方医学院校更加重视本土知识的发展以及对本地区资源的利用。

三、医学院校残疾人教育课程开发的原则

医学院校残疾人大学生的课程开发，是依据新课程改革相关政策，在保证执行国家课程计划的前提下，从残疾人大学生自身的实际需要和生存需要出发，在充分利用地域、学校课程资源的基础上，由本校教师所开发的旨在满足残疾人大学生特殊需要教育的课程的活动。在积极总结地方医学院校课程开发的实践经验的基础上，提出以下课程开发应遵循的主要原则。

（一）以人为本原则

课程实践在本质上是一种价值创造活动，因而必须遵循一定的价值原则。任何课程建构如若不优先考虑价值取向问题，如若没有哲学价值论的引领，都将陷入盲目和混乱，从而以失败告终。课程的价值是作为主体的社会和学生与作为客体的课程之间的需要关系的反映。由于这种主客体之间的需要关系是不断变化的，因而课程价值的内容和水平也是不断变化的；又由于这种主客体之间的关系是复杂多样的，因而课程价值的表现形式和类型结构也是多样化的。[②]

特教课程是一种比较特殊的课程体系，但是长期以来，特殊教育课程一般与普通学校都是同步的，过于关注知识的学术性，关注向所有学生传授特定的文化

---

② 靳玉乐. 2003，新课程改革的理念与创新[M]. 北京：人民教育出版社，27.

知识，较少关注残疾人大学生的生存能力和社会适应能力的培养，在这种培养模式下，残疾人大学生既难以取得较好的文化成绩，也难以习得必要的生存技能，不能很好地获得合适的社会定位，容易陷入以往自卑人生观的生活方式，继续成为弱势群体。因此，应将残疾人大学生的个人发展作为课程开发的首要原则，也就是说，要更注重以人为本，如人的认识价值、道德价值、审美价值、健体价值等，强调课程对学生个体发展需要的适应和促进。课程的设置秉持以适应为中心，以促进残疾人大学生身心能力的发展为目标，通过不同层级目标的学习教育、康复、职业训练，帮助残疾人大学生掌握生存的基本技能和态度，搭建起终身学习的平台；同时，让残疾人大学生有充分轻松宽裕的时间和环境，去发现自我，进行自我思考，让他们站在自己的生活方式、由自己决定的立场上，确立真正的个体自我。

（二）回归生活原则

重返"生活世界"的价值追求，找回失落的主体意识，确立一种新的课程生态观，是当代课程发展的一个重要理念，它关系到 21 世纪教育的成败与人类自身的命运。回归生活世界的课程开发原则，从本质意义上说，就是强调自然、社会和人在课程体系中的有机统一，使自然、社会和人成为课程的基本来源。那么，"生活即课程"自然成为这种生态观的核心观点，意味着课程直接面向社会，与生活融为一体，既使课程与学生生活和现实社会实际之间保持密切的联系，又使实践和生活成为学生个人发展的活的源头。

特教课程与其他的学校课程相比，更应该注重生活的境界和内涵，不能故步自封，不能画地为牢，应突破学科疆域的束缚，向生活回归、向社会回归、向人自身的发展和需要回归，努力实现人的理性与人性的完美结合，实现科学理性和艺术现实地完整、和谐的统一。回归生活原则的课程开发是将残疾人大学生置于现实的社会环境与生活场景之中，根据其能力水平适应现状，把适应未来生活环境作为导向，通过对残疾人大学生能力与环境要求、现实环境与理想环境的分析与评估，设定相应的教育目标，进而提供适合残疾人大学生教育需求的个别化教育适应性课程。课程内容反映日常生活的各个领域，如居家生活、学校生活等。通过生态课程将残疾人大学生现实生活环境与未来生活环境密切地结合起来，使他们不仅能够对现在的生活环境进行有机地适应，更能够对未来的生活做出正确的反应，实现现实生活环境与未来生活环境的不断延续与发展。

（三）实践导向原则

课程设计是一个理论研究的过程，需要各行的学科专家和课程研究人员阐述和制定课程的一般原理和方法，然后综合考虑课程标准和教材编写的一些理论将其审视、检验和评价学校课程的全过程，是从课程理论向课程实践转换的中间过程。"人的实践都是在特定的情境中展开的。实践是感性的活动，不是纯理性的思辨活动，对情境的依赖性，是由实践的本质决定的"。③据此，在课程开发的过程中，我们应遵循实践导向的原则，以适应未来社会发展和学生自身的需要。

特教的课程设计可以借鉴施瓦布实践课程观中集体审议的方法，把实践课程看成是"学生、教师、环境、教材"四种要素相互作用而形成的"生态系统"。学生是实践教学的主体，必须坚持学生主体性的教学原则。对于特殊教育的主体——残疾人大学生——来说，应充分考虑他们的全人发展，充分考虑到残疾人大学生走向社会所遇到的实际问题。在教学中充分展现学生主动选择、自我发展的主体特征。教师是实践教学的主导因素。教师的主导地位不是要学生盲目地服从，而是在于对课程的设计和对学生思想的引导。多了解残疾人大学生的心理特点和身体特征，从情感沟通的角度进而走向学科知识的沟通，这样才能化被动式学习为探究式学习，增强课程开发的有效性。环境是实践教学的制约因素，实践教学设计必须考虑环境的作用，要形成学生与教师之间良好的互动及同学之间和谐的关系，要采取各种形式，吸引学生的广泛参与。通过实践教学让残疾人大学生主动融入社会、服务社会，在社会环境中强化对他们实践能力的培养。教材是实践教学的来源。教材内容应根据残疾人大学生的自身条件做适应性的重塑，使它适应具体情境，要以残疾人大学生能够接受的方式进行表达。以上四个要素构成动态的协调关系，任何一个要素都不能单独主导实践教学过程。在实际的教育情境中，课程设计的原则也很少有采取某一极端的倾向，通常是各种设计原则的结合，只不过对于特教课程而言，我们在设计上更加注重它的实践导向原则。

（四）个性张扬原则

"个别化教学，不能理解为个别教学、一对一的教学，而是个人的、小组的、课堂的方式有机结合，是充分发挥每个学生的主体性、主动性的教学，是直接针对传统教育的弊端提出的，有助于个性发展的教学模式"。课程开发的过程中，我们设计出来的课程如何付诸实践，是课程发展必须关注的一个重要问题。尊重学生的个性发展，在课程开发中实施个性张扬的原则，对于残疾人大学生来说，这是一种更适应他们发展的课程原则。

个性张扬原则主要是针对残疾人大学生的个别差异,通过丰富的课程内容、有效的教学方法与手段、灵活的教学组织形式、科学的教学评价，使每一个残疾人大学生得到自由的发展。首先，要研究残疾人大学生的特点，这是个别化教学的起点。学生的个性千差万别，对于残疾人大学生来说，个性的差异更加

---

③ 韦芳.2012，实践取向的学前教育专业本科课程设置的构想与举措[J]. 宜春学院学报，（11）：142～146.

明显，作为教师，不仅要对外在的成绩进行分析，而且要分析学生内在的学习动机、心理结构特征、学习兴趣等等一系列隐性的因素，使个别化教学更具有针对性和有效性。其次，要不断地丰富课程内容，这是个别化教学的重点。学生学习的愉悦感、对学校的热爱、求知的热情很大程度上来自于学习内容的需求得到满足。不同的学生对于学习内容有不同的需求，因此，作为地方医学院校来说，应当为残疾人大学生尽可能提供丰富的课程，并赋予他们充分的选择权，这是个别化教学的另一个重点。最后，要循序渐进地改进课堂教学，这是个别化教学的难点。以往的班级授课制采取的大部分是"先教后学"的教学模式，后来逐渐演变发展到"先学后教"，慢慢到现在的"少教多学"，鼓励学生进行探究式学习、启发式学习、以问题为中心的学习。对于残疾人大学生来说，也只有让他们进行自我探究式的学习，才是他们自我选择的学习，才是符合他们个性特征和内在需要的学习④。

四、医学院校残疾人教育课程的分类开发

长期以来，在残疾人大学生课程和教材的安排上，大部分医学院校与普通大学生的培养方案趋同，过于关注知识的系统性和学术性，关注向所有大学生传授特定的文化知识，而且这些文化知识的时效性和创新性较弱，较少关注残疾人大学生的生存能力的培养。在这样的教育模式下，残疾人大学生既难以取得较好的文化成绩，也难以习得必要的生存技能，将来即使走入社会也很难有自己的立足之地。因此，作为医学院校的教育研究者，必须充分利用当地的环境优势和本校的特色资源打造适合残疾人大学生的多元化特色特教课程体系，综合考虑各种因素对于课程开发的制约性，让课程中各个因素都流动起来，让课程与时代紧密相接，让残疾人大学生学到更加实用的知识。以滨州医学院为例，学校依据人才培养总目标，分类制订每个专业的培养目标，实现目标规格多样化和特色化。在本科教育基本标准"使学生比较系统地掌握本学科、专业必需的基础理论、基本知识，掌握本专业必要的基本技能、方法和相关知识，具有从事本专业实际工作和研究工作的初步能力"的基础上，结合专业特点，确定了每个专业的培养标准。在"以人为本、和谐发展、残健共融"的办学理念下，构建了"融合教育"课程，具体包含以下五类课程（如图 5-1）

创业教育类　人文素养类

融合教育课程

特色校本类　专业发展类

康复保健类

图 5-1

④ 宋保平. 2012，发达城区"个性化"教育发展的探索与思考——以上海市静安区新一轮教育改革发展为例[J]. 教育发展研究，（20）：41～45.

（一）人文素养类

当今社会，医学知识呈现碎片化，医疗实践走向机械化，医生的整体观念日渐式微，患者成了器官、疾病成了症状，距离以人为本的核心价值理念差距有所加大。人是教育的主体，也是医学教育的主体，如今我们对残疾人大学生的专业培养更多的是教给他们何以谋生的技能，过多的要求他们符合用人单位对技能上的需要，而忽视了课程对他们人文精神的渗透与培养。在当前这个多元文化充斥的信息技术时代，科学技术与人文修养是辩证的统一，力求把"学会生存""学会关心""学会尊重、理解与宽容""学会共同生活"等当代教育理念贯穿到课程发展的各个方面。

学校根据残疾人大学生自身情况的不同，因地制宜地开发出与他们身体状况相适合的人类素养类课程。首先，针对肢体轻度残疾但生活基本能自理的学生来说，他们分布在各个专业学习，如临床医学、中医学、麻醉学、口腔医学、应用心理学和药学等。学校根据这类残疾人大学生的特点个性化设计课程模块，在教育过程中注重通识教育和专业教育的有机整合，开设适合残疾人大学生学习的特色课程，包含大学生心理健康、大学语文、社交礼仪、医德修养与医患沟通、医学伦理学、养生康复学等，同时加强人文社科类选修课资源库建设，进一步充实人文知识内容，通过第二课堂、人文素质教育讲座、社会实践等多种形式，提高残疾人大学生的人文素养。其次，针对视力障碍的学生来说，通过开设思想道德修养、人文社会科学课程，构建高水平的人文知识结构框架；通过多种课外活动的形式，逐步提高和增强他们的人文素养。

（二）专业发展类

专业是高等教育人才培养的核心要素。专业类课程的建设直接关乎大学生未来职业生涯的规划和选择。所谓专业类是指以特定专业为核心，其他与核心专业具有内在紧密关联的相关专业为支撑的多个专业的组合体。在我国高等教育活动中，专业是人才培养的基本单元。但是在当前的高等教育管理和人才培养的过程中，很多高校的专业类课程逐渐偏离其课程体系的本质，演化成一种"实体化"的组织机构，这是不利于大学生的专业培养的。因此，高校要认真夯实专业基础课程和专业技能课程的根基，这是贯彻大学生成长和发展的必备的课程。

具体到滨州医学院的残疾人大学生来说，学校参照《中国·中医学本科教育标准（试行）》，将主要的必修课分为八大课程群，即：思想道德修养课程、自然科学、行为科学·人文社会科学·医学伦理学课程、基础医学与临床医学课程、中医学基础课程、中医学经典课程、针灸推拿基础课程、中医学临床课程、预防医学课程。学校十分注重对他们专业知识的培养，在前三年的基础学习阶段，合理安排基础医学与临床医学课程、中医学基础课程、中医学经典课程、针灸推拿基础课程和预防医学课程的学习；在专业基础知识的培养上，开设一定的自然科学课程，为他们学习医学科学的基础理论和基本技能打下坚实的基础。学校考虑到他们行动不便的事实，开设与选购了部分优质的网络视频课，供残疾人大学生使用，为残疾人大学生自主学习提供广阔的空间，促进他们自主学习与个性发展，逐步具备终身学习和继续深造的能力，通过课程学习让残疾人大学生更好"识科学，识社会，识人类"。此外，学校在保证残疾人大学生掌握专业基础知识的前提下，更加注重对他们实践能力的培养，努力做到让残疾人大学生与普通医学生一样"早临床、多临床、反复临床"，培养他们的临床思维和临床技能。根据残疾人大学生的身体实际情况灵活调整和安排见习实习方案，便于残疾人大学生在完成学业的同时，具备较强的实践动手能力。

为了更好地培养残疾人大学生的专业技能，学校因地制宜开发出"生活适应性课程"，将学生现实的实际生活内容作为教学内容，让学生将学到的生活技能运用到现实生活中，实现学中做，做中学的目标，逐步提高学生的生活适应能力，这已经成为特殊教育的出发点和归宿点。学校作为地方医学院校，充分利用医学资源和医学环境的优势，积极开发以"生活适应"为核心的校本课程。以提高残疾人大学生的生活能力为目的，以残疾人大学生当前及未来生活中的各种生活常识、技能、经验为课程内容，培养残疾人大学生有生活自理能力、简单家务劳动能力、自我保护能力和社会适应能力，使之尽可能成为一个独立的社会公民。在基础阶段（从入学教育开始）进医院观摩病例、参加医务劳动和社区医疗实践等途径让学生早期接触临床、了解临床，建立现代医学理念；在临床阶段充分利用学校临床医学教育资源优势，在桥梁课程和临床课程教学过程中，为学生提供充足接触临床的机会，培养学生的人际沟通能力和解决临床实际问题的能力，使其获得足够的临床知识和技能，毕业实习阶段可直接参与病人的医护工作，通过学习与实践使学生逐渐形成临床思维并逐渐提高临床能力。

（三）康复保健类

康复是"帮助残疾人恢复或补偿功能，增强平等参与社会生活能力"的重要途径，大部分高校在残疾人大学生教育上的指导思想是"健康第一"，它强调教学要面向全体学生，要全面提高学生的身体健康水平，使每一个学生受益。但是，把残疾人大学生作为大学生群体的一部分，在体育课程改革及教学模式等方面的研究较少。如何合理有效地开展康复保健类的课程，是高校深化残疾人大学生身体机能康复的关键，也是高校培养残疾人大学生拥有终身体育意识的开端。

学校根据残疾人大学生身体状况的不同，有针对性地开设康复保健类课程。具体来说就是，根据肢残学生和视障学生自身的身体状况，开设一般健身性体育活动和适应性功能锻炼，根据残疾人大学生实际情况分别开设了伤残学生康复保健体育课和视障学生功能锻炼体育课。视障教育工作者普遍认为，由于视力残疾带来的影响，很多普通儿童通过有意识或无意识的观察便可习得的知识和技能，视障儿童却必须通过有计划的、系统的、持续的教学活动才能获得，因此，有必要为其开设额外的课程以弥补视力残疾造成的障碍。⑤这些额外的特殊课程是相对于普通大学生的课程而言的，是满足残疾人大学生个体特殊需求的课程。特殊课程设置的目的是通过各种康复训练手段以弥补残疾人大学生生理上的缺陷，综合发展他们的非学科能力，同时也为他们的学科学习创造更多的有利条件。为肢残学生设置的课程内容有：一般健身性体育活动，如慢走、快走、慢跑、关节操、羽毛球、太极、乒乓球、篮球、排球、武术以及器械健肢功能锻炼，如杠铃、哑铃、拉力器、固定划船器、功率自行车和运用多种小型健身器材进行的康复锻炼；适应性功能锻炼，包含各种速度、力量、耐力、灵活性、柔韧性、协调性等素质练习。为视障学生设置的教学内容有：一般健身性体育活动，如各种健身走、跑、健身操、体操、武术、太极、健身气功（八段锦、易筋经、五禽戏）铃球、盲人门球、器械运动、各种速度、力量、耐力、灵活性、柔韧性、协调性等素质练习；适应性功能锻炼，如手和脚的触觉训练、听觉训练、方位、空间、平衡感训练、定向能力训练、灵活性训练、协调性训练等（图 5-2）。

图 5-2　视障学生门球训练课

同时，注重运动康复在日常的生活给残疾人大学生带来的影响和转变，开发残疾人大学生适宜的"坐式排球"、"健身球"、"瑜伽"、"轮椅舞"体育项目，鼓励和支持他们参加各种体育锻炼和比赛，展示意志和力量之美。针对残疾人大学生的心理问题和普遍的心理教育要求，开展积极心理学教育，形成"以健康自我

⑤ Palmer C. 2005, Educating learners with vision impairment in inclusive settings.Internationsl Congress Series 1282，922—926.

为核心"的综合心理教育模式，近年来取得了显著成效，受教育的残疾人大学生面对社会种种压力，没有退缩，没有懈怠，而是积极应对，勇于挑战。康复保健类课程贯穿于基础知识——身体保健——心理教育的全过程，它帮助残疾人大学生排除了心理困惑，随着医学知识的日益丰富，身体和心理的日趋康复，他们开始重拾信心，以全新的姿态迎接未来的人生发展（图 5-3）。

图 5-3　健身球训练

（四）特色校本类

我国校本课程开发始于第八次基础教育课程改革实践。10 余年来，校本课程开发研究发展迅速，特别是 2012 年以来众多学者纷纷总结校本课程开发 10 年以来的经验和教训。纵观现阶段的校本课程研究，呈现出多元化、多角度的实践探索和研究。不同的高校针对不同的地域和文化特色，因地制宜，充分利用当地的地方文化资源，将其作为校本课程开发的着眼点，将地方特色文化引进课程。

滨州医学院在课程开发中也充分考虑学生实际需要，着眼学生持续发展。学校在开发校本课程时立足于山东省的人文环境、地理位置、气候特点、教育现状、经济状况等特点，结合国际特教发展状况和我国教育课程改革的大背景，促进残疾人大学生全面发展，帮助他们适应生活，适应社会，培养良好的个性和健全的人格。首先，学校为残疾人大学生开设系列特色校本课程，2013 级针灸推拿学生新增设《推拿练功》课程，2012 级针灸推拿学生新增设《中医临床应用》课程，2013 级听力与言语康复专业学生新增设《神经科学》课程，2013 级听力与言语康复专业、特殊教育专业学生新增设《手语》课程。其次，学校还开发一系列富有地域特色的"生活适应"课程，其中《最美烟台》《烟台是我家》《烟台的夏天》等教学主题充分体现了山东地方特色，让残疾人大学生从感知和关心身边环境的变化适应地方生活。最后，学校还以经典诵读为依托进行校本课程开发的实践研究。"经典诵读"，既包括我国历史上所涵盖的各个历史时期的文化精髓，又包括国外的经典文化著作。这一系列课程的开发让残疾人大学生在耳濡目染中感受经典文化的力量，让他们从内心深处学会传承经典、塑造美德，从知、情、意、行等方面对残疾人大学生的核心素养进行塑造，从而养成终身受益的人生观、世界观和审美观。

（五）创业教育类

国务院办公厅《关于深化高等学校创新创业教育改革的实施意见》中明确指出，从 2015 年起深化高校创新创业教育改革并取得重要进展，特别强调各高校要根据人才培养定位和创新创业教育目标要求，促进专业教育与创新创业教育有机融合，调整专业课程设置，挖掘和充实各类专业课程的创新创业教育资源，在传授专业知识过程中加强创新创业教育。这一类课程的开发和设置让身处象牙塔中的大学生与社会紧密相连，主动关注社会的发展变化，为以后的创业和就业打下了坚实的基础。

学校作为全国首家招收视障生的本科医学院校，在实施特殊教育的途径上一直积极探索，不仅让视障生顺利地入学，愉快地学习，而且还充分考虑让他们满意就业。创业教育类课程的开设根据社会对人才的需求变化适时调整和设计，既考虑到视障生自身生理条件的限制，也充分考虑到社会对他们的需求度。

学校开设了《推拿手法学》《推拿治疗学》《经络腧穴学》和《针灸学》等与社会需求密切关联的课程（图 5-4）。并且，以特殊教育学院的专职教师和视障大学生为主体，成立了"明眸推拿养生中心"。该中心在 2013 年 7 月份获批"国家级盲人医疗按摩实训基地"的设施资源，提供全身推拿、局部保健、肩颈理疗、火罐刮痧等健康服务项目。该举措是学校作为全国首家招收视障生的本科医学院校对实施特殊教育途径的积极探索，既能充分发挥学校特殊教育的资源优势，满足广大师生的健康需求，又能让学生学以致用，在实践中得以锻炼提升，并可以通过勤工俭学的方式获得经济补贴，是对学校"早期接触临床、早期接触科研、早期接触社会"教学模式的有益践行，也是学校通过开设创业教育类课程的有益尝试。

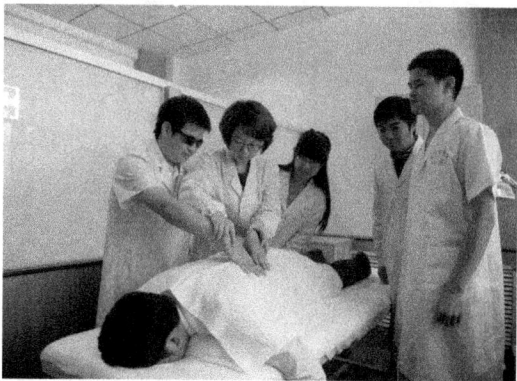

图 5-4　视障大学生上《推拿手法学》课

五、医学院校残疾人教育校本课程开发的思考

校本课程开发作为我国课程领域改革的一个热点问题，它的出现在一定程度上推动了我国教育事业的发展，为悄悄凝固的教育思想注射进新鲜的血液，无形之中引发了人们对于当前教育现状的思考和认识。以残疾人大学生为主体的校本课程开发作为课程开发过程中尚未完善的新鲜事物，在具体的实践过程中也会遇到困难和重重阻力，这些问题都有待教育工作者进一步深入分析和研究。

（一）医疗康复与教育康复相结合，开发个性化课程

个性化课程是指在尊重个体差异、面向个体需求的基础上实施的一种教学模式。特殊教育实施医教结合，旨在采用多学科合作的方式，根据特殊学生身心发展规律和实际需求，对特殊学生实施有针对性的教育与康复，开发其潜能，使每一个特殊学生的身心都能得到全面发展。这不仅是落实"以学生发展为本"理念的最好载体，也是特殊教育内涵发展的必然要求[⑥]（图5-5）。

为了使残疾人大学生身心得到最大化的发展，学校在开发康复保健类校本课程时坚持"教育与康复相结合"的原则。首先，在培养过程中，根据肢残大学生和视障大学生自身的身体状况，开设一般健身性体育活动和适应性功能锻炼。比

图 5-5 山东省残运会"坐式排球"比赛

---

⑥ 陈东珍. 2010，建设医教结合特教支持体系，促进残疾儿童全面发展[J]. 现代特殊教育，（4）：13～14.

如开发了适合他们的"坐式排球"
"瑜伽""轮椅舞"等体育项目，鼓
励其参加适宜的体育文化活动，在
体育课程中实现身体功能康复的目
的。其次，针对残疾人大学生的心理
状况，学校设立大学生心理咨询中
心，定期进行心理评估，掌握残疾人
大学生心理状况。特殊教育学院开设
针对残疾人大学生的心理健康课，积
极开展心理健康教育及知识普及活

图 5-6 视障大学生上康复训练课

动。班级组成心理互助组，每位学生必须参加其中一个互助组，通过互助组开展心
理自助互助活动。"学校—学院—班级三级心理预防、教育和康复体系"常态化实
施排除了残疾人大学生心理困惑，他们在身体和心理逐渐康复的同时，也能以更加
充分的精力投入到理论知识的学习中去。再次，在课程具体实施的过程中，为了改
善医疗康复的枯燥、机械的训练方式，增加训练的趣味性，调动残疾人大学生的积
极性和主动性，在医疗康复中融入集体干预、游戏干预、音乐治疗等教育手段，给
予残疾人大学生丰富的刺激，让他们在轻松愉快的环境下进行训练（图 5-6）。

（二）专职教师与外聘教师互相协作，不断提高教师的课程开发能力

在课程开发的过程中注重专职教师与外聘教师的通力合作，共同挖掘深层次
的课程资源，促进校本课程开发的不断深入。毋庸置疑，校本课程开发适应残疾
人大学生的融合课程比传统的特殊学校以及普通学校课程的内容都更丰富、范围
更广。一旦具体的共同课程内容得以确定，教师的任务是重新对课程目标与内容
进行思考与调整以适应课堂内特定的学习能力与需要。教师没有必要在课程实施
的形式与次序、时间分配、教学材料的使用（如盲文、大字体课本）以及具体单
元目标等细节方面完全同步。但是，教师必须保证所有的儿童，包括有特殊教育
需要的儿童，通过融合课程最后都能达到特定社会要求的成人目标与能力[⑦]。因此，
校本课程开发是一个系统工程，单靠某一个教师的力量不能有效地完成课程开发
的既定目标，应以团队形式开展，在学校的统一规划和组织下，学校内的教师之
间要加强协作，以提升校本课程开发的系统性和层次性；此外，要充分挖掘校外
人员的优势，充分调动社区人士的积极性，建立起"走出去、请进来"的课程学
习平台。

学校也应采取各种激励政策，充分调动教师课程开发能力。借助教师发展中
心平台，坚持线上教育与线下活动相结合、集中培训与分散提升相结合、学校统

---

⑦ 邓猛. 2014，融合教育理论反思与本土化探索[M]. 北京：北京大学出版社，119.

一规划与院（系）灵活安排相结合的原则，围绕教师发展需要，在规划职业生涯、提高教学能力、推进学术创新、保障身心健康等方面扎实开展工作，进一步满足教师个性化、专业化发展要求。学校先后聘请了中国聋儿康复研究中心主任医师、华东师范大学言语听觉科学研究院院长孙喜斌教授与中国聋儿康复研究中心王树峰博士来校，为听力与言语康复学专业的师生进行专业师资培训与课程实践指导，还为言听专业师生开展了纯音测听、耳印制作、助听器验配等实践指导和操作考试，针对培训中出现的问题进行了一对一的指导。这种兼职教授团队的定期指导与交流，让残疾人大学生更为直观地感受到相应技术的特点和优势。专兼职教师的理论知识与职业技能优势在相互交流与碰撞的过程中得以互补与升华（图 5-7）。

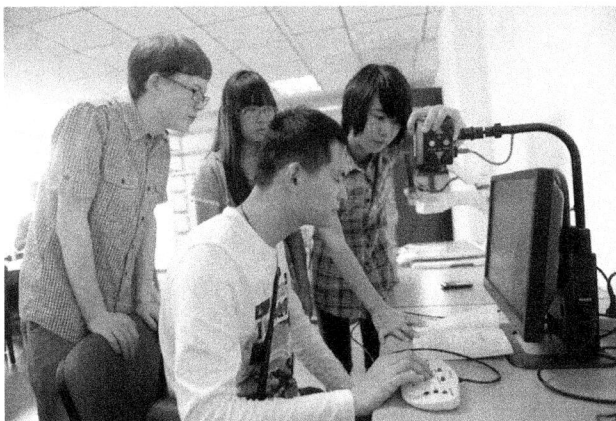

图 5-7　视障大学生借助电子放大器读书

（三）将符合残疾人大学生自身需求特点的发展性评价体系贯穿课程开发全程

　　教育评价是对学生的学习成果进行价值判断的过程，是教育的一个重要环节。课程的评价方法直接影响到课程的实施效果，尤其是特殊教育的校本课程评价方法，较为完善的、恰当的课程评价体系对校本课程的开发、实施有很重要的意义。对学生的评价可以发现和判断学生的优势和不足，为教育人员提供资料，据此调整教育内容和方法等，以便为学生提供更高质量的教育[8]。校本课程的评价更多地表现为过程性评价和个别化评价，强调师生间、生生间的相互认同和鼓励。在评价的过程中，应将更多的关注点放在学生发展的纵向长廊上，衡量他们和自身相比较而言获得的进步，而不是用一次次的考试成绩作为评价学生发展的唯一标准。此外，除了教师和学生的评价外，对课程本身的评价也至关重要，评价应该贯穿课程开发的始终，包括对学校、课程、教师、学生的综合评价。例如，澳大利亚

---

⑧ 黄健行，雷江华. 2012, 特殊教育学校校本课程开发[M]. 北京：北京大学出版社，24.

要求残障学生与普通学生一起参加统一考试，且采用统一的评价方式，但教师可以根据残障学生的实际情况对其进行援助；芬兰也有针对学生的抽查，但更注重学生的交流、合作能力和认识、解决实际问题的能力的评价，并且评价结果不公布，只提供给教师，为教师的教学提供参考意见[⑨]。

对于滨州医学院的残疾人大学生而言，针对不同特殊学生身心发展特点和课程特点，由任课教师、学生家长、学生辅导员共同参与对残疾人大学生的评价，将医学评价与教育评价相结合，根据培养方案中制定的课程目标与残疾人大学生的实际情况，整体设计社会性与情感、认知、语言、自理和运动等多方面的评价，建立适合残疾人大学生特点的发展性评价体系，全面评价学生的身心发展水平。

（四）强化校外教学基地资源建设，为校本课程开发提供有力的外部保障

学校因地制宜，积极创办实践基地，提高残疾人大学生社会适应能力，砥砺文化品格，树立人格形象，为残疾人大学生生存能力培养提供了广阔的空间。学校深入贯彻落实教育规划纲要和中共中央国务院《关于促进残疾人事业发展的意见》《中国残疾人事业"十二五"发展纲要》，抢抓机遇，大力实施特色名校战略，加快发展残疾人教育。2012年招收视障大学生，填补了我国医学院校开展本科层次视障生的空白，也填补了山东省高等院校开展本科层次视障生教育的空白；2013年新开设特殊教育、听力与言语康复学等特殊教育专业并招生，已基本建立"高质量残疾人与高层次残疾人服务专业人才培养"发展格局。经过深入研究论证，同年，我校特殊教育示范园区建设项目获国家发展改革委、教育部、中残联批准立项，项目总投资7000万元，规划建设教学、科研、康复服务、生活于一体，具有国际先进水平和示范作用的残疾人高等教育高端优质平台。该项目规划占地近66000m^2，建筑面积约32000m^2，主要建设项目包括特殊教育综合楼、特教学生餐厅、特殊学生宿舍楼等，可容纳特殊教育类学生1500人学习、生活。该项目建成后，将促进学科交叉融合、推动知识创新，为服务区域和全国残疾人康复需求也提供了专业平台。

在校外，学校拥有丰富的教学实践基地，主要有：中国聋儿康复研究中心、上海泰亿格康复服务有限公司、山东省听力语言康复中心、烟台市特殊教育学校、厦门市特殊教育康复研究中心、北京按摩医院等18所。通过与校外实习基地定期的交流与回访，将残疾人大学生在具体的教育实习过程中遇到的问题，及时反馈到人才培养方案的修订和课程设计的规划中来，对授课内容、教育教学方法进行合理的调整和改革，进一步促进了学校对残疾人大学生创新人才培养研究，也进一步密切了专业发展与行业需求的联系，更好地对接了行业发展对于专业不断更新的需求，为残疾人大学生的就业和创业奠定了良好的基础。所有这些丰富的校

---

⑨ 孔凤林.2012，特殊教育校本课程开发研究[D]. 赣州：赣南师范学院.

外资源都对课程开发的实施提供了强有力的支持。

（五）注重隐性课程与显性课程的结合，努力营造更具人文关怀的成长环境

融合教育发展到今天，已经不仅仅是转变特殊学生的存在空间，而更多的是为全体学生提供"有绩效责任的服务"，这种服务是负责任的融合。要实现这种融合，除了政策的调整、课程的重构以及教师能力的提升外，还包括支持性环境的建设。阿姆斯特朗提出：特殊教育正在从"缺陷模式"转化为"成长模式"，强调特殊学生只是部分能力的限制，而不是全面的损伤；如果能够提供其所需要的支持服务，他们是可以成长的。而为了实现这种成长，提供的支持服务并不是把特殊学生抽离出来单独给予特殊支持服务，而是在普通班级中提供服务，也就是融入式的服务。这种融入式的服务包括融合教室物理环境和心理生态的调整，通过运用辅助性科技，促进全体学生对个别差异的理解，进而实现学生的有效融合，并切实满足学生需求[⑩]。

学校积极打造适合残疾人大学生的物理环境和心理环境的有机结合，努力从物理环境的搭建和心理环境的营造上为他们提供支持性的更具人性化的条件。物理环境最为关键的是如何创造无障碍的物理环境，其中既包含校园环境也包含教室环境。学校建立无障碍的建筑与设施，比如在各个教学楼和办公楼的出入口进行设计，铺设坡道和盲道，方便肢残大学生和视障生进出；在校园中有专门接送残疾人大学生的代步车，以备不时之需。就教室而言，增加教室物理环境的安全性能，以避免有可能带来的危险与伤害，比如在有斜坡的地面铺上防滑垫、在有尖角的桌角处加上保护套；在座位的安排上注意灵活性，允许残疾人大学生移动位置，尤其对于视障生来说，务必确保认读教师看清同学的唇语或将他们安排在不易受打扰的位置。在特殊教育学院配备语音播报楼层的电梯，方便视障生乘坐。

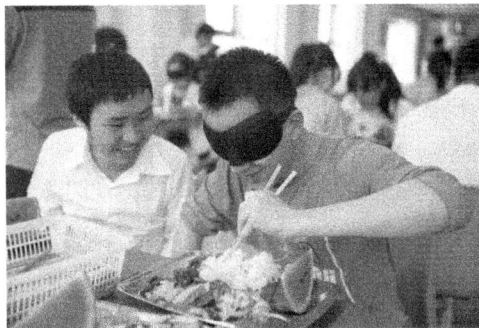

图5-8   "黑暗体验"创业项目

就心理环境而言，关键的是如何去营造一个懂得赞扬和欣赏残疾人大学生与众不同的氛围，而不仅仅只是接纳和容忍他们的个别差异。因此，改善周围环境对特殊学生积极的情感和态度支持，与特殊学生建立良好的社会关系，使他们的生活逐步走向正常化，实现自我的价值。根据美国社会心理学家马斯洛的需求层次理论，首先营造认同和接纳的环境，通过设计"模拟和体验黑暗"的

---

⑩ 邓猛. 2014，融合教育理论反思与本土化探索[M]. 北京：北京大学出版社， 184-185.

活动，亲身感受视障大学生的真实困境，在具体的活动过程中学会欣赏他们并接纳他们；其次，营造安全与归属的环境，在被认同和接纳的基础上，通过巧妙设计同学们与视障大学生的互动交流机会，使双方进一步加深认识和了解，当他们之间逐步建立起和谐温馨的人际关系时，视障大学生的心理自然会有安全与归属感，不再游离于群体之外。最后，营造尊重与自我实现的环境。在马斯洛的需求层次理论里，尊重与自我实现的需求位于最顶端，在现实的教育环境中如何使视障大学生由自我否定转变为自我认可、自我实现、自我超越，这需要教师不断发挥其引导者的作用，采取行动来提升学生的自我认同感，比如多让视障大学生参与班级事务和班级管理，通过成功经验的获得来提升其自我价值感。

第六章 医学院校残疾人大学生教学评价

一、教学评价概述

（一）教学评价的概念

教学质量是学校根据办学定位和教育目的，制定相适切的专业人才培养方案，利用学校办学条件和教师资源完成教育教学任务，实现培养目标的程度水平，是学校办学水平的整体反映。

1929 年，美国俄亥俄州立大学泰勒教授首次提出教育评价（educational evaluation）这一概念，他认为"教育评价在本质上是确定课程和教学大纲，实现教育目标的程度的过程。"1956 年，本杰明·S·布鲁姆在《教育目标分类学——认知领域》中进一步完善了教育评价的概念，就是"教育评价是系统收集证据用以确定学习者实际上是否发生了某些变化，确定学生个体变化的数量或程度。"早期的教育评价主要是针对学生学业进行的评价活动。随着教育事业的发展，教育评价的范围不断扩大，由学生学业的评价扩展到办学条件、办学水平、育人质量、专业建设、教师和教学活动等整个教育活动领域评价。随着教育评价范围的扩展，教育评价的概念也不断完善、更加准确。1981 年，美国教育评价标准联合委员会（Joint Committee on Standards for Educational Evaluation）对教育评价进行了综合性界定，认为"教育评价是对教育目标和它的优缺点与价值判断的系统调查，为教育决策提供依据的过程。"这一概念深深影响了教育评价学术界，在很大的范围内被当作教育评价的权威性界定而加以接受。在我国教育界，一般认为"教育评价是对教育活动满足社会与个体需要的程度做出判断的活动，是对教育活动现实的（已取得的）或潜在的（还未取得，但有可能取得的）价值做出判断，以期达到教育价值增值的过程。"[1]这一定义的最大特点在于抓住了教育评价的本质，即教育评价是对教育活动的价值判断，同时明确了教育评价不仅是对教育活动现实的价值判断，更重要的是指出评价活动应着眼于未来，实现教育价值增值，促使教育评价功能也由最开始的鉴定——选拔扩展到导向——激励、诊断——改进、反馈——调节[2]。

教学评价（teaching evaluation）是教育评价的重要组成部分，是以教学目标为依据，运用可操作的科学手段，通过系统地收集有关教学的信息，依据一定的标准对教学活动的过程和结果做出价值判断的过程，从而为被评价者的自我完善和有关

① 陈玉琨. 1999，教育评价学[M]. 北京：人民教育出版社.
② 涂艳国. 2007，教育评价[M]. 北京：高等教育出版社.

部门的科学决策提供依据。

（二）教学评价的发展历程

教学评价是教育发展的产物，也是教育发展的推动力。教学评价和整个教学系统一起经历了漫长的历史发展过程。总的来说，教学评价经历了古代教学评价和现代教学评价两个大的发展阶段。

我国具有传述的大学教育最早产生于夏商时期，西周"国学"中设有严格的奖惩机制，并分年定期考查，这是我国有记载的最早的教学评价。春秋战国时期，官学崩溃，私学兴起，私学的教学质量以师门和门下弟子的名望来确定。汉代董仲舒推行教育改革，教学评价也有长足的发展，《汉书》中就记载了"口试"、"策试"及"射试"三种岁试之法。隋朝炀帝时期特设"进士"一科以选拔人才，此即科举制度的起源。自隋朝起至清朝末，中国封建王朝 1300 余年的历史中，沿用"分科举人、考试进用"科举制度和人才选拔的评价模式。清朝光绪年间，推出了首个学校系统"壬寅学制"，当时的教学评价也以测验考试为主。1984 年，北京师范大学在计算教师的工作量时，首次引入了对教师教学的评价。1985 年 5 月国家颁布了《中共中央关于教育体制改革的决定》，明确提出要对教育进行质量评价的问题，开始重视教学评价，将教师、学生、课堂等多种因素纳入研究，并逐渐发展到今天的具有多元化评价主体、多种评价方法等综合的现代教学评价模式[③]。

现代教学评价是在 19 世纪末 20 世纪初，随着实验心理学个体差异研究的进步和教育统计学的发展而逐步演变而成的，这一时期教育理论工作者们开始探讨如何将心理测验的方法应用于教学领域，实现学业成绩考核客观化、标准化与数量化。根据不同的教育评价理论和方法，可以分为四个阶段：

1900～1930 年左右是现代教学评价的第一个发展阶段，这一时期的特点是测量理论的形成和测验技术在教学中的广泛应用。教学评价基本等同于教育测量，评价者在评价中仅扮演测量技术员的角色，评价的中心任务是"用科学的方法，求客观的标准，以矫正主观方法的弊端"，对教学评价中如何科学地解决教学信息的收集问题做出了贡献，并在一定程度上克服了传统考试主观、笼统和偏于事实性知识与死记硬背，但也存在明显不足。它企图用数字来表示受教育者全部特征，难免流于形式机械化。然而学生的态度、兴趣、创造力、鉴赏力等是十分复杂，很难全部量化。

1930～1940 年前后是现代教学评价发展的第二个阶段，教学评价从"测验"转向"评价"，这一时期的特征是对测验结果作描述，评价的目标不再是学生本身，而是什么样的学习目标模式对学生学习最有效。教学专家编制了许多测验

---

③ 杨金观,聂建峰.2010,课堂教学质量评价———一个在高校实际工作中被误解的概念[J]. 高教发展与评估,（1）:15～20.

去测量学生是否掌握了教师要求他们学习的那些东西，据此辨别、区分有效的目标模式。

现代教学评价发展的第三个阶段是 20 世纪 50 年代至 70 年代。这一时期注重了真正的价值判断问题。目标参考测验在这一阶段发展起来。目标参考测验以教学目标为评价标准，关注的是教学是否达到了教学目标，它和教育目标分类学的出现联系在一起，关心教学目标的实现，注重以目标为参照系进行价值评判，是教学评价第三个发展时期的突出特色。这一阶段对评价标准的发展做出了积极贡献。

20 世纪 80 年代以来，教学评价又有了新发展。项目反应理论把教学评价引向了计算机化和因人施测的方向。模糊评价法发展了教学评价的数据处理技术。"第四代教育评价"突出了教学评价中的人文主义精神，强调评价者和评价对象之间的不断交互作用、共同建构、全面参与，对教学评价做了有益的反思和建设性构想。阿莫纳什维利在总结六七十年代实验的基础上，提出了实质性评价理论。实质性评价是贯穿于教学过程始终的特殊教学活动，包括教师的评价、在集体的学习——认识活动中的评价、在学生个别独立的学习——认识活动中的评价三种形式，特别重视学生自我评价能力的形成以及教学评价的良好心理氛围的设计，强调了教学评价中的定性和描述等方面。总的说来，20 世纪 80 年代以来的教学评价，比较关注教学评价的人文精神和教育作用，可视为现代教学评价的第四个发展阶段。

（三）教学评价的类型

根据分类标准的不同，教学评价可分为不同的类型。从评价目的、作用和时间来看，教学评价可以分为诊断学评价（diagnostic evaluation，又称准备性评价）、形成性评价（formative evaluation，又称过程评价）、总结性评价（summative evaluation，又称终结性评价）。诊断性评价是在教学活动开始之前进行的评价，主要是对教学背景及学生的各方面情况做出评价，并据此进行教学设计，目的在于了解学生知识能力和水平并制定相应的教学计划和内容安排。形成性评价是在教学过程中进行的评价，多用于教学内容和方法的改进、了解课程计划的执行情况和教学管理情况，针对前一阶段的教学情况作出评价以便了解存在的问题、及时反馈、改进教学。总结性评价是在相对完整的教学阶段结束时对教学目标实现的程度做出的终结性评价。

（四）教学评价的作用

教学评价在教学过程中发挥着多方面作用，保证着教学活动向预定目标前进并最终达到该目标。具体看来，教学评价的作用，亦即教学评价的目的，主要表现在以下几方面。

1. 检验教学效果　测量并判定教学效果，是教学评价最重要的一项职能。教师的教学水平、学生掌握预定的知识、技能的程度、教学目标和教学任务实现程度都必须通过教学评价加以验证。而检验和判定教学效果，是了解教学状况，提高教学质量的必由之路。

2. 诊断教学问题　诊断是教学评价的又一重要功能。通过教学评价，教师可以了解自己的教学目标确定得是否合理，教学方法、手段运用是否得当，教学的重点、难点是否讲清，也可以了解学生学习的状况和存在的问题，发现造成学生学习困难的原因，从而调整教学策略，改进教学措施，有针对性地解决教学中存在的各种问题。

3. 提供反馈信息　实践表明，教学评价的结果不仅为教师判定教学状况提供了大量反馈信息，而且也为学生了解自己的学习情况提供了直接的反馈信息。通过教学评价的结果，学生可以清楚地了解自己学习的好坏优劣。一般来说，肯定的评价可以进一步激发学生的学习积极性，提高学习兴趣。否定的评价往往会使学生看到自己的差距，找到错误及其"症结"之所在，以便在教师帮助下"对症下药"，及时矫正。另外，有关研究发现，否定的评价常会引起学生的焦虑，而适度的焦虑和紧张可以成为学生学习的动因。当然，教学评价提供给学生的否定反馈信息要适度，以免引起过度紧张和焦虑，给学生的身心发展和学习造成不良后果。

4. 引导教学方向　教学评价的导向作用，在实践中是显而易见的。学生学习的方向、学习的重点及学习时间的分配，常常要受评价内容和评价标准的影响。教师教学目标、教学重点的确定也要受到评价的制约。如果教学评价的标准和内容能全面反映教学计划和大纲的要求，能体现学生全面发展的方向，那么，教学评价所发挥的导向作用就是积极的，有益的，否则，就有可能使教学偏离正确方向。

（五）教学评价的意义

教学评价是教学活动不可缺少的一个基本环节，它在教学过程中发挥着多方面作用，检验教学效果、诊断教学问题、提供反馈信息、引导教学方向、调控教学进程等，因此说教学评价有着重要的意义，总体上说可以总结为以下几方面。

教学评价是提高教育教学质量的重要保证。首先教学评价有着激励作用，激励着教师学生发展，促进教学；教学评价有着引导教学的作用，引导着教学的方向，确保教学有明确的目标；教学评价能提供反馈信息，调控教学，检测教学效果，在教学过程中进行中教学评价和监视，保证着教学的质量；教学评价可以检验教学效果，有效地评价教学，促进教学大发展。总之，教学评价是提高教育教学质量的重要保证。

教学评价是完善教学系统的重要环节。教学系统（instructional system）是教育系统的子系统，是指为了实现某种教学目的、由各教学要素有机结合而成的具有一定教学功能的整体。教学评价是教学系统的一个重要要素，是教学系统中不可或缺的重要环节，也是完善教学系统的重要因素。

教学评价是推动教学不断增值的重要手段。在教学评价的目的中，我们已经看到教学评价在教学中起着举足轻重的作用，激励教学，促进教学发展，提高教学质量，是教学增值的重要手段和途径。

二、医学院校残疾人大学生教学评价存在的问题

教学评价是依据教学目标对教学过程及结果进行价值判断并为教学决策服务的活动，是对教学活动现实的或潜在的价值做出判断的过程[④]。目前我国对于提高残疾人大学生知识文化水平的理论课程的教学评价研究较少。这一现象的原因除部分接纳残疾人大学生高校对于特殊教育理念的理解较为浅显和片面外，也是由于残疾人大学生和特殊教育教师本身以及残疾人大学生教学评价标准制定的困难所导致的。

（一）缺乏科学的评价标准

教育测量和评价要求评价指标的选择和权重分配应遵循科学方法制定，而现行的教学评价中，尤其是对于残疾大学生的教育教学评价指标体系存在随意性、不科学性和主观性。首先，评价的方法、手段、态度与最终结果要符合客观实际，不能主观臆断。而大部分招收残疾大学生的高校均建立了校内的教学评价体系，指标的权重比例分配过于主观，导致失调。其次，评价的程序与方法要科学，在进行评价时要多角度、全方位评价，不能以点代面、以偏概全[⑤]。目前残疾大学生的教学评价指标体系没有统一的标准，有的高校仅仅依靠校内教学管理部门组织开展课程教学评价、教学检查或教学督导的经验评价。

在评价体系中，不同的评价主体应使用不同的评价标准。同时应加强对教学评价的监管制度，严格按照正规程序和规范实施以提高教学评价的效度。

（二）学生和教师对特殊教育教学评价理解片面

教学评价的目的是调节、激励、促进更好的教学，教学评价是服务于教学的，具有导向、诊断、激励、教学功能和管理功能等，关注的是评价如何生成教学价值[⑥]。残疾大学生不理解评价方式和评价意义，参与度不高。有部分学生不理解学

---

④ 牛其刚，牛书成，李爱国. 2017，教学评价应"以效评学、评教"[J]. 辽宁教育，（5）：73~74.
⑤ 徐秀珍. 2015，当前我国教学评价存在的问题及解决对策[J]. 黑河教育，（6）：86.
⑥ 宋古月. 2013，教学评价存在的问题及对策分析[J]. 家教世界，（14）：180~181.

生评教的意义、评教指标的内容，又由于学校基本上采用网上评教，很多学生不清楚网上评教的具体操作过程、要求，导致残疾大学生在对教师的教学效果进行评价时存在一定的差异。网上评教的这种方式对视障学生来说难以独立完成，但在他人辅助下又让视障学生感到缺乏私密性，因此得不到学生的重视和认可，容易敷衍了事。学校为了能够让所有的学生都能够参与教师的课堂教学评价，硬性规定学生必须评教之后才能选课、查成绩。然而经调查只有 42%的学生认为自己以及自己周边的同学比较重视学生评教。

（三）教学评价反馈机制不完善

残疾大学生是学生评教的主体，学生评教的科学性和有效性为残疾人高等教育教学质量提供保障，学生对自己的评教结果有知情权，学生评价能对改善教师的教学起到促进作用，学生反映的问题和建议应该尽可能得到解决或者得到合理的反馈意见[⑦]。

目前教学评价结果应用不合理，高校为进行有效的教师课堂教学评价投入了大量的人力物力，然而，评价结果则主要是用于学校的人事管理，利用评价结果为教师教学效果排序，过于重视评价的监督功能，忽视了评价的诊断、导向、激励功能，造成相当多教师存在排斥、抵触课堂教学评价的心理，只是出于无奈被动接受评价。另外，对评价结果缺乏科学有效的反馈机制，虽然实施课堂教学评价的高校通常会公开评价结果，但公开的不够及时，一般只在对教师教学效果排序时公开，而且只公布最终的量化结果（即分数），这导致教师不能通过评价发现自身存在的问题，更不能通过评价进行有效的整改，这在一定程度上使教学评价流于形式[⑧]。

三、医学院校残疾人大学生教学评价标准

（一）评价标准制定

1. 评教指标 残疾人大学生评教结果是残疾人大学生高等教育教学质量监控的基础和依据，是高等教育教学评价体系的重要组成部分，对残疾人高等教育办学水平评估、教师教学质量评估、教师晋升职称、教师试讲与录用、教师评奖、专业评估、课程建设等起着保障和导向作用。残疾人大学生评教就是通过学生根据教师在教育教学中的表现，就教师的教学活动从细分的评价指标能否满足学生学习需要，是否符合教育教学质量而做出教学评价的过程。

2015 年教育部颁布了《特殊教育教师专业标准（试行）》，学校依据该要求制定了《滨州医学院特殊教育学生授课教师教学评价表》，从教学规范、教学内容、

---

⑦ 祝平，王昕. 2016，残疾大学生评教制度效果和问题研究[J]. 大学教育，（7）：55～56.
⑧ 王艳萍. 2015，高职院校课堂教学评价体系研究[J]. 新疆职业大学学报，（1）：13～16.

教学方法、教学效果 4 个维度，20 个评价内容对授课教师的教学过程进行了详细要求（表 6-1）。

表 6-1　滨州医学院特殊教育学生授课教师教学评价表

开课系（院）：　　　　　　　课程名称：　　　　　　　授课专业年级：

授课教师：　　　　　　　　　职称：授课时间地点：

项目	序号	评估指标	分数 100	评估结果（分数）				
				A	B	C	D	E
教学规范	1	关爱学生，尊重学生人格尊严，引导学生正确认识和对待残疾	5					
	2	理解残疾是人类多样性的一种表现，尊重个体差异，为每一位学生提供合适的教育	5					
	3	仪表整洁，举止大方；按时上下课；态度认真，备课充分，讲课熟练，脱稿讲授	5					
	4	正确使用普通话、盲文和手语授课；板书工整、规范，多媒体课件设计合理；为学生提供适合的教具，支持学生有效学习	5					
教学内容	5	教学目的明确，逻辑性强，条理清楚，层次分明，重点突出，难点讲透	5					
	6	了解教学内容与社会生活的联系，能够在教学中整合情感态度、社会交往和生活技能	5					
	7	科学性强，对本学科的知识和体系正确把握	5					
	8	思想性强，能教书育人，注重对学生人文精神、科学精神的培养	5					
	9	能适当运用专业外语词汇教学						
	10	更新性强，不断充实反映学科发展新动向的教学内容	5					
教学方法	11	创设安全、平等、适宜、全纳的学习环境，激发学生学习的兴趣和积极性	5					
	12	根据课程内容和教育评估的结果，对残疾生实施个别化教学	5					
	13	采用启发式教学，激发并保护学生的好奇心和自信心，引导学生主动思考，培养学生的探究精神	5					
	14	建立良好的班级氛围；师生互动效果好	5					
	15	根据课程和学生身心特点，合理地调整教学目标和教学内容，编写个别化教学活动方案	5					
	16	了解学生身心发展的特殊性和普遍性规律，掌握学生个体差异及教育的策略和方法。	5					
教学效果	17	学生掌握所学的基本知识、基本理论；	5					
	18	教师激发了学生学习、研究该学科问题的兴趣；学生满意度高，更愿意将该授课教师的课程介绍给他人学习	5					
	19	有效实施教学并掌握特殊教育评估的知识和方法	5					
	20	注重培养学生解决问题、交流沟通及创新思维的能力	5					
总　　分								

续表

意见和建议	
	签名 年_____月_____日

备注：

选项标准：A：5.0分，B：4.0分，C：3.0分，D：2.0分，E：1.0分。

在评估栏内打"√"，限选单项并将最终得分写在相应空格内，满分100分

2. 评学指标　虽然研究普遍认为，高校教学评价主体应是领导、专家、学生等，但研究及实践多集中于学生主体，对于其他评价主体的研究及实践都很少。尽管学生评教在我国开展的历史较短，但发展却颇为迅速，目前该评价方式已被不同层次的高校广泛采用。国内学生评教20年的研究大体可分为两个阶段：早期的研究主要集中在学生评价教师教学的可行性、信度及效度等方面；近些年的研究则主要集中于学生评教的权重分配、影响因素和局限性以及改进对策等方面。

近年来，国内对学生评教的研究内容更加广泛而深入，研究的重点已从能否利用学生评价教学转移到学生评教的规范化上，其中尤以影响因素和改进对策研究居多。关于学生评教影响因素的研究，不同研究得出的结论有着较大的差异性。

学校为了了解学生们的在校学习状况，及时发现并分析学生们普遍存在的学习问题，要求授课教师每学期填写《滨州医学院教师评学表》并将结果向有关部门进行及时反馈，该评学表从学习态度、学习过程、学习项目3个维度，10项具体内容对学生进行评价（表6-2）。

表6-2　滨州医学院教师评学表

教师所在学院：　　　　　　　　　姓名：　　　　　　　　职称：

讲授课程名称：　　　　　　　　　学生所在学院、班级：

上课人数：　　　　　　　　　　　评价时间：

项目	序号	评价内容	分值标准	A 绝大多数	B 多数	C 一半	D 少数
学习态度	1	学生出勤率高，按时上下课	10				
	2	学生能尊敬师长，虚心好学，认真听课	10				
	3	遵守教学管理制度，课堂秩序好，仪表端庄	10				
学习过程	4	自学能力较好，能做到课前预习，课后复习	10				
	5	跟随教师思路，理解授课内容并能认真做好笔记	10				
	6	课堂学习气氛活跃，学生思维活跃，踊跃发言	10				
	7	学生基础扎实，知识面广，接受新知识速度快，学习效率高	10				

续表

项目	序号	评价内容	分值标准	A 绝大多数	B 多数	C 一半	D 少数
学习效果	8	学生对该门课感兴趣，学习积极性高，认真完成作业	10				
	9	较好地掌握本门课程基本知识、基本理论和基本技能	10				
	10	学生能运用本课程知识提出、分析、解决实际问题，并具有一定创新能力	10				
总分合计			100				

对学生学习情况的分析（存在问题及解决办法）和对教学、学生观能力方面的意见和建议：

教师签字：

（二）医学院校残疾人大学生教育质量评价标准

根据残疾人大学生的特点，学校建立了 7 大类 22 项教学质量标准和教学评价标准，分别为理论教学、实践教学、学生学业评价（考试工作、学位授予）、专业建设、课程建设、实践教学基地建设及教学质量保障等本科教学质量标准和体系，2009 年制定《滨州医学院实践教学规范》，涵盖实践教学全过程的教学规范与环节质量标准，2010 年出版发行，现已成为广大临床教师和管理者的日常教学指导用书，并在全国推广应用。2010 年制定了《实践教学基地评估指标体系与等级标准》，对临床教学基地进行评估，加强医学后期实践教学基地的准入资格管理，保障后期实践教学质量，取得了明显成效，该指标体系于 2012 年被山东省教育厅和卫生计生委采用为《山东省高等医学院校附属医院、教学医院水平评估指标体系与标准》。在此基础上，2016 年山东省中医药管理局又委托学校制定了《山东省高等学校中医临床教学基地教学工作水平评估指标体系与标准》，确保包含残疾人大学生在内的学生培养质量（表6-3）。

表 6-3 滨州医学院教学质量标准一览表

类别	质量标准名称
理论教学类（6 项）	滨州医学院教案与讲稿书写规范
	滨州医学院授课质量评估表
	滨州医学院教案评价标准
	滨州医学院课堂教学评价实施办法
	集体备课记录格式
	滨州医学院其他授课质量评价表等
实践实验教学类（3 项）	滨州医学院实验教学质量标准
	滨州医学院见习教学质量评估卡、评估表
	滨州医学院实习教学质量评估卡、评估表
学生学业评价类（7 项）	滨州医学院课程考试命题工作规范
	滨州医学院课程考试评卷规范
	滨州医学院课程考试试卷分析记录
	滨州医学院学士学位授予标准
	学生毕业、结业、肄业条件
	毕业设计（论文）成绩评定评分标准
	毕业设计（论文）评分标准
专业建设类（1 项）	滨州医学院本科专业评估指标体系与等级标准
课程建设类（1 项）	滨州医学院课程评估指标体系与等级标准
实践教学基地建设类（2 项）	滨州医学院优秀教学基地评估指标体系
	滨州医学院附属医院、教学医院水平评估指标体系与标准
教学质量保障类（2 项）	滨州医学院实验室评估指标体系
	滨州医学院教材建设与选用标准

在教育评价广泛的范畴中，教学评价，特别是课堂教学评价是最重要的组成部分。课堂教学评价是具有评价资格的多元评价主体，按照客观、精确的评价指标，采用科学、合理的评价方法对教师的课堂教学活动进行评价，提升课堂教学质量。学校残疾人大学生教育课堂教学评价根据残疾人大学生编班情况开展评价，评价主体分为领导干部、督导专家、同行专家及学生。

学校建立了包含残疾人大学生教学评价在内的内部评价与外部评价相结合的教学质量保障和监控体系，内部评价以教学评价、专项评估和教学检查为核心，外部评价以用人单位、学生家长、毕业生、上级主管部门评价和第三方评估为核心。通过开展评教、评学、评管、评估等教学评价活动，采集各项教学信息，进行科学统计、分析和评价，以掌握影响教学质量的内部因素（教师、学生、条件、管理等）和外部因素（方针、政策、体制等），并不断改善。通过开展"三期"（期初、期中和期末）教学检查和随机抽查，召开专题座谈会，定期进行问卷调查，加强教学管理过程监控，了解教学效果及教学目标的实现情况，及时发现教学过程中存在的问题并采取相应措施解决和改进。通过定期开展用人单位、学生家长、毕业生、教学基地走访、调查等，把其对学校教育教学的意见建议作为改进专业教育和教学工作的重要依据；通过上级主管部门或者第三方评估机构对办学水平、培养方案、专业建设、学科建设、课程建设、教学改革、教学成果、教学投入、实验教学示范中心等进行专项评估、评审、巡视、检查，促进学校加大教学投入力度，加强内涵建设，不断完善管理和监控机制，不断改进和提高教学工作。

课堂教学是学校教学工作的基本形式，是学生获取知识的主要渠道，是实现教与学互动的主阵地。提高课堂教学质量是提高整体教学质量的关键所在。在内部评价中，学校注重课堂教学评价。课堂教学评价标准模型构建本着"分类评估、多维评教、差异测评、科学评价"的原则，主要围绕"专业理念与师德、专业知识、专业能力三个维度"四方面展开，着力推进"不同评价主体评价侧重点不同，不同指标体系评价不同类型课程"，实行领导干部和督导专家重点评价教学规范、教学态度和课堂氛围及整体效果等，同行专家重点评议教学内容与教学大纲的达成度、教学方法与所授课程的匹配度，学生对教学内容的掌握度，学生重点反馈授课内容的课堂知识吸收情况、授课方法的接受情况、课堂教学的收获和效果。

在学校整体教学评价标准和指标制定的过程中，针对残疾人大学生身心的特殊性，积极将有利于提高残疾人大学生教学质量的指标纳入到评价体系中来。如在领导干部、督导专家关于课堂教学评价体系中，评价指标之一就是"注重发挥教师的主导作用和学生的主体作用，面向全体学生，并注重因材施教。"这一指标引导教师在授课过程中关注残疾人大学生的学习特点，采用多种形式的授课方法，增加残疾人大学生课堂知识的收获。鼓励教师"运用多种教学手段，适时运用现代化教学媒体"，让残疾人大学生多一些获取课堂知识的有利途径。

四、医学院校残疾人大学生教育质量评价组织保障和实施

在长期的办学实践中，学校始终把教学质量作为生命线，把提高教学质量作为学校工作的永恒主题，建立了由目标确立、标准制定、条件支撑、政策激励、学风建设、组织保障组成的"六位一体"教学质量保障和监控体系，相互协调、相互促进，形成了有目标、有标准、有机构、有评价、有反馈和有改进的闭环系统，开展教学评价。

（一）组织保障

建立了学校、院（系）和教学基地、课程（教研室）三级质量监控体制和内部评价、外部评价相结合的质量监控机制，确保教学质量监控纵到底、横到边。

内部评价坚持由评教、评学、评管等组成的教学评价制度，坚持由专业建设评估、课程建设评估、实验室建设评估、教学基地评估等组成的专项评估制度，坚持每学期期初、期中、期末"三期"教学检查和随机抽查等组成的教学检查制度。同时，建立了信息收集、统计、分析和反馈系统，将常态监控信息、自我评估搜集到的信息和外部评价信息进行认真统计、深入分析，并及时反馈到"五位一体"体系的相关系统和部门，及时调整改进工作，确保教育教学水平和人才培养质量不断提高。

（二）评价措施

1. 课堂听课　制定了《领导干部听课暂行规定》《教学督导工作条例》《教师同行教学质量评议工作条例》等管理制度。特教学院组织院（系）督导专家、同行专家听课，确保院（系）每位授课教师听课全覆盖。

2. 评学评教　制定了《教师评学工作实施办法（试行）》，任课教师围绕学习态度、学习过程、学习效果等方面对授课班级进行学习情况评价。制定了《学生教学信息员管理规定》《课程教学质量评估实施细则》，学生采用网上评教和涂卡相结合的方式，对任课教师和教学医院带教教师的教学质量进行评价。教学质量监控处进行汇总、统计、分析，并及时将结果反馈到院（系）、教学基地和教师本人。

3. 专业评估　制定了《本科专业评估指标体系》，包括指导思想、师资队伍、教学基本设施、教学建设与改革、教学管理、教学效果、专业特色等7个一级指标和32个观测点。定期开展专业评估，监控专业建设工作，不断提高专业建设质量和水平。

4. 课程评估　定期开展校级精品（优秀）课程评选、双语教学示范课评估、网络课程评估等工作，并给予建设经费支持，稳步推进课程建设。院（系）以精品（优秀）课程建设为抓手，加大教学改革力度，充分整合各类教学改革成果，把课程的日常管理、教学内容和方法改革、实践教学、师资队伍建设、课程特色等作为重点内容予以强化建设。

5. 基地评估　按照国家、省有关规定和标准要求，严格教学基地评审和准入，附属医院、教学医院均经省教育、卫生主管部门评审认定。制定了《优秀教学基地评估实施办法（试行）》《优秀教学基地评估指标体系与等级标准》，自2010年开始在省内率先开展优秀教学基地评估，加强对医院教学各环节、全过程的管理和质量评价，目前有13所附属医院被评为"滨州医学院优秀教学基地"。

6. 教学检查　在随机抽查、不定期检查的基础上，大力实施"三期"教学检查制度，很好地规范和保障了教学秩序。每学期分期初、期中、期末开展常规教学工作检查，期初重点检查教师教学任务落实情况、教学设施运行情况及教学准备情况等；期中重点检查教师教学计划的执行情况和课堂教学质量；期末重点检查教师教学进度计划的完成情况、课程考试命题、阅卷和试卷质量分析等。

7. 实践教学质量监控与评价 强化实践教学质量监控,每学年组织2次期初、期中实践教学工作检查,各院(系)每学年组织至少一次实践教学工作检查。实施每年一次的实习中期教学评估检查,由校领导带检查组深入各教学基地,通过听取汇报,课堂听课,查看教学条件、见习带教和教学查房,考核学生专业技能及教师执教水平,召开教师、学生座谈会,问卷测评,查阅教学档案等,对实践教学工作进行全面检查、指导和反馈,规范实践教学管理,提高实践教学质量。每年开展毕业实习鉴定,加强对学生学习过程和结果的监控。各实践教学基地对照要求和标准积极开展督教、督学、督管,进行全过程多环节质量评价、指导和反馈,保障了实践教学质量。

教学评价是教育教学体系的重要环节,完善顺畅的反馈渠道才能使得教学评价真正发挥作用,真正帮助教师和学生更好地参与教学环节。对于残疾人大学生来说,由于其自身身体因素、教师对于特殊教育教学理念领悟的不同以及教学评价缺乏标准等因素,特殊教育的教学评价在实施过程中存在许多困难。"三合"教育强调从教育环境、教育康复手段和教育途径三个方面进行综合设计,在一定程度上不仅充分发挥高等医学院校自身优势,也从心理和生理两方面注重残疾人大学生的人格培养。因此在"三合"教育模式中,我们不难总结出,针对残疾人大学生我们需要使用适合其自身特点的多种评价模式,注重教学评价的教育性功能,同时重视学生评价能力的发展,将教学评价作为提升教师教学能力和提高学生自主参与教学环节的重要手段。

第七章 医学院校残疾人大学生"三合"教育成效

一、"三合"教育模式的育人成效

（一）培养了一批学有所成、业有所就的医学人才

1985 年，中国第一个专门招收残疾学生的大学本科系——滨州医学院残疾人临床医学系诞生。斗转星移，滨州医学院的残疾人高等教育从 1985 年至今已走过了 30 余年，经过几代人的探索，形成了一个亮丽的品牌。残疾人高等教育展示了社会主义大学勇担社会责任、实践人道主义的良好形象，已成为展示我国残疾人事业发展成就的重要窗口。1995 年，时任中国残疾人联合会主席邓朴方在会见美国加州大学圣迭戈医学院访华代表团时说："滨州医学院在国内首先提出创办残疾人高等医学教育，培养的学生非常出色，这是我们的骄傲！"2015 年，学校举行了创办残疾人高等教育 30 周年座谈会，对创办残疾人高等教育这件具有历史意义的事件进行了总结和研讨，中国残疾人联合会主席张海迪发来贺信。

30 多年来，先后有 1105 名残疾人大学生完成学业，成为医疗、科研等领域的骨干，如 85 级校友席思川，现为美国国立卫生研究院癌症研究所研究员，建立了世界首例"基因诱导的鳞状肺癌动物模型"；87 级校友韩芳，现为北京大学人民医院二级教授、博士生导师，中国睡眠研究会理事长，"全国自强模范"，山东省"泰山学者"；还涌现出了"全国五一劳动奖章"获得者曾吾德、国家"千人计划"青年人才郑厚峰、2013 年度中国大学生"自强之星"提名奖获得者刘杨等一批优秀人才。更多毕业生成为掌握现代医学科学技术、为群众真情服务的"白衣天使"，得到了用人单位的充分肯定和社会各界的广泛赞誉。

中国睡眠研究专家——韩芳

韩芳，男，1968 年 12 月生，临床医学二系 87 级校友。现为北京大学人民医院二级教授、博士生导师，"泰山学者"特聘教授。1992 年毕业于滨州医学院临床医学二系，并以优异成绩考取北京医科大学。1997 年获博士学位。在睡眠呼吸障碍领域取得丰硕研究成果，成为该领域的知名专家，目前，在国内及 Sleep、Chest、Journal of Applied Physiology 等国外学术期刊发表学术论文 40 余篇，SCI 收录 10 篇，出版专著 1 本，参与编写专著 5 本，获得首届中华呼吸学会中国呼吸学者伟康奖、首届吴阶平医学基金会睡眠医学优秀论文奖（2004）、第四届亚洲睡眠大会最佳青年优秀论文奖（2004）、教育部提名国家科学技术奖自然科学二等奖（2003，第三完成人）。现任中国睡眠研究会理事长，美国 Sleep and Breathing（睡眠与呼吸）杂志编委，2003 年被国家人事部、中残联授予"全国自强模范"光荣

称号。

"千人计划"青年专家——郑厚峰

郑厚峰，医学博士，研究生导师。国家中组部"千人计划"青年专家、杭州多知科技公司股东，首席研究官、杭州师范大学医学院衰老研究所教授。滨州医学院临床医学二系 99 级学生，2010 年获安徽医科大学医学博士学位，从 2010～2014 年，在加拿大麦吉尔大学（McGill University，排名全球 17）做博士后研究工作。2015 年入选第十一批国家中组部"千人计划"青年专家。一直致力于复杂疾病易感基因搜寻等遗传学研究；首次发现高加索人群腕部骨质疏松、骨折和骨厚度的易感基因；参与目前国际上最大的全基因组测序项目（UK10K project，http://www.uk10k.org/），作为骨疾病项目的主要负责人，全面挖掘影响骨质密度的罕见变异。在 New Engl J Med 等国际刊物发表论文 40 多篇，所有论文引用次数在 Google Scholar 数据库中为 1600 余次。已发表的论文总影响因子为 400（其中第一和通讯作者 110 余分）。先后获中华医学会皮肤性病学分会优秀论文一等奖（2007），安徽省科学技术研究成果奖（2010），中华医学会皮肤性病学会"年度 SCI 论文"一等奖（2010）等奖项。

轮椅上的女医生——张敏

张敏，医学学士学位，2010 年毕业于滨州医学院临床医学系。2006 年 10 月参加山东省第七届残疾人运动会，夺得女子 44 公斤举重冠军，并被滨州市政府授予个人三等功；2010 年 9 月参加山东省第八届残疾人运动会又夺得女子铅球冠军；2011 年 1 月被滨州市政府授予个人三等功，被鲁北晚报评为《2010 鲁北晚报年度十大人物》。现就职于滨州市沾化县富城路城市社区卫生服务站。她是一位轮椅上的女医生，总是趴在一个 75cm 高的板凳上，踮起脚跟，埋下头往患者的脚上、腿上扎针。她以娴熟的针灸、推拿医术，扎针 2100 多人次，推拿 1800 多人次，为 652 名患有慢性疾病的病人精心诊治。其中，有 635 人得到治愈或好转，解除了这些人多年来被疾病缠绕的痛苦。就是这样的一位女医生，每天以饱满的热情、顽强的毅力在自己的工作岗位上默默耕耘，为需要她帮助的人忙碌着、奉献着。

残疾人砺志典型——张博

张博，男，1982 年 11 月生，中共党员，临床医学二系 99 级学生，任团支部书记。2000～2002 年，连续三次获滨州医学院"三好标兵"称号，院一等奖学金；2002 年获一等国家奖学金；获 2003 年度滨州医学院"十大优秀团员标兵"，同年获山东省高校"十大优秀学生"提名，2004 年毕业后参加西部志愿者活动，在滨州市惠民县从事党员远程教育工作，2006 年以优异的成绩考取苏州大学研究生。他成长在一个特殊的农村家庭里，父母都是残疾人，自己的双手先天严重畸形。1999 年，16 岁的张博怀着心中的理想、背负家庭的希望，以优异成绩考入滨州医学院残疾人医学系，成长为一名优秀的大学生。在校期间，他多次组织学习经验报告会，请每年考取研究生的同学介绍学习经验。为了帮助基础差底子薄的同学，他在班里建立起了"一帮一"学习互助小组，鼓励他们树立信心，帮他们改进学习方法。尽管他自身有残疾，却非常的乐观向上。经常带领同学们帮助盲童学知识、共娱乐，以自己成长经历激励孩子们自信、自尊、自强、自立。

省级优秀社会实践队员——周东晓

周东晓，特殊教育学院2009级团支书。他个人先后荣获在烟台市残疾人运动会坐式排球比赛亚军、校级情景剧大赛一等奖、校级百科知识竞赛一等奖、校级创业大赛二等奖、校级演讲比赛三等奖、校级"大学ing"征文大赛二等奖等荣誉。担任学生会主席尽职尽责，组织、承办了滨州医学院手语舞大赛、原创短信大赛，创建了特教学院"名师访谈"活动，帮助残疾人大学生从名师身上找到成才之道。他富有成效的工作得到了领导老师和同学们的如潮好评，先后荣获"滨州医学院优秀学生记者"、"优秀团员"、"优秀团员干部"等荣誉称号。他关注社会民生，关注社会弱势群体，关注课堂所学与生活实践的联系，积极参加各类主题社会实践活动，曾去莱龙庄残疾人家庭走访服务，在社会实践中的优异表现使他荣获"山东省省级优秀社会实践队优秀实践队员"等荣誉称号。

新东方全国大学生"自强之星"奖获得者——龚涛

龚涛，2010级特殊教育学院学生。一个患小儿麻痹，靠拐杖支撑身体的残疾男生通过在滨州医学院临床医学专业五年的不懈努力，2015年以优异的成绩考入天津医科大学医学影像学专业攻读硕士学位。大学期间，龚涛获得过两年的"省政府奖学金"、新东方全国大学生"自强之星"奖、"烟台市十佳贫困大学生助学金"，还和同学表演了一部相声剧获得了省级原创作品一等奖。他出生在山东枣庄的一个农村家庭，父母双双务农。在校学习期间，他身上一直有一股拼劲，深知家庭供他读书的不易，从不贪玩，不虚度时光，扎扎实实地学好专业课。学习之余还积极参加很多活动，在学习与活动之间找到了一个平衡点，实现了人生的双赢。生活给予他的任何磨砺，他都欣然接受；对于自身的缺陷，他也坦然面对。他在乐观中执着的坚守着对医学的向往，在自立自强中追逐着他的梦想。对于未来的生活，他依然信心满满，永远充满希望，永远斗志昂扬！

（二）残疾发病机理研究及残疾人高等教育研究成果丰硕

三十多年来，滨医人重视残疾人研究，在残疾发病机制、康复矫治及残疾人高等教育社科类研究方面都取得突出成效，见表7-1和表7-2。

表7-1　近年来残疾人高等教育部分自然科学研究成果一览表

科研项目名称	项目来源	立项时间
DFNB12新模型小鼠（erl）耳聋的分子机理研究	国家自然科学基金面上项目	2013年
老年性耳聋发病机制及药物筛查研究	国家自然科学基金面上项目	2013年
柠檬酸合成酶基因突变致A/J小鼠听力减退的机制研究	国家自然科学基金面上项目	2016年

续表

科研项目名称	项目来源	立项时间
内质网应激参与钙粘素突变小鼠的听力损伤机制研究	国家自然科学基金青年基金	2015 年
梅尼埃病发病机制生物力学研究及临床应用	国家自然科学基金青年科学基金项目	2016 年
促红细胞生成素衍生物对钙黏蛋白突变小鼠 CDH23erl/erl 的听力保护作用及机制研究	国家自然科学基金青年科学基金项目	2016 年
遗传性耳聋致病机理和药物新靶点的研究	国家自然科学基金重点项目	2016 年
增龄性聋靶向治疗药物的研究	山东省科技发展计划	2014 年
利用 Cdh23 突变小鼠评估抗老年性聋药物	山东省自然科学基金重点	2013 年
膜迷路积水小鼠动物模型基础性研究	山东省自然科学基金	2013 年
中耳炎基因小鼠模型的初步探索	山东省自然科学基金	2013 年
Bast 瓣膜功能机制生物力学模型的研究及应用	山东省卫计委面上项目	2014 年
钙离子拮抗剂对早发渐进性耳聋小鼠的治疗作用	山东省自然科学基金重点培养项目	2015 年

表 7-2　部分残疾人高等教育研究社科成果一览表

时间	成果名称	成果类型	备注
2001 年	《我国残疾人就业问题研究》	国家社科基金项目	山东省社会科学优秀成果三等奖
2001 年	《残疾人大学生心理特点与心理健康教育对策研究》	全国教育科学"十五"规划课题	
2001 年	《残疾人大学生就业现状调查及对策研究》	山东省教育厅社科计划项目	
2002 年	《残疾人大学生心理健康教育研究》	山东省社科重点课题	山东省高校思想政治工作创新奖
2002 年	《残疾人大学生心理健康教育研究》	教育部基础教育司十五特殊教育科研课题	
2005 年	《我国残疾人就业问题研究》	国家社科基金项目	
2005 年	《中国残疾人大学生就业现状调查及对策研究》	中国残联委托课题	
2006 年	《残疾人社会适应能力培养研究—以残疾人大学生为例》	中国残联 2006～2007 年度课题	
2012 年	《中国残疾大学毕业生发展状况研究》	中国残联研究课题	
2012 年	《全纳教育背景下医学院校残疾人"三合"教育模式研究》	山东省省级教学改革项目	重点立项

二、残疾人大学生"三合"教育模式实践效果状况调查

为了改进、完善残疾人教育模式，进一步提升残疾人高等教育质量，2016 年 9 月到 2017 年 5 月，滨州医学院针对残疾人大学生"三合"教育模式实践效果进行了校内问卷调查，调查对象包括学校教师、行政管理人员、健全大学生和视障

大学生四类：其中教师 155 人（含教授 13 人、副教授 55 人、讲师 77 人、助教 10 人）；行政管理人员 107 人（含正处 19 人，副处 28 人，正科 47 人，副科 13 人）；健全学生 502 人；视障大学生 70 人。调查内容主要包括广大教师、行政管理人员和健全大学生对滨州医学院残疾人大学生"三合"教育模式认知、对残疾人大学生这一特殊群体在学习和生活中的态度、行为方式以及视障大学生生活质量等方面的发展情况。

（一）教师方面

1. 被调查教师信息汇总（表7-3）

表 7-3　教师个人基本信息表

变量	选项	人数	百分比（%）
性别	男	63	40.65
	女	92	59.35
教龄	30 年以上	12	7.74
	20～30 年	25	16.13
	10～20 年	65	41.94
	10 年以下	53	34.19
职称	教授	13	8.39
	副教授	55	35.48
	讲师	77	49.68
	助教	10	6.45

2. 对残疾人教育模式认知情况的调查

调查结果显示，广大教师对我校残疾人教育模式认知度很高，在回答"我校残健融合教育模式具体是指什么？"一题中，83.86%的教师认为是"残疾学生在相对集中管理的同时，与健全学生共同学习、共同生活、共同发展"。（表7-4）

表 7-4　针对残疾人教育模式认知情况调查

问题	选项	人数	百分比（%）
我校的残健融合教育模式具体是指	A. 残疾学生在相对集中管理的同时，与健全学生共同学习、共同生活、共同发展	130	83.86
	B. 健全学生与残疾学生在同一寝室生活	2	1.28
	C. 健全学生与残疾学生在同一教室学习	7	4.54
	D. 不了解	16	10.32

3. 对我校"全纳、无歧视"校园文化的调查

对于我校在近 30 年中形成的基于全纳、无歧视的融合文化的调查中，结果显示，学校广大教师对此非常认可，99.35%的教师赞同残疾人大学生进入普通高校学习；参与调查的教师在残疾人大

学生遇到困难向自己求助时，100%的教师愿意主动提供帮助，58.06%的教师有帮助残疾人大学生的经历；83.23%教师认可"残疾人大学生在生活和学习中可以依靠自己的能力完成的事情，其他人不应给予过多的关注或强行给予帮助，以免伤害他们的自尊心。"（表 7-5）

表 7-5　关于校园文化的调查

问题	选项	人数	百分比（%）
1. 您对残疾人大学生进入普通高校学习的看法是什么？	A. 赞成	154	99.35
	B. 反对	0	0
	C. 无所谓	1	0.65
2. 当残疾人大学生遇到困难向您求助时，您是否愿意主动提供帮助？	A. 愿意	155	100
	B. 不愿意	0	0
您有帮助残疾学生的经历吗	A. 有	90	58.06
	B. 没有	65	41.94
3. 残疾人大学生在生活和学习中可以依靠自己的能力完成的事情，其他人不应给予过多的关注或强行给予帮助，以免伤害他们的自尊心。您认可这一看法吗？	A. 认可	129	83.23
	B. 不认可	6	3.87
	C. 很难说	20	12.90

4. 对残疾人大学生教育的服务态度情况调查　在对残疾人大学生教育的服务态度情况调查中发现，为了提高针对残疾人大学生教育教学的知识和技能，88.39%的教师愿意接受或学习一些特殊教育知识及参加培训。这表明我校广大教师非常支持残疾人教育，对残疾人大学生的服务意识很强烈（表 7-6）。

表 7-6　对残疾人大学生教育的服务态度情况调查

问题	选项	人数	百分比（%）
为了更全面地做好有关残疾人大学生的教育管理工作，您愿意去接受或学习有关特殊教育的知识吗	A.愿意	137	88.39
	B.不愿意	11	7.09
	C.无所谓	7	4.52

（二）行政管理人员方面

1. 被调查行政管理人员信息汇总（表 7-7）

表 7-7　行政管理人员个人基本信息表

变量	选项	人数	百分比（%）
性别	男	60	56.07
	女	47	43.93

续表

变量	选项	人数	百分比（%）
学历	博士研究生	10	9.35
	硕士研究生	64	59.81
	本科	32	29.91
	其他	1	0.93
工龄	30 年以上	16	14.95
	20～30 年	17	15.89
	10～20 年	51	47.66
	10 年以下	23	21.50
职务	正处	19	17.76
	副处	28	26.17
	正科	47	43.93
	副科	13	12.15
隶属关系	部门管理人员	45	42.06
	院系管理人员	62	57.94

2. 对残疾人教育模式认知情况的调查　调查结果显示，行政管理人员对我校残疾人教育模式认知度很高，在回答"我校残健融合教育模式具体是指什么？"一题中，90.65%的行政管理人员认为是"残疾学生在相对集中管理的同时，与健全学生共同学习、共同生活、共同发展"。（表7-8）

表 7-8　对残疾人教育模式认知情况调查

问题	选项	人数	百分比（%）
我校的残健融合教育模式具体是指	A. 残疾学生在相对集中管理的同时，与健全学生共同学习、共同生活、共同发展	97	90.65
	B. 健全学生与残疾学生在同一寝室生活	1	0.94
	C. 健全学生与残疾学生在同一教室学习	5	4.67
	D. 不了解	4	3.74

3. 对我校"全纳、无歧视"校园文化的调查　参与调查的行政管理人员100%的赞同残疾人大学生进入普通高校学习；在残疾人大学生遇到困难向自己求助时，98.14%愿意主动提供帮助；71.96%行政管理人员在工作的过程中与残疾人大学生有过接触；82.24%行政管理人员认可"残疾人大学生在生活和学习中可以依靠自己的能力完成的事情，其他人不应给予过多的关注或强行给予帮助，以免伤害他们的自尊心。"（表7-9）

表 7-9　关于校园文化的调查

问题	选项	人数	百分比（%）
1. 您对残疾人大学生进入普通高校学习的看法是什么？	A. 赞成	107	100
	B. 反对	0	0
	C. 无所谓	0	0
2. 您是否愿意在能力范围内为残疾学生提供帮助？	A. 愿意	105	98.14
	B. 不愿意	1	0.93
	C. 未考虑	1	0.93
3. 您在工作的过程中是否与残疾学生接触过？	A. 是	77	71.96
	B. 否	30	28.04
4. 您有帮助残疾学生的经历吗？	A. 有	75	70.09
	B. 没有	32	29.91
5. 当你在学校中遇到残疾学生向您求助时，您愿意提供帮助吗？	A. 愿意	106	99.07
	B. 不愿意	1	0.93
6. 残疾人大学生在生活和学习中可以依靠自己的能力完成的事情，其他人不应给予过多的关注或强行给予帮助，以免伤害他们的自尊心。您认可这一看法吗？	A. 认可	88	82.24
	B. 不认可	10	9.35
	C. 很难说	9	8.41

4. 对残疾人大学生教育的服务态度情况调查　调查结果显示，94.4%的行政管理人员愿意学习一些特殊教育知识及参加培训，94.39%行政管理人员愿意举办更多的活动来促进残疾人大学生成长，充分说明我校行政管理人员对残疾人大学生的服务意识非常强烈，并愿意在实际工作中不断提升自我的服务意识（表 7-10）。

表 7-10　对残疾人教育的服务态度情况调查

问题	选项	人数	百分比（%）
1. 为了更全面地做好有关残疾人大学生的教育管理工作，您愿意去接受或学习有关特殊教育的知识吗？	A. 愿意	101	94.40
	B. 不愿意	1	0.93
	C. 无所谓	5	4.67
2. 您作为管理人员，是否愿意多策划和组织一些活动让残疾学生和正常学生多接触？	A. 愿意	101	94.39
	B. 不愿意	0	0
	C. 未考虑	6	5.61

5. 对我校残疾人大学生教育"十三五"办学规划的调查　通过调查发现，75.7%的行政管理人员都很关心残疾人大学生教育的内涵发展，在下一步办学过程中力求做精做细，更加注重办学特色，使特色更加鲜明（表 7-11）。

表 7-11 对残疾人教育下一步发展调查

问题	选项	人数	百分比（%）
您认为我校残疾人教育作为特色应如何发展?	A. 做强做大	24	22.42
	B. 做精做细，使特色更鲜明	81	75.70
	C. 无所谓	2	1.88

（三）在校健全大学生方面

1. 被调查在校健全大学生信息汇总（表 7-12）

表 7-12 学生个人基本信息表

变量	选项	人数	百分比（%）
性别	男	180	35.86
	女	322	64.14
民族	汉族	495	98.61
	傣族	1	0.20
	蒙古族	3	0.60
	苗族	1	0.20
	土家族	1	0.20
	穿青族	1	0.20
年级	大一	261	51.99
	大二	217	43.23
	大三	21	4.18
	大四	2	0.40
	大五	1	0.20
是否和残疾同学接触过	是	288	57.37
	否	214	42.63

2. 对残疾人教育模式认知情况的调查 调查结果显示，绝大多数健全大学生对我校残疾人教育模式认知度很高，在回答"我校残健融合教育模式具体是指什么？"一题中，85.26%的健全大学生认为是"残疾学生在相对集中管理的同时，与健全学生共同学习、共同生活、共同发展"。（表 7-13）

表 7-13 对残疾人教育模式认知情况调查

问题	选项	人数	百分比（%）
你理解的我校的残健融合教育模式具体是指什么？	A. 残疾学生在相对集中管理的同时，与健全学生共同学习、共同生活，共同发展	428	85.26
	B. 健全学生与残疾学生在同一寝室生活	8	1.59
	C. 健全学生与残疾学生在同一教室学习	5	1.00
	D. 不了解	61	12.15

3. 对我校"全纳、无歧视"校园文化的调查 参与调查的健全大学生中,95.8%赞同残疾人大学生进入普通高校学习;93.83%的健全大学生愿意与残疾人大学生成为朋友;95.62%的健全大学生愿意与残疾人大学生同班学习;93.62%的健全大学生愿意主动邀请残疾人大学生加入学校组织的各类活动中;在与残疾人大学生有过交往的健全大学生中,86.25%的健全大学生在交往中看到残疾人大学生身上的闪光点,并从中受到启发;在与残疾人大学生一同上课的健全大学生中,55.2%健全大学生认为残疾人大学生很正常,不应予以过多关注(以免伤其自尊)。(表7-14)

表7-14 关于校园文化调查

问题	选项	人数	百分比(%)
1. 你对残疾人大学生进入普通高校学习的看法是什么?	A. 赞成	481	95.80
	B. 反对	5	1.00
	C. 无所谓	16	3.20
2. 和谐校园建设中应该包括平等接纳残疾学生的内容	A. 非常同意	357	71.11
	B. 同意	139	27.69
	C. 无所谓	5	1.00
	D. 不同意	1	0.20
3. 你是否愿意与残疾学生成为朋友?	A. 非常同意	239	47.61
	B. 同意	232	46.22
	C. 无所谓	26	5.18
	D. 不同意	5	0.99
4. 你是否愿意与残疾学生同班学习,互相帮助?	A. 非常同意	263	52.39
	B. 同意	217	43.23
	C. 无所谓	18	3.59
	D. 不同意	4	0.79
5. 你愿意主动邀请残疾学生加入到我们学校组织的各类活动中来吗?	A. 非常同意	225	44.82
	B. 同意	245	48.80
	C. 无所谓	27	5.38
	D. 不同意	5	1.00
6. 同残疾学生交往的过程中,你是否看到了他们身上的闪光点?(在502名学生中共269名学生与残疾学生接触过,本项是针对269名与残疾人大学生有过接触的学生的调查)	A. 是	232	86.25
	B. 否	11	4.09
	C. 不好说	26	9.66
7. 你认为残疾学生在课堂上的表现如何?(在502名学生中共154名学生与残疾学生一块上过课,本项是针对154名与残疾人大学生一起上过课的学生的调查)	A. 比较活跃,能积极畅所欲言	89	57.80
	B. 不太活跃,不爱表达	41	26.62
	C. 很难说	24	15.58

续表

问题	选项	人数	百分比（%）
8. 你怎样评价残疾学生在课堂学习过程中的表现？	A. 非常努力	79	51.30
	B. 努力	57	37.01
	C. 一般	14	9.09
	D. 很难说	4	2.60
9. 同学们对残疾学生在课堂上的表现是不是存在着过多的关注现象？（在 502 名学生中共 154 名学生与残疾学生一块上过课，本项是针对 154 名与残疾人大学生一起上过课的学生的调查）	A. 是，确实对残疾学生存在着过多的关注	53	34.41
	B. 否，和其他正常学生一样对待，没有过多关注	85	55.20
	C. 很难说	16	10.39

（四）视障大学生方面

项目组对滨州医学院大一到大三的 70 名视障大学生进行了关于生活质量、社会支持、心理健康水平、自尊和自我效能感等五个方面的调查。问卷数据的采集通过特殊教育学院的红蜘蛛软件进行，低视力和全盲学生均可通过这一软件施测。调查结果显示在生活质量方面，随着年级的升高，视障大学生对学校学习生活越来越适应，他们的健康和情感方面都在向好的方向发展；在社会支持方面，随着年级的升高，视障大学生的心态更加积极向上，体验到来自主观方面的支持越来越多；在心理健康水平方面，随着年级的升高，视障大学生的心理健康水平也随之提高；在自尊和自我效能感方面，随着年级的升高，经历了一个波动的阶段，到了大三，视障大学生的心智进一步成熟，自尊心水平下降到一个合理的水平。具体分析如下所示：

1. 生活质量研究　本研究运用 SF-36 健康调查简表（the MOS item short from health survey，SF-36），对滨州医学院视障大学生 70 人进行生活质量水平调查（表 7-15）。本量表是在 1988 年 Stewartse 研制的医疗结局研究量表（medical outcomes study–short from，MOS SF）的基础上，由美国波士顿健康研究发展而来（表 7-15）。

表 7-15　不同年级视障大学生分别在生活质量和社会支持量表上的得分比较

领域	大一学生（n=16）	大二学生（n=31）	大三学生（n=23）	F	P
生理功能	96.25±44.10	90.16±16.81	90.43±10.76	0.37	0.694
生理职能	59.38±34.00	67.74±34.27	83.70±29.78	2.88	0.063
身体疼痛	76.25±13.60	77.10±23.97	83.91±11.18	1.16	0.320
总体健康	55.00±19.66	62.97±20.71	72.61±17.51	3.99*	0.023
精力	60.63±13.52	70.97±15.89	69.78±11.13	3.117	0.051
社会功能	83.33±19.46	80.29±24.46	92.27±18.48	2.10	0.131
情感职能	43.75±39.85	66.67±39.44	84.06±34.63	5.31**	0.007
精神健康	62.00±15.59	64.65±18.16	70.96±13.82	1.66	0.199
健康变化	50.00±22.36	58.065±19.78	40.22±24.70	4.32*	0.017

本次研究表明总体健康、情感职能和健康变化这三个维度上存在显著差异，在总体健康和情感职能两个维度中，大三视障大学生得分要显著高于大一视障大学生，健康变化维度中，大二视障大学生得分显著高于大三视障大学生，说明随着年级的升高，视障大学生的总体健康、情感职能和健康变化越好。视障大学生随着年级的升高，学校教育力度的增大，同学和教师的帮助，这三个方面有了大幅度的提升，使得这些学生对学校学习生活越来越适应，他们的健康和情感方面都在往好的方向发展。不同年级的视障大学生在生活质量的生理功能、生理职能、身体疼痛、精力、社会功能和精神健康这六个方面没有明显的差异，因为生理、精神和社会功能的方面不是短时间就能显著改变的，但是从数据上面可以看出随着年纪的增长也有不小幅度的提升，这提示学校层面只要给予这些学生充足的客观以及主观的帮助支持与关怀，通过学校各方面的教育，学生们的各个方面都可以朝着良好的方向发展。

2. 社会支持研究 本研究运用社会支持量表对滨州医学院烟台校区视障大学生 70 人进行调查（表 7-16）。

表 7-16 不同年级视障大学生分别在生活质量和社会支持量表上的得分比较

领域	大一学生（n=16）	大二学生（n=31）	大三学生（n=23）	F	P
社会支持总分	34.81±5.97	35.94±7.01	38.91±6.32	2.18	0.121
客观支持	7.88±2.16	7.97±2.93	8.00±2.22	0.01	0.988
主观支持	19.75±4.02	20.97±4.41	23.30±4.22	3.65*	0.031
支持利用	7.19±1.47	7.00±1.84	7.61±1.59	0.87	0.422

本次研究表明，不同年级的视障大学生在社会支持的社会支持总分、客观支持和对支持的利用度这三个方面水平接近，没有明显差异。因为学校提供的支持帮助以及教育、关怀等几乎是一样的，并没有随着他们年级的升高，学校就有所区别对待。

但不同年级的视障大学生在主观支持方面有差异，调查发现，在主观支持维度的得分上大三视障大学生要显著高于大一视障大学生。但主观支持方面有了很大的改观，说明视障大学生随着年级的升高，学校教育的加深，同学和教师提供的帮助及关怀的增加，他们的心态有所改变，更加积极向上，对自身和学习生活方面取得的成绩有更积极更肯定的看法，对未来更好的学习生活也更有信心。

3. 心理健康水平研究 采用症状自评量表 SCL-90 对视障大学生进行调查，得分越低，心理健康水平越高。有效数据 46 人（表 7-17）。

表 7-17　不同年级的视障大学生 SCL-90 各因子得分的差异比较（M±SD）

因子	大一（n=11）	大二（n=19）	大三（n=16）	F	P
躯体化	1.93±0.67	1.57±0.39	1.32±0.43	5.294**	0.009
强迫症状	2.05±0.52	1.92±0.49	1.76±0.57	1.040	0.362
人际敏感	2.19±0.54	1.76±0.67	1.47±0.50	4.888*	0.012
抑郁	2.17±0.43	1.73±0.59	1.43±0.53	6.142**	0.005
焦虑	1.72±0.30	1.67±0.40	1.40±0.60	2.072	0.138
敌对	1.91±0.74	1.70±0.38	1.44±0.38	3.107**	0.055
恐怖	1.82±0.57	1.59±0.33	1.32±0.47	4.175*	0.022
偏执	1.80±0.64	1.61±0.51	1.56±0.51	3.405*	0.042
精神病性	1.85±0.26	1.54±0.53	1.29±0.22	6.805**	0.003

上表可以看出，在九个因子上面，随着年级的升高，各因子的均分都呈下降趋势，除强迫症状和焦虑之外，随着不同的年级数据之间有显著的差异。大一的视障学生刚刚迈进大学的校门，他们还缺乏独立的生活经验，一时还无法适应离开自己的父母独自生活，对身边的一切事物都非常的陌生，更由于他们视力障碍的消极因素，使得他们接受新鲜的事物有较常人大的困难及压力，他们害怕面对陌生的环境、陌生的人群，而随着学校生活的开展，学校为他们准备了各种无障碍学习工具，提供各种政策上面的支持，周围同学和老师的帮助与鼓励，家长的鼓励等措施，因此在症状自评量表各个因子上的得分随着年级的升高逐步降低，心理健康水平也随之升高。

4. 自尊和自我效能感研究　对视障大学生进行自尊和自我效能感调查，有效数据 70 人。

自我效能感：指个体对自己是否有能力完成某一行为所进行的推测与判断。本研究使用由德国柏林自由大学的著名临床和健康心理学家 Ralf Schwarzer 和他的同事于 1981 年编制的自我效能感量表（GSES），得分越高效能感越高。

自尊量表（SES）（表 7-18）共有 10 个项目，由 M.Rosenberg 于 1965 年编制，通过自我报告来测量青少年的总体自尊（表 7-18）。

表 7-18　不同年级的视障大学生分别在自尊和自我效能感量表上的得分差异（M±SD）

	大一（n=15）	大二（n=33）	大三（n=22）	F	P
自我效能感	24.75±6.47	27.15±6.19	27.77±5.70	1.225	0.301
自尊	22.12±2.16	25.67±3.51	22.55±2.97	9.310**	0.000

如表所示，不同年级的视障大学生在自我效能感上的差异不显著，可能是本

研究由于研究数量各年级分布的学生很少，没有得到统计学意义上面的差异。但是从数据可以看出大二、大三的学生在自我效能感上面的得分要高于大一学生，说明随着学校生活的开展，学生的自我效能感也在逐步提升，说明学校生活对于残疾学生心理效能的提高是有意义的。

如上表所示，不同年级的视障大学生在自尊维度上得分差异较显著，经过事后检验，发现在自尊维度上的得分大二的学生要显著高于大三和大一的学生。因为刚进入大一还处于懵懂的时期，涉及不到一些奖励和荣誉，整体并没有太多的竞争，所以自尊水平较合理；而到了大二以后开始发放奖学金和各项荣誉，由此开始产生危机感，想要争夺更多的荣誉，学生整体开始有了内部的竞争，自尊心水平有所提高。大三以后，学生心智更加成熟，对自我认知更加合理，自尊心较大二会低一些。由此可见，随着学校教育的加深，特别是大了大三阶段，学生的心智进一步成熟，自尊心水平下降到一个合理的水平。

三、在校残疾人大学生的获奖展示

（一）残疾人大学生文学作品获奖

2016 年 11 月上旬，中国盲人协会、中国盲文出版社、中国残疾人杂志社《盲人月刊》编辑部和《小小说选刊》编辑部主办中国盲人协会盲人文学联谊会承办的首届全国盲人小小说大赛获奖名单公布，我校特殊教育学院 2015 级视障班的李莹、邵学明获得一等奖，黄兰兰获得三等奖。

我的布来德

李　莹

（首届全国盲人小小说大赛一等奖，作者是滨州医学院特殊教育学院 2015 级视障大学生；文中"布莱德"是 blind 的音译，"广明"是光明的谐音，"盖德"是 guide 的音译）

我叫广明，我不知道发生了什么。我只记得那天的车灯很亮，直晃晃地向我冲来，越来越亮，然后，我就忘记了接下来发生的事情。

现在，我来到了一个很奇怪的地方。因为一直有人向我撞来，然后当我想问他们一些事情的时候，他们就匆匆地走开了。

这已经是第 5 个人撞到我了，只见那个人嘴里念叨了一句："真是太马虎了"。随即，他拍了拍我的肩膀，正要离开，我马上抓住他的手，说："老兄，这是哪儿啊，你们怎么都往我的身上撞？"那个人先是疑惑，然后慢慢地明白了些什么，说道："我们这里是布来德社会，你是外地来的吧？你之所以被我们撞到，是因为你的身上没有佩戴 Ray"，"Ray？什么？"我疑惑地问道。"就是这个"，他指了一下胸前的那个纽扣似的小东西，"我们行走的时候会佩戴它，他是一个障碍物感受器，它可以感知前方是否有障碍物"。我越发的疑惑。他又说道："我们布来德社会的人是非视觉感受者。"我纳闷："你们是盲人吗？""盲人？我不明白，我们是非视觉感受者。"他回答。"非视觉感受者？"我疑惑。"嗯，你是外地人，你需要导游吗？我想如果你独自在这里行走可能会有危险。""好，我想我确实需要一个导游。"我说。

"我叫盖德。"那个人说，"你最好拉着我的胳膊，不然，你还是有可能被人撞到。"我连忙拉着盖德的胳膊。我说："我叫广明，我是来自地球的。""地球人，我听我的朋友说过，那你们应该是视觉感受者了。""视觉感受者？嗯，是的。"我回答。

"先带你去吃个饭吧。"盖德说。我一脸窘态，心想盖德应该是听到我肚子在哀嚎的声音了。他带我到一个地方停下脚步，我抬头一看，发现没有什么招牌，我突然想起这是一个非视觉社会。我问："盖德，你是怎么感受这个是吃饭的地方呢？"我心想，难道他是通过嗅觉来感知饭店的地理位置的吗。"我们有这个。"他从口袋里面摸出一个方形的东西，"这是地图感受器，它里面储存着我们布来德社会的所有的地理建筑，它会通知我们的地理位置。"

我刚走进饭店，就不由自主地抓紧了盖德的胳膊，饭店里面没有一丝儿光亮。"这里好黑"，我说。"黑？是一种视觉感受吗？"盖德问。"是的，但是，我想我可能没办法跟你解释"，我说。盖德带我来到了一个地方，然后让我坐下。椅子很软，很舒服，我慢慢摸索着周围的东西，我猜想我的面前应该是一个餐桌。盖德和服务员说了几句话，然后不一会儿，我就听到我前面的盘子的响声，我想，现在应该是上菜了。我的肚子又不争气地嚷叫起来。"上菜了，我们可以吃了"，盖德说。"盖德，我看不见"，我一脸窘态。"哈哈，不用担心，你的饭菜就在你的前面，如果你想调节你的碟子的位置，你的右边有按钮。"说着，盖德拿起了我的手去教我按钮的使用方法。这真是一个神奇的吃饭体验。

"接下来你想去哪里呢？"盖德和我出了饭店后问。"要不，你带我去学校参观一下吧。"我思量了一会儿说。"好，那我们就去附近的米顿中学吧。"盖德说。

我们走了一会儿就来到了米顿中学的门口，我刚想往前走，盖德拉住了我，"现在我们要在这个位置接受危险品检查，前面是隔离墙。"盖德说。我纳闷，前面明明什么也没有啊，我伸出手，刚到半空，就触摸到一块坚硬的物体，然后就是被电击一样的感觉。我闷哼一声，匆匆收回了手。原来真的有一面隔离墙啊，居然是透明的。

我们进到学校，我就看到体育场上孩子们正在赛跑，我惊叹："孩子们跑得真快！""我们布来德的人，非常擅长赛跑"，盖德说，"所以，你要跟紧我哦，不然就有被他们撞到的可能。"我不禁又靠紧了些盖德。我们上了二楼。这里的教室很大，但是每一个教室的孩子们都只有十个左右。孩子们围坐成一个圆圈，老师在他们中心给他们讲课，然后孩子们前面的桌子上会随时变化着不同的模型，孩子们专注地研究着那些模型。"孩子们都很爱学习，他们正在听非视觉传导课程，"盖德说，"在布来德，孩子们可以只选择他们喜欢的课程来上。"我问："那他们会有考试吗？""当然，如果他们想测试自己的能力，那老师会给他们安排考试"，盖德说。

出了学校以后，我们又去了公园、车站、商场等地方。每到一个地方，我就越发惊叹这个社会的神奇。天色越来越黑，在这个没有灯光的世界里，我却变得越发不安。盖德在那边和他的朋友打招呼。我借着微弱的月光，慢慢走向盖德，突然，一辆汽车朝我驶来，这是一辆没有车灯的汽车，来不及了，我的身体一阵痛楚。

当我再一次睁开眼，眼睛却一片白茫茫。

"广明，你终于醒过来了，吓死妈妈了。"母亲的声音在我的耳边哽咽。

"妈，我这是？"我问。

"你出了车祸，已经昏迷五天了。"母亲回答。

"妈，我的眼睛。"我惊恐地问。

"广明，别害怕，医学很发达，我们将来还会有光明的。"母亲再次哽咽。

原来布来德是一场梦境，可现在的我，能再一次回到那个梦境里去吗！

红 楼 外 传

邵学明

（首届全国盲人小小说大赛一等奖，作者是滨州医学院特殊教育学院 2015 级视障大学生）

丙申乙未，夏，鄙作此《红楼外传》，以续曹公之未尽。闲言少叙，且说那贾氏宗族，并非只荣、宁二支，别支旁院不胜枚举，正自忖度从那一事那一人说起方好，恰见一女子自那花柳繁华地，温柔富贵乡踉跄而至。遂就此一人说来。

你道这一来人姓甚名谁？且听细说。方才所说之人乃乡下人士，因家境窘迫，自幼卖于荣府为奴，赐名茜雪。前日因李嬷嬷贪嘴，偷吃了蒋芸轩中的枫露茶，正直宝玉酒醉，迁怒与他，一气之下撵了他去。无处栖身，流落至此。

这日正行走间，忽见一帖儿迎风而至，落于裙边，见四下无人，悄然拾起藏于袖内。正抬头时，却见不远处有一翩翩公子含笑注目，心下已明白大半，于是掩面不迭，含羞而去。来至无人之处拆开观瞧，却是一幅回文边锦笺，上写几行墨迹，有诗一首，诗曰：

> 更深无眠恨夜长，孤灯照壁尽沧桑。
> 烈风催起云遮月，不见虫声透碧窗。
> 曾记前朝王宝钏，苦守寒窑盼君还。
> 父拜当朝一品相，翻云覆雨伴皇王。
> 为爱堂前三击掌，弃衣辞父随花郎。
> 茹苦含辛十八载，饫甘餍肥皆不享。
> 广闻先秦女孟姜，矢志不渝范喜良。
> 长城易抵千军勇，难挡真情泪双行。
> 不求汝如此般女，只愿携手相扶将。
> 同心共济无猜忌，恰比西湖俏鸳鸯。

下书之人非是旁人，原也是贾氏宗族中人，名唤贾芳，字钦绶。年少丧父，只与一母孤苦伶仃，相依为命。这贾芳最是个知书上进的，自幼随代儒识文练字，单等日后功成名就，金榜题名。这日书读的倦了，正向窗边远眺，恰逢茜雪打此路过，只见他：

眉似初春之柳，常含着雨恨云愁，脸若三月桃花，暗带着风情月意。纤腰袅娜，拘束的燕懒莺庸，檀口轻盈，勾引的蜂狂蝶乱，玉貌妖娆花解语，芳容窈窕玉生香。

贾芳见毕，惊叹道：世间有这等女子，岂非天姿国色？当下已全无半点读书的心思，这书笺亦是孤夜难眠，辗转反侧而写。不想今日在此遇见，遂将这情笺迎风抛于苦雪。苦雪看罢，不觉把个粉脸羞的飞红。打量自己既无父母，无依无靠，而今又无家可归，流落至此，思前想后，便应允下，只等良辰吉日，洞房花烛不提。

且说这贾宅自无荣府那般朱门绣户，富贵繁华，只几间寒舍并一个小院，茅椽蓬牖，瓦灶绳床，聊以度日。这苦雪自入贾宅，外边事务一概不问，唯知相夫孝母，耕作针黹。白驹过隙，一晃数月。过了几天，便是场期，苦雪素知近日来贾芳功课加紧，不曾有半点延误懈怠，只盼望他做了好文章，便可高中的了。是日，贾芳换了半新的衣裳，欣然过来见了苦雪贾夫人，贾夫人嘱咐道："你也是初次下场，万事皆须小心些，早些做完了文章出来，也叫你媳妇和为娘放心。"贾芳一一记下，出门赴考不提。单说贾氏夫人见苦雪近日每每挑灯伴读，脸色也不似从荣府出来时那般红润饱满，便知是在家中劳神过度所致，不觉有愧于他。话说自宝玉与一干姊妹在大观园中居住，园内一日三餐并茶饮酒馔皆由柳氏母女照管。这日油米紧缺，柳妈到门上告了假上街采办，来至街心，好不热闹，但见：

雕车竞驻于天街，宝马争驰于御路，金翠耀日，罗绮飘香。新声巧笑于柳陌花衢，按管调弦于茶坊酒肆。八荒争凑，万国咸通。集四海之珍奇，皆归市易；会寰区之异味，悉在庖厨。

正左右看时，忽听得对面茶棚议论不休，仔细听去，竟是位贩马的老客名唤庞清的远道而来，因问茶棚掌柜道："近日都中可有甚么新闻没有？"这掌柜也是闲来无事，应道："大新闻倒没什么，只是那贾氏一族风波不断。"庞清道："可是那荣府中的贾氏？""可不是么？这贾氏宗族，非止荣宁二支，小支小户还多着来，就在这小支小户中，有一贾芳，娶的是荣府被撵了的丫头。"庞清因笑道："有所耳闻，只是不知后来如何？"掌柜拍手叹道："只是可怜了那丫头。这贾芳喜中进士，但苦于没有门路，正为加官晋爵暗自愁闷。忽一日，那应天府贾雨村找上门来，说是好歹为他谋个一官半职，只是这门路银子还是照常收的。"马贩急问："如今是何光景？""那贾芳原是小户出身，何来的银子？见那婆娘还有些姿色，只得趁夜间将那丫头卖于他乡去了，才谋得一个七品县令的官职。""可知那丫头卖往那乡去了？""这便不知，只听得那丫头原是极刚烈的，自出了贾宅，只一味地寻死觅活，哭闹不休。"那柳氏只当听而不见，径自买卖去了。放下庞清如何吃茶，柳氏如何买办暂且不提，单说宝玉自那日酒醉撵了苦雪，后悔不迭，这日正伏案眠睡，忽见门外影影绰绰似有人来，抬头看时，见是苦雪从那边来了，左手三尺白绫，右手捧一卷册子。宝玉惊道："你那里去来？"苦雪应道："我如今奉了警幻仙姑之命前往太虚幻境，修注案中所有一干情鬼，因不舍与你相别，特来看望。"宝玉慌忙站起，正欲向前，却已不见了来人。

院子里的月光静悄悄

黄兰兰

（该作品获首届全国盲人小小说大赛三等奖，作者系滨州医学院特殊教育学院
2015 级视障大学生）

一

他 80 岁，而她 76 岁，他们有六个孩子，全都是儿子。

邻居的王婆婆有五个孩子，两男三女。

"看你家的儿子们多能干，家里从大到小的事儿你俩都不用操心，当你们老了
啊，也不愁没人照顾，瞧我家那几个丫头……哎！"王婆婆，当年还是王阿姨的时
候，她总倚着门叹气，无奈家里男丁太少，丈夫和长子都出外打工，幼子又到县
里去上学，照顾瘫痪的公公，打理田地，家里的活儿全都落在了她的身上。

二

月光静悄悄地洒进院子里，洒在她忙碌的身上，也洒进她握着的水杯里，水
杯里荡漾着几朵菊花，浮浮沉沉。

大儿子收拾着刚从田里收回来的青菜、扁豆，二儿子抱着一摞柴走进屋，三
儿子吹着竹笛往瓜田里去，四儿子抱着刚满岁的弟弟，五儿子和王阿姨的小女儿
你一句我一句地念着课文。在院子的一个角落，两个女孩在织毛衣，时不时传来
俩女孩的低语和银铃般的笑声。

王阿姨看着大院里的热闹，目光移到了远处，飘忽着，到了遥远的地方，那
里有个汉子和一个少年在工地里作业。

三

院子里人声鼎沸，鞭炮震天，灯火通明，皎洁的月光都失去了颜色。小儿子
搂着新娘的肩，举着酒杯挨个向亲友敬酒。

他和她笑眯了眼，不再年轻的脸上皱纹欢快地跳跃着。而王婆婆依旧倚着门，
儿子们早已各自成家搬出去了，就在不远的镇上，但是三天来不了一次，女儿们
都已出嫁，各忙各的，已经半年没有来了，老伴儿也在一年前走了。

四

又是一年的年末，大院里静悄悄的，柔柔的月光洒落一地细碎。

他和她都已经老了，就连轻柔的月光也无可奈何，因为岁月造成的痕迹它无
法抚平。他坐在老木椅子上，佝偻着背，端着茶杯，桌子上摆放着一套精致的茶
具，茶罐上的"龙井"与月光互相辉映。她坐在旁边纳鞋底，快过年了，她想为
刚满岁的小孙女那一双小布鞋。她一边飞针走线，时不时地还抬起头来，目光越
过院门，久久地凝望着那条寂静的小路。突然她的眉头一皱，像是叫针刺破了手，
将一个手指含在嘴里吮着，雪白的小鞋底上俨然可见一滴鲜红，红得刺眼。

月光笼罩着那扇早已紧闭的木门，铁索上落满了灰尘，门前没有王婆婆的身
影。

五

月亮默默地挂在天边，清冷的月光笼罩着整个院子，风也小心翼翼地吹着，

似乎深怕惊动了什么。

她身子打着战，嗓子早已哭哑，发不出点儿声音。儿子媳妇们在屋内屋外忙碌地进出。小孙女拿着纸巾抱着奶奶的胳膊，奶声奶气地安慰着："奶奶别哭，妈妈说爷爷睡着了，不要吵醒他。"

几天之后，院子又复归平静，她抱着琵琶，低低地弹唱，苍老的声音已不再圆润。

月光如水，亦如女子的清泪。朦胧中，她似乎又回到了当年她与他在戏院门口初见的那一刻，回到了过去那个或悲伤或欢乐的岁月里，回到往日那个热闹的院子……孩子都已经长大，如同长大了的鸟儿总会飞离巢穴离开他们的母亲一样，在无数个夜晚，寂静的院子里唯有他与她的身影相互依偎，而今他又在哪里？她的目光已不再凝望着门前的那条小路，只是迷离地望着夜空，望着那轮静静的明月，良久良久……

六

一年之后的除夕夜，院子似乎比往常热闹的时候更加的热闹。大人们扯着嗓门说话，孩子们尽情地嬉戏。。大儿子二儿子、三儿子……，大媳妇、二媳妇、三媳妇……还有一群欢快调皮的小孙子小孙女……全都来了。

院子里到处都是年货，桌子上的菜肴飘着白烟，香味直穿过院墙，桌子中央的火锅正咕咚咕咚地冒着泡泡，院墙边的音响正放着一首首歌……

静悄悄的月光仍旧静悄悄地洒进院子里，如水一般剔透，忽然从院子里传出一阵人皆熟悉的旋律，接着就是陈红那深情的歌声：

找点空闲找点时间

领着孩子常回家看看

带上笑容带上祝福

陪同爱人常回家看看

……

而他和她已是相中人，在大厅的那堵墙上，月光般的眸子，飘忽地望着远方。

（二）我校残疾人大学生获奖情况统计

时间	姓名	所在班级	获奖名称与等级	颁奖单位
2003 年	刘金萍	2000 级	省级优秀学生	省教育厅
2003 年	徐贵峰	1999 级	二等国家奖学金	
2003 年	马瑞红	2001 级	二等国家奖学金	
2004 年	徐贵峰	1999 级	省优秀毕业生	省人事厅
2003 年	刘金萍	2000 级	省级优秀学生	省教育厅
2004 年	钱宗森	2002 级	省级优秀学生干部	省教育厅
2004 年	钱宗森	2002 级	山东省高校第七届"山东教育报刊社优秀特困生奖学金"二等	省高校工委
2004 年	张宁宁	2002 级	二等国家奖学金	

续表

时间	姓名	所在班级	获奖名称与等级	颁奖单位
2004 年	钱宗森	2002 级	"朝阳助学"全省高校优秀特困生奖学金	
2004 年	张博	1999 级	省优秀毕业生	省人事厅
2004 年	徐贵峰	1999 级	省优秀毕业生	省人事厅
2004 年	刘金萍	2000 级	省级优秀学生	省教育厅
2004 年	钱宗森	2002 级	省级优秀学生干部	省教育厅
2005 年	张营营	2004 级	"尚玲美麟"奖学助学金	
2005 年	李香营	2003 级	山东省高校第八届"山东教育报刊社优秀特困生奖学金"二等奖	省高校工委
2005 年	苏文敬	2003 级	省级优秀学生	省教育厅
2005 年	李香营	2003 级	省级优秀学生干部	省教育厅
2005 年	李宁	2000 级	省优秀毕业生	省人事厅
2005 年	侯艳丽	2000 级	省优秀毕业生	省人事厅
2005 年	吴大兴	2000 级	省优秀毕业生	省人事厅
2005 年	李香营	2003 级	2005 年度慈善"朝阳助学"银光助学基金优秀特困生	省高校工委 省慈善总会 山东银行业协会
2005 年	张营营	2004 级	2005 年度山东移动全省优秀贫困大学生奖学金	
2005 年	史玉振	2004 级	省政府奖学金	
2005 年	钱宗森	2002 级	第五届"齐鲁晚报杯"山东高校十大优秀学生提名	山东高校工委
2005 年	马瑞红	2001 级	2006 届山东省高校优秀毕业生	团省委 省学生联合会
2006 年	李香营	2003 级	第六届"齐鲁晚报杯"山东高校十大优秀学生提名	山东高校工委
2006 年	钱宗森	2002 级	全国优秀学生干部	教育部 团中央
2006 年	李清华	2005 级	2006 年度"朝阳助学"优秀特困生	省高校工委
2007 年	马小松	2004 级	第七届"齐鲁晚报杯"山东高校十大优秀学生提名	山东高校工委
2007 年	王建华	2003 级	山东省"优秀学生"	省教育厅
2007 年	马小松	2004 级	山东省"优秀学生干部"	省教育厅
2008 年	田志勇	2005 级	山东省"优秀学生"	省教育厅
2010 年	刘永康	2006 级	新东方.自强之星提名奖	团中央
2011 年	龚涛	2010 级	新东方.自强之星提名奖	团中央
2011 年	龚涛	2010 级	交通银行自强之星提名奖	中国残联 团中央学生部
2012 年	龚涛	2010 级	山东省励志奖学金	省教育厅
2012 年	杨峰	2010 级	山东省优秀学生干部	省教育厅
2013 年	陈雪	2012 级	山东省黄金杯"我的中国梦"大学生演讲比赛一等奖	山东省高校工委
2013 年	周东晓	2009 级	交通银行自强之星提名奖	中国残联 团中央学生部
2013 年	田卫卫	2012 级	国家奖学金	

续表

时间	姓名	所在班级	获奖名称与等级	颁奖单位
2013 年	赵明	2012 级	国家励志奖学金	
2014 年	胡钰倩	2014 级	山东省残疾人运动会 5 银 2 铜	
2014 年	罗一丰	2014 级	四川省残疾人运动会 2 金 1 银	
2014 年	罗瀚绪	2014 级	四川省残疾人运动会 1 金 1 银 2 铜	
2014 年	王亚军	2014 级	山东省残疾人运动会盲人足球第四名	
2014 年	徐铭波	2014 级	山东省残疾人运动会 1 金	
2014 年	黄树鑫	2014 级	全国"放飞梦想"作文比赛三等奖	
2014 年	衣超	2014 级	山东省残疾人运动会 2 个第三名，三个第四名，一个第五名	
2014 年	蓝青	2014 级	山东省残疾人运动会游泳项目 1 金 6 银	
2014 年	熊春云	2013 级	国家励志奖学金	教育部
2014 年	"非视觉，健眼心"团队	2013 级	"三下乡"暑期社会实践国家级重点团队	团中央学校部

四、毕业校友心声

首 航

黄健臣

（滨州医学院临床医学二系首届残疾学生）

十五年前，当校长把大学毕业证发给我们时，寒窗书香五载的校园生活便与我们这第一届残疾学生作别。

五年的大学生活，我们经历了许多，虽无大风大浪，但其中的酸甜苦辣，经过这十五年时间的酝酿，早已醇厚如酒。我们这一届学生，来自全国各地，形形色色，年龄相差很大。有两个孩子的父亲，也有刚出校门十六七的少年，性格可以说相差万千，但随着滨医的召唤，我们来到了一起，心情有如湛蓝的天空。如今兄弟姐妹们已各奔东西，但他们的音容笑貌却留在我的脑海中挥之不去。

五位参加过对越自卫反击战的军人，成了我们这一届二系学生中一道独特的风景线。他们几人在我们的大学生活中起到了良好的带头作用，他们特有的军人气质，无形中感染着我们这一群特殊的学生，每个人都在生活中以他们为榜样。久而久之，我们这一群特殊的群体，也就好像一群特殊的军人。

王同学初始和我一个宿舍，他可以说是我们班典型的南方代表。刚入学是九月初，单衣凉鞋，还能说得过去，但到了数九寒天还是如此，这样一来，我们这些每冬以棉衣裹身的北方人，都感到新鲜。如是之，经常就有一些"好事"之人，对王同学苦口婆心做工作，但他依然如故。另外，令我今生难忘的还是王同学对学习的持之以恒，令我自愧不如。在这里我想说一声王同学我今生不会忘记你。

张同学、杨同学是一对老乡，身体长得也差不多，瘦小单薄，但从骨子里却透出智慧。他俩学习特棒，且都写得一手好诗和散文，一入校不久，就"上蹿下跳"纠集一帮"臭味相投"的"文人"，成立了"三月风"文学社，且在很短时间内就出版了第一本专辑，昨晚我拿出第一本诗集还感到那么亲切。听说这两位同学在当地都是名人了，并且张同学还在自己所学的领域取得了很大成绩。

武同学和李同学给我的印象最深，两人均来自农村，处事低调，凡事不喜张扬。在我的记忆中，五年里他俩从没和任何同学发生任何纠纷，总是默默学习、生活。听说李同学现在已是一所不错的医院的领导。现在回想起来，真是智者永远是智者！

写到这里，我思绪如潮，感情不能自已，我在这里代表我们首届残疾学生，感谢滨州医学院，感谢为我们二系的创建付出过很多汗水的老师们。特别是郭玮院长等一批智者，可以说是他们给了我们学习的机会和做人的尊严。

离家在外，最难过的是每一个思乡的节日，特别是对我们这些身体有残疾的异乡游子。但五年的大学生活，我们都没有一丝一毫的寂寞。学校的每一位老师每遇节假日都争着叫我们去他们家团聚，给了我们父亲和母亲般的温暖。到现在尹老师、刘老师、崔老师、赵老师那慈祥的音容笑貌还历历在目，令我终生难以忘怀。

学校的生活是丰富多彩的，虽然我们身有残疾，但学校组织的各项活动我们都积极参加，成立了系文艺宣传队，经常在校内，或到各个共建单位（市一小、市百货公司、武警一中队）进行各种文艺演出，另外我们还成立了足球、羽毛球、乒乓球、象棋、围棋等兴趣小组，并积极参与各种比赛。

一千七百多个日日夜夜就这样如水流去，往昔岁月如一缕飘散的青烟，渐离渐远，而随着岁月的增长，往日的记忆总在我脑海中回转，不肯离去。

我永远怀念我的校园时光！永远感激母校的培养！

（本文写于 2005 年）

永不凋谢的诗心

杨晓帆

（滨州医学院临床医学二系 85 级学生）

时光荏苒，只是转眼间，离开大学已经二十余年了。

大学时代的回忆很多很多，不知该从何说起，单是触动心弦的往事便有不少，但最令人难忘的仍然是关于文学社的一切。

我在高中时候，就零零散散地写些诗歌散文，当然是比较肤浅的那种，高考时语文也考得不错。到了大学以后，见到了偌大的图书馆，看见了许许多多梦想中的书。真想一本本地读完。尤其是那些名人传记，总是让我兴奋异常。爱因斯坦、爱迪生、居里夫人、拿破仑、达尔文、梵高等几乎就在我的面前。但奈何时间总是不够的，学医的课程又是非常的多。有些书只能看一眼封皮，过下眼瘾。

大三的时候，好友张学武与我商量筹办文学社的事情，几乎是一拍即合。他的阅历比我多得多，年岁也大些，张罗起来，倒是顺风顺水。那是全校第一个学生社团，当时取名为"三月风"文学社，出版的刊物为《强者》，后更名为《北方雪》。开始的时候，非常艰难，没有几个人，一切都要亲力亲为，从打扫卫生，到贴海报，邀请老师讲课，组织各种活动等，尤其是经费问题，都是颇费周折。好在当时的团委比较支持，所有的老师和同学也都是热情高涨，一切比想象的顺利了许多。院报编辑部的张黎明老师给了最大限度的帮助，他是名副其实的顾问和指导。另外，时任党委副书记的李武修老师也应邀任名誉社长，对社团的发展也起了非常积极的推动作用，李一鸣老师也给予创作上的具体细致的指导。当时还聘请了校外的几位老师作为顾问，定期过来开办讲座，一切都是义务的。但他们都是非常投入和任劳任怨的。社团对于学校的影响也比较大，会员也日益多起来，刊物的质量也一天天提高。个人的写作水平也是大幅度地提升。社团举办了好多活动，有讲座，还有朗诵比赛等。我们骨干人员都是院报的撰稿人，并被聘为学生记者，在学校广播站也大都有兼职。从成立文学社起，我的生活便非常忙碌。除了学业，社团及广播站，院报都要投入不少的精力。另外，我还积极参加了学校组织的其他活动，记得有一个月，我竟然一口气参加了四五次比赛，从演讲朗诵到百科知识竞赛，还有英语演讲比赛等，真是忙得不亦乐乎。有一次，广播站的播音员病了，我既是编辑又是播音，真是有点手忙脚乱。在文学社的感召下，学校相继成立了不少社团，可以说是如雨后春笋一般，书画协会、围棋协会等，几乎是应有尽有。

那一段时光，无疑是充实而快乐的。就在当年，文学社荣获山东省教育厅颁发的优秀社团称号。我本人也因为积极参加社会实践活动，参加学校统一组织的到烟台牟平的社会考察活动，还在家乡进行了健康教育咨询等活动，从而荣获山东省大学生社会实践优秀奖。

文学社有条不紊地运行着，一届一届地传承下去，我的心中有一种莫名其妙的欣慰。

大学毕业，走上工作岗位后，我一直坚持业余创作，虽然没有成什么气候，也只是在报刊上零星地发表了一些诗文，但作为一种业余爱好，给了我许多许多，让我不会空虚不会无端地寂寞。无论生活中或工作中遇到什么不顺心的事情，只要坐在桌边，拿起笔，心就会平静如初。也许，这便是文学的馈赠吧，也是对当初大学时代努力奋斗的一种补偿。

后来到南京大学读研，也在报纸上发表了不少散文，受到学校师生的广泛赞誉。除此之外，还帮助当时的学生会设计学校大门旁边的宣传橱窗，从文字到配图，也是不小的挑战。另外，作为南大研究生会的学生记者，正式采访过长江学者等著名人士。

重新工作之后，因为事务繁忙，许多爱好都丢下了，如书法绘画音乐等，只有文学方面的爱好始终坚持着，并在新浪上开设了博客，又于去年出版了第一本诗文合集《阳光真好》，收录了大概十年间的部分作品。有的篇章便是描述大学生活的。

我几乎每天都坚持写点什么，有时是散文，更多的诗歌。到现在为止，累计诗稿多达万余首，散文上千篇。虽然因为疏懒，很少投稿，见诸报端的并不多。但也感觉到了日积月累的重要性，有种腰缠万贯的富豪之感。当然，我也没有忘记自己的本职工作，多年来，也累计发表了医学论文四十余篇，医学科普十余篇。

记得当时大学毕业的时候，同学们临别赠言，便有不少是写着"祝君医学文学双丰收"，目前虽然没有大的作为，但我一直在努力中。

母校的文学社应该还健在吧，应该比当初强许多倍了吧。衷心地祝愿母校，愈来愈年轻，永葆青春的风采。祝愿文学社更加辉煌灿烂。祝愿所有的滨医人，拥有一个美好的未来。

每当我听到那首非常流行的歌曲《时间都去哪里了》，我都非常自豪。因为我可以毫不犹豫地告诉你，时间都去哪里了，我写诗去了。

不知不觉中，我早已跨过不惑的门槛，迈入知天命的年岁，虽然至今依然默默无闻，没有给母校增光添彩，但我一直是脚踏实地地工作和生活，也一直在仰望天空。但愿有一天，能够带给大家一个惊喜。写诗的人不会老，我始终保持一颗童心，保持一颗积极向上的心，保持一颗感恩的心，我会一如既往地走下去，向着理想向着心中的太阳奔去。

我的诗心，永不凋谢。那是一朵清丽脱俗的花，它永远在风中在雨中在阳光里灿然绽放。

谨以此文献给母校特殊教育创建三十周年。

（附注：杨晓帆，男，1985 年就读于临床医学二系，1990 年毕业，首届残疾人大学生之一。后攻读南京大学医学硕士。目前在安庆市第一人民医院工作，任重症医学科主任，主任医师。）

30 年的感动

孙涟漪

（滨州医学院临床医学二系 85 级学生）

一晃 30 年过去了，作为见证母校滨医特教事业的第一届毕业生，心情无比激动和自豪！一代又一代的努力，培养了多少医学精英，使他们在本来初始人生不幸的前提下，得到了重返人生精彩舞台、服务于他人的资本！

30 年前，1985 年 9 月，带着受伤和稚嫩的心，走进了滨州医学院～一个之前未曾听说过的陌生小镇！由于自己的身体条件、社会的不认可，大学的门槛一直是可望不可及，如今能走进这个可以圆大学梦的地方，心存的是感动和感激！汽车-火车-汽车一路辗转来到了滨州，当时就被整洁的市貌、纯朴的民风还有当时看起来就很"高、大、上"的滨医校门给震住了！学长们的亲切接待，各位老师家长式的照顾，一下就让这群特殊人群有了家的安心！5 年，各位老师已经不是辅导员、系主任的角色：整日的陪伴，促膝的谈心，每个同学的性格、脾气、爱好、心理动态等等都了如指掌！这已经超出了对他们自己孩子的关爱程度！毕业了，同学和老师们都是泪流满面，那份不舍、那份浓浓的亲情至今历历在目，已经深深种在了每位同学们的心里！

10 年前滨医 20 年回顾，虽然工作上很忙（首届毕业生有的在学术上取得很高的成就、有的在大医院担任科室主任、院长等重要职位）但还是抽时间去参加了。看到母校 20 年的变化真是感到欣喜和激动！母校安排我们参观了烟台校区，看着陌生而又雄伟的校门,感叹滨医20年的飞速发展!烟台校区的扩展,给滨医插上了腾飞的翅膀!阔别的师生们亲爱无隙,看着昔日的老师们年事渐高,心中也是伤感:亲爱的老师:感谢您当年无微不至的关怀,才成就了现在的我!何时我还可以再来看您!母校,何时我再来一睹您的芳容!

如今30年校庆,真想再次亲眼看看如今的母校!30年,是我们人生最辉煌的岁月!30年,是母校您培养了我们、给我们奠定了精彩人生的起点!作为第一届特教毕业受益人,叩感您的培育!也更欣慰您的腾飞!母校滨医:愿您在新时代的辉煌中,薪火相传代代永续!

(附注:孙涟漪,1985年入学,临床医学二系,1990年毕业,工作单位:上海市嘉定区妇幼保健院影像科超声专业,科主任。)

三十年,弹指一挥间

毛瑛玉

(滨州医学院临床医学二系85级学生)

刚刚写下题目,感觉字句太熟,怕是严重抄袭,打开网络搜了一下,果不其然!借这机会复习一下伟人诗词,十分感慨,就当借花献佛:

毛泽东《水调歌头·重上井冈山》

久有凌云志,重上井冈山。千里来寻故地,旧貌变新颜。到处莺歌燕舞,更有潺潺流水,高路入云端。过了黄洋界,险处不须看。

风雷动,旌旗奋,是人寰。三十八年过去,弹指一挥间。可上九天揽月,可下五洋捉鳖,谈笑凯歌还。世上无难事,只要肯登攀。

对我们这些85级的同学们来说,如今三十年庆还在各自的工作岗位,若是三十八年庆时,许多人就正好赶上退休的年龄。

就"弹指"一词,还有一个很溯源的解释:这里的"指"就是手指,"弹指"就是捻弹手指作声的意思。佛家常用"弹指"来比喻时光的短暂。"弹指"也是佛教中的一个时间量词,出自于印度的梵语。《僧祇律》上解释说:"二十念为一瞬,二十瞬名一弹指,二十弹指名一罗预,二十罗预名一须臾,一日一夜有三十须臾。"照这样计算,24小时是30须臾,那么1须臾就是48分钟;48分钟是20罗预,1罗预就是2.4分钟;2.4分钟是20弹指,1弹指就是7.2秒。

上班时间总是很忙,就怕电话响,只好将那些微信、QQ等全部开启"免打扰"功能。骚扰电话、短信却没办法阻止,因为单位现在基本是电子办公状态,重要的通知全部从短信发送或电话通知。上班时间很忙,还要被骚扰电话干扰真是够烦,最近悟了个非常实用的办法,那就是接而不听,让那些广告电话自言自语自生自灭。如今,网络发达,QQ、微信等,到处充斥"心灵鸡汤",好歌好词、美声美图,自叹不如,更加上各种各样的新闻信息,狂轰滥炸,应接不暇。因此,刚收到学院发文让校友们写点文字时,我私下觉得似乎没必要人人都写的,直到看到了校友群里上传的好友孙艳花的文章。难得这个周末能悠闲些,一边吃早餐一边看手机网络,看着艳花的文章,觉得在母校那些日子又历历在目,忽然感到一种责任和使命,如果多数人都似先前我的想法和置身事外的态度,那会有几个人写文章？也许没什么文采和动人之处，不过，每一位同学都经历着自己的经历，怀着一份个人的心意，也算是与众不同，更何况有机会受邀分享无疑是一种荣幸。

回忆在滨医的大学岁月，心存感恩，这么多年都不曾忘记的人和景，存在脑子里就像是电影胶片一样。从入学初期的数理化、生物解剖组胚等到后期的临床课，学院一直给我们安排优秀的师资。我们这些曾经被边缘化的青年被滨医接纳了，尽管我们不一定都特别优秀，滨医就像是一位慈爱的妈妈。马锦堂院长的生化课，冯义生老师、綦淑玉老师的生物课，药理学两位年轻的女老师授课，微生物的课……印象深刻。小伙伴们都惊呆了，王洪德老师能背出整本解剖书的内容和页码！而我印象深刻的还有两件事：第一次上解剖自习课，那天吃过晚饭几个同学特别赶早点去解剖室，怕晚了留在解剖室会害怕，没想到王老师比我们还早，王老师为了同学们少熏福尔马林，已经早早将那间教室的地都重新拖过了！看到还没干透的地板，心里很感动，似乎黄建臣、张泽同学对老师说谢谢了。有一次我病了到北镇医院住院，耽误了一周的解剖课，又赶上单元考，王老师还安排好在周末帮我补课。中秋节时，英语课的尹霞芬老师还让同学给我捎去了月饼，至今还记得那一盒月饼里有红的、绿的馅。有一段时间，班上有的同学表现不好，辅导员霍老师开班会批评同学了，现在想起来，那样的苦口婆心就像是对自己的孩子一样。黄车白老师平时似乎有点话少，笑起来也从不大笑，但是平和似兄长。赵老师、任老师，都特别像长辈，而管理风格不同。附一医院心内科，从主任到住院医师，清一色的姓张，遇到老张主任查房，不论是病房还是教室总是被围得水泄不通。似乎是下临床前，韩学德老师给我们讲他唱着《三套车》坐着马车去上班。石增立老师的《乌苏里船歌》同学们一定都记得。毕业季听过郭玮院长亲自给我们做离校报告。79 级到 84 级都有很多有印象的同学，他们都曾像大哥大姐一样关心我们，当听说我来自南方没棉袄时，84 级刘苏姐张罗着请玉芹姐连夜帮我缝了一件白圆点红底的花棉袄，真暖和啊！第一次回家，若无其事地穿着这棉袄在街上走，让我二哥非常惊讶。很多很多的故事，藏在心里，或可等到见面时再说……

学习时，我不记得自己是个残疾人；工作中，我不记得自己是个残疾人；生活中，我也常常忘记自己是个残疾人。公交车上，人少时，我也可能会坐在那个爱心座上。有一年，单位让我去办残疾证，第一次去人家还不给办，说我不算残疾人。我感到纳闷，上学时，因残疾有专业限制；工作时，人家说不算残疾人不办残疾证。倒是有一年去某地参观，没残疾证，人家也按残疾人待遇参观券算半价。上海的同学薪酬比我高，有残疾证还免点个税，我和单位里的残疾人同事却和普通同事一样纳税，因为当地税务局的人说没免税政策，他们是普通人，因此，可能想不起来残疾人的生活成本比普通人高。

人生不可能都是一帆风顺的，更别说有的人一生坎坷。到目前为止，我一直对自己的生活感到满意，我感恩自己的出生，感恩自己受教育的经历，感恩我工作的单位，感恩我生命中出现的前辈、平辈和后辈。滨医，滨医的老师和同学们是我生命中很重要的组成。

残疾这个词怎么样？或许说缺陷更合适？有的人身体有缺陷，有的人心理有缺陷，更多的人生活有缺陷。不完美是常态，我更愿意以一颗平常心处世，拥有一份简单的生活，力所能及地有所奉献……

（附注：毛瑛玉，85级临床医学二系学生，现任福建省宁德市闽东医院病理科病理科主任、主任医师，中国医疗保健国际交流促进会病理专业委员会副主任委员，福建省医学会病理学分会委员会常委，华夏病理学网高级管理员。）

奏响生命的强音

刘根林

（滨州医学院临床医学二系86级学生）

"我第一次看到你，扶拐走路，生活上都不方便，担心不能胜任工作。没想到经过一年的轮转实习，所有的科室都要求你去工作，真是意想不到。"这是中国康复研究中心的一位领导在一次全国助残日活动座谈会上对我说的话。他的一席话，使我不禁回想起了历历往事。

我一周岁时因小儿麻痹后遗症致左腿残疾，历经坎坷。1986年考取滨州医学院，毕业后分配到中国康复研究中心工作。

作为一名残疾人，能够有机会为残疾人康复事业工作是非常幸运的，我暗下决心要克服一切困难来珍惜这来之不易的机会。为了尽快掌握康复理论和技术，一方面我利用在各科室轮转的有利机会向每一位专家讨教学习，另一方面抓紧时间向书本学习，不懂就问，在短时间内阅读了大量与康复有关的书籍资料。在努力提高康复理论水平的同时，认真钻研临床医学知识，要求自己像健全人一样掌握各种技术操作。为了上台参加急诊手术，我使用膝关节固定矫形器练习行走，抛开拐杖以解放我的双手，完成各种手术操作。站立2～3个小时，对正常人来说也许不算什么，但对我来说，每次从手术台上下来，都有筋疲力尽的感觉，我咬牙坚持了下来，终于在短时间内掌握了常规手术的操作要领。

辛勤的汗水换来了丰收的果实。由于我在日常工作中的优良表现，在轮转实习即将结束时，我曾经轮转过的所有科室，包括临床科室和康复科室，都邀请我去工作。

这真是出乎我的意料。那一时刻，我真的很激动，很自豪。我为母校争了光，也为残疾人争了一口气。所有工作中、生活上的辛苦和劳累都显得微不足道了。

经过慎重考虑，我最终选择了从事脊髓损伤康复工作。面对这些严重的残疾患者，我从心底里非常同情他们的痛苦，总是尽自己最大的努力，解决一些具体问题，帮助他们重建生活的信心，重新回到家庭和生活中去。

一名江西患者，高位截肢合并双侧大腿截肢，住院康复治疗期间产生了自杀的想法。面对这一复杂情况，我及时联系心理医生和社会工作者给他做思想工作，同时多次联系治疗师，利用简易材料为患者制作大腿假肢，让患者深为感动。

为了提高患者康复治疗的效果，在国内知名康复专家汪家琮教授指导下，我对双下肢痉挛的治疗进行了系统地研究。经过艰苦细致的临床试验，我参与的"直肠电刺激治疗截瘫痉挛状态的研究"获得了成功，被授予北京市卫生局94年度科技成果二等奖。

在业余时间我翻译了2万多字的英文医学资料，并在1998年10月由中国康复研究中心主办的国际康复医学研究会上担任翻译工作。在此期间我的工作表现受到了有关部门的肯定。今年9月份，经首都医科大学外语教研室同意，我开始兼职担任首医康复系本科生的医学专业英语的授课工作。

1996年我被评为中残联系统"优秀党员"，1998年又被授予"中央国家机关优秀青年"称号，1999年被收入《中国当代杰出青年大典》。

回想大学时光，一种感恩的心情不由得在心头涌动。感谢母校的培养，使我成为一名合格的医学生；感谢师长的教诲，使我重新扬起生命的风帆。然而，人生漫漫，大学带给我们的收获又怎能一个"感谢"了得！在未来的工作实践中，我将一如既往，继续努力工作，严格要求自己，做一名合格的康复医生，报答我们的社会和人民，回报我的师长和母校。

（附注：刘根林，临床医学二系86级校友，现在中国康复研究中心工作，首都医科大学医学专业英语兼职教师。已获得多项科研成果，1996年被评为中残联系统"优秀共产党员"，1998年被授予"中央国家机关优秀青年"称号，其事迹被收入《中国当代杰出青年大典》。）

最美的记忆

李兴泉

（滨州医学院临床医学二系86级学生）

早上参加江苏省职称英语考试，考得昏昏沉沉，心情很是郁闷。天也灰沉沉的，下着南方独有的淅沥小雨。走在陌生的苏州教育学院的小路上，匆匆地打开手机，清脆的铃声就响起来了，接通，想不到是多年未见的老班长唐光波。

两个人谈起各自的工作、生活，谈起教育我们的二系，谈起敬爱的老师，谈起许多的往事，忽然意识到从滨医毕业已经快15年了。岁月荏苒，光阴匆匆，每人都忙着各自的生活，虽然我们都已经成熟，成了各自医院的骨干，但是，在这样的时刻，接到这样的电话，却让我有了许多的回忆，许多的感慨！许多往事浮现眼前，一种温馨幸福的感觉填满了忙碌而纷乱的心。

记得20年前的一个早晨，有点凉意。第一次出远门的我，站在淄博火车站的广场上，带着好奇、激动和紧张的心情，等待着滨州医学院的校车。一个面带笑意的少年先向我打起了招呼，原来和我一样，也是二系同学，他就是后来我们的班长唐光波。他显然比我老练，他的热情让我对新的学校生活充满了向往和期待。

至今还能记得，到了学校，我们由二系郭老师带着来到了校园西南角的新楼房，给我们安排住宿。每间干净整洁的校舍安排四张床位，我们都住下铺。后来才知道，别的系的同学们住宿条件没有我们这样的宽敞，这是学校专门为照顾我们二系的学生而特意安排的。

而后的几天，同学们陆续地到了。看到同样的残疾的同学们，一种不安和烦躁的情绪不由自主地泛滥。从小到大一直和健全的同学一起上学，从没有感觉自己和别人的区别。但是命运让我们来到了相同的学校，我怀疑我们能否真正地融洽地相处在一起。然而，学校领导和老师们好像已经了解我们的心情一样，给我们无微不至的照顾和关心，安排我们和其他班级的同学们联欢，和我们谈心，帮助我们解决生活学习上的一些困难，让我们体会到一种关爱。和同学们的交往，也让我们能体会到各自的心酸和痛苦。但是更多的是能感受到各自身上的那种坚韧，那种永不言败的精神。这种精神一直伴随着我们永远永远！因为好多二系同学都是南方人，我们的食堂经常性地提供米饭，让我们这些身在异乡的学生感觉到家的温暖。

因为有了二系，有了来自四面八方的残疾的同学，学校给我们安排底楼的教室和宿舍。教室和宿舍全部无障碍设计。因为身体的原因，学校根据我们身体的情况，安排合适的体育课，学太极拳和气功，还有一些小球类的运动，让我们在枯燥的学习生活中能得到有益的调节。

滨州医学院从来就没有歧视，只有爱护和帮助，甚至为我们许多肢体残疾的同学做了体检和矫正手术，从而改善了我们的身体和生活质量。

许多的小事，许多的细节，现在回想起来，都是学校和老师们对我们的精心爱护和帮助。大学的五年，让我们所有的人受益，让我们感觉到社会的关爱，感觉到自己没有被社会遗弃，也让我们更加有信心为社会做出贡献。

大学五年，滨州医学院给我们最大的教诲是让我们掌握了一门专业的技能。五年中，老师们毫无保留地传授，手把手地教导，让我们从一个懵懂的少年成为一名医生，甚至有更加出色的成绩，比如我们班的刘根林同学。

毕业以后，走向社会，体会到生活的艰辛和社会的残酷，就更加能体会二系对我们的关爱。我感激我们的学校，感激我们的二系。

在二系成立20周年的日子里，我有许多心情想要表达，但却好像无从说起。翻看着当年的那些照片，我的双眼溢满泪水，随意写下了这些，虽然感觉无法表达我对母校的思念和感激之情。我只能在遥远的南方祝福我们的滨医，祝福我们的二系，也祝福我们深深爱戴着的老师们。愿滨医蒸蒸日上，愿老师们健康幸福！！！

生命的感动
王 宇
（滨州医学院临床医学二系94级学生）

无论在什么时候，生命中总有一段时光难以忘却；无论我们在什么地方，总有一种感动无法释怀，那就是在滨医的五年时光。

1994年9月，来自12个省市，36个兄弟姐妹组成了滨医二系94级。在滨医二系的历史上写下了一页，在我们每个人的心中也留下了美好的回忆。忘不了滨医干净漂亮的校园，忘不了亲切和蔼的老师，忘不了一起生活学习的同学们。

我们36个人都有一段不平凡的经历，都对这个来之不易的学习机会非常珍惜。大家非常感谢滨医给了我们这个深造的机会。刚入学时，大家满怀着对理想的追求、对未来的憧憬，同时也带着迷茫、困惑，从对滨医的陌生到熟悉，渐渐将滨医当成自己的家，大家在一起度过了快乐的五年，其中有学习的苦与乐，生活的酸与甜，滨医的每个角落都留下了二系94级同学的身影。我们也取得了很多荣誉，多次被评为校级"先进班集体"。

1994年我高考取得全县第一名的成绩，在我焦急等待录取结果的时候，家里又遭受了百年不遇的洪水，正在家无住处时，我们中学的郭校长步行5里地通知我去廊坊面试，到了那里见到了滨医的蔡庆富老师，他告诉我由于我的身体原因没有被重点大学录取，滨医想录取我，给我一个上大学的机会。蔡老师非常随和亲切，目光中带着鼓励与期待。我永远记得蔡老师的目光。

9月我来滨医报到，见到了我们的辅导员刘志敏老师，刘老师和我谈心，让我逐渐适应了这里的环境，并让我担任班长。几年来，刘老师在生活、学习上给了我无微不至的关怀，毕业后一直在关心我的情况，我非常感谢他的关心和照顾。他为我们二系94级付出了大量的心血，早出晚归，兢兢业业，深得大家的爱戴。现在大家听说刘老师成了临床医学二系的副主任，我们每个人都非常高兴，我们每个人都感到骄傲。

对滨医五年印象最深的其中有一点就是水——黄河水，记得报到那天下午，我来得较晚，到了宿舍，先来的同学非常热情，帮我铺床，并给我倒了一杯水，看上去混浊的样子，尝一口，带着黄土的气息，真是黄河水。当时还真有些不适应，但渐渐地觉着这种气息是那么的清新，黄河水成了我对滨医的美好回忆，真想再亲口尝一尝滨州的黄河水。

打开水也是在滨医生活的一个重要内容，由于我们的身体条件不同，我在宿舍里算身体条件比较好的，所以每天打开水成了我的重要任务，水房比较远，五年来我和同宿舍的张峰负责了我们宿舍的打水任务，看似是小事，但这件小事却把我宿舍的6个人紧紧地联系起来，成为最好的兄弟。

还是水，我们在滨医时遇上了时间最长的一次黄河断流，大家的生活用水都成了问题，我们节约使用每一滴水，洗脸、洗衣用不能饮用的地下水，咸咸的。但那种齐心协力节水，共同生活的经历使我记忆犹新，令我感动，所以我走到哪里都注意节水，最近听说通过治理和统一调度，黄河已有好几年不断流了，同时滨州的水更清了，我真的很高兴。

滨医二系94级是一个团结友爱的班集体，是一个人才济济的班集体。任乐是我们班的佼佼者，她有着坚强的精神，快乐开朗的性格，任乐的个人魅力征服了她身边的每一个人，曾获"全国优秀大学生"称号，获得"胡楚南奖学金，多次获得"德敏学习成才奖"。同时我获得了首届"齐鲁晚报杯"勤奋奖。王浩的《水手》唱遍了整个校园；历艳合的诗，木材的字等等都让大家欣赏，赞不绝口。班内的6个女生，手都特别巧，心特别细，精心设计的板报，让人记忆犹新。一人有困难，大家一起帮，班内一名同学因病住院，需要大量医疗费，大家踊跃捐款，其他年级也纷纷捐款，共捐款5000多元。有的同学在学校康复基金帮助下进行康复手术，大家轮流照顾，这些互帮互爱的事迹很多，都在我们的脑海中留下很深的印象。

1995年国庆节，我们班中8个同学成功登上泰山，并非常幸运地看到了壮美的日出，我那时非常激动，那种勇于攀登的精神，激励着我们94级勇往向前。根据我们班的学习生活和登上泰山的内容，滨州电视台摄制了专题片《一群特殊的大学生》。在中央电视台国际频道，山东电视台，滨州电视台播放，产生了很好的社会影响。

1999年7月我们从滨医毕业，踏上新的征程，我到河北医科大学攻读研究生，研究生毕业后到河北大学工作。虽然很多同学走上工作岗位和工作时都遇到了不同的困难，但大家不畏困难，勤勤恳恳，在自己的岗位上不断取得骄人的业绩，目前已有7人考取研究生，刘安即将博士毕业。有的在自己的单位逐渐成为业务骨干，深受同事的好评。

感谢母校，感谢母校培养了我们。怀念滨医的日子，怀念二系94级。我们非常感谢母校的培育，同时我们非常关心母校的发展，关心二系的发展。我们有信心走好以后的路，取得更大的成绩，不辜负母校的期望。祝愿滨医越来越好，滨医二系未来更辉煌！

与时代同行

刘安

（滨州医学院临床医学二系94级学生）

我是一个身患残疾的回族女孩，曾经为求学历尽了艰辛。因为有了滨医二系，不仅圆了我上大学的梦想，而且还成为西安交通大学医学院的博士研究生。多年来，我一直对我的母校滨州医学院和二系的领导、老师深怀感激之情。在我的母校滨州医学院庆祝残疾人教育事业创办20周年之际，我更加怀念我的母校，思念我的老师和同学们。

我1岁多时还不会走路，父母抱着我到儿童医院检查，才知道我患先天性脑瘫。父母背着控制不住平衡、摔得脸上身上伤痕累累的我到处求医问药，我从小经受了极大的痛苦。

幼时的磨难使我从小就把做一个白衣天使、治好自己和天下的病人作为心中的梦想，并为这个梦想而拼搏。

1994年，滨州医学院录取了我，多年的梦想终于变成了现实。五年的学医生活是辛苦的，也是丰富多彩的。虽然身体的残疾使学习和生活都极为不便，但是我的心情却十分舒畅，自信乐观，因为这是一个温馨的家，一个幸福的乐园，一片阳光灿烂的芳草地。五年的时间里，我和来自全国的几十位残疾同学一起朝夕相处，甘苦与共，我们相互搀扶，互相激励，互相帮助，克服身体和生活的不便，与身体健康的普通大学生坐在一间教室里听课、学习、实习。在老师的帮助和培育下，从一个看见毛毛虫都害怕的女孩逐渐锻炼成为能独立解剖动物和尸体标本，读完了临床医学专业全部课程，掌握了内、外、妇、儿、中医等科的基本诊断和治疗技术的合格医学生。1998年山东电视台来滨州医学院采访残疾人教育工作，在领导和老师的鼓励下，我作为学生代表发表演讲，受到了一致好评，那是我第一次这么出彩，尽管开始有些胆怯，但是看到老师和同学们信任与激励的目光，胆子就大了起来。大学五年里，我尽情挥洒自己的才华，张扬自己的个性，展示自己的风采，连续几年被评为优秀干部、三好学生，获奖学金，并在大学期间加入了中国共产党。

在滨州医学院的五年使我收获了很多很多，但更使我终身受益的是她优良的校风和严谨的学风。她使我懂得了，作为一名医生，面对时代和人民的要求，责无旁贷，应该更加刻苦地学习，掌握先进的医疗技术，和世界上先进的医疗理论、技术相互交流、取长补短，与时代同行，与国际接轨，用先进的医疗水平为小康社会做贡献，为我国广大人民群众的健康服务。我感到大学期间学到的知识与党的要求和人民的期望还有很大差距，需要向更高的医学科技领域去学习进取。根据我的身体条件和国内的医学专业情况，我决定报考西安交大医学院（原西安医科大学）皮肤病专业肖生祥导师的硕士研究生。医学院领导和肖老师了解了我的情况和我立志深造的志愿，同意我报考。2000年1月，父亲在漫天飞雪中送正患胃肠病、一路走一路吐的我再进考场。精诚所至，金石为开，我终于如愿以偿。2000年9月，我拿着西安交通大学医学院临床医学皮肤病专业硕士研究生录取通知书，迈进医学专业更高的殿堂，开始三年硕士研究生的学习。

在读研究生期间，我跟随导师每天忙碌于科室和病房，搞课题项目。既然走上了学医之路，学海无涯，医无止境，只能是勤为径、苦作舟。每天直到深夜，我还在电脑前挑灯夜战。一晚上，我们还要为第二天的试验消毒好实验器材。日复一日的重复显得枯燥，但试验要求必须严谨、细致，不能有一点疏漏。经过三个月的努力，终于完成了实验，撰写的论文在著名的英国《皮肤病学》刊物上发表。在实验过程中，我阅读了有关的经典书籍，包括《现代皮肤病学》、《临床皮肤病学》、《安得鲁斯皮肤病学》、《黄帝内经》等专著，并在老师的安排下，参与编写专业书籍。我负责十几个小病种的部分章节，为力求科学准确，随时向老专家请教，在较短的时间内完成了任务。通过两年的学习，我以优秀的成绩被评为西安交通大学校级三好学生，获奖学金。

我了解到西安交通大学医学院同意少数成绩优秀的硕士研究生经导师、学院同意，可提前报考博士研究生。我向学校提出申请。学校领导按照提前报考标准，审查了我两年的学习成绩，经认真研究，并征得导师同意后，批准了我的申请，准予参加博士生考试。2002年4月，我在27岁的时候再次走进考场，参加了博士生考试。2002年7月1日党的生日那天，我接到西安交通大学医学院录取我为博士研究生的通知书。

如今，我已是一年级博士生了，在这一年中我已完成博士生基础课程学业，在导师的领导下与同学们一起开始进行更深层次的课题研究。为了更好地掌握临床药物的应用，我与许多病人建立了联系，跟踪掌握他们的用药情况，了解他们的病情变化，收集第一手的临床资料，分析研究典型的病理变化，进行课题研究。我虽然是一名身患残疾的学生，但与其他的硕士生、博士生一起跟随导师学习和研究，丝毫没有低人一等的感觉，同学和老师也始终把我和正常的学生一样对待。

作为一名身患残疾的学生，回顾我的成长历程，始终得到了党和政府、学校领导、老师和同学以及社会各方面给予的关爱、鼓励、支持、帮助。2001年1月北京市残联举行残疾人大学生表彰会，我作为医学硕士生得到表彰和奖励，并作为学生代表发言，受到北京电视台记者采访。记者问我今后有何打算时，我当时表示希望能读博士。我觉得残疾人应该自强不息，也应该有鸿鹄之志，我们不仅能自立，也能掌握高深知识和技能，回报社会，造福人类。

我无比地感谢党和政府，感谢母校，感谢二系，感谢全社会给予我和所有残疾人无比关爱的好心人！

（附注：刘安，临床医学二系 94 级校友，西安交通大学医学院博士生。师从全国著名专家刘辅仁、肖生祥教授，在西安交大医学院连续获得四届研究生奖学金。）

尊敬的滨州医学院领导、老师们：

作为滨州医学院二系毕业生刘安的父母，我们衷心感谢滨州医学院创办了国内第一个招收残疾学生的医学系。我们的女儿有幸进入滨州医学院临床医学二系学习，承蒙你们的辛勤培养，顺利地完成了大学五年的学业，获得了"三好学生"称号，光荣地加入了中国共产党，并于毕业后考取西安交通大学医学院硕士研究生、博士研究生，现已通过博士论文答辩，即将走上医生的岗位，服务人民，回报社会。

北京市残联曾在 2000 年、2003 年召开北京市优秀残疾人大学生表彰会，刘安两次受到表彰获得最高奖励，作为典型代表发言并被北京电视台采访。刘安为感谢母校，把她历年获得奖学金和积蓄 3 万元捐赠滨医二系，为同学们添置电脑。我们支持女儿并为她自豪！

作为残疾孩子的父母，我们深感残疾孩子求学、求职的艰辛。残疾孩子获得高等教育，特别是医学教育的机会就更加难得，刘安和她的同学们在千千万万的残疾孩子中是幸运的。在滨州医学院残疾人高等教育事业创办 20 周年之际，我们特表达我们深深的感激之情，祝愿滨州医学院临床医学二系越办越好，让更多的残疾孩子成为有用之才。

再次表示我们最衷心的感谢！

刘安父母

2005 年 11 月 1 日

梦 回 母 校

王　准

（滨州医学院临床医学二系 95 级学生）

燕子归时旧梁仍在否听声声琴舒尽离愁别意
九霄高处昔情未忘也看片片霞绘就沧海桑田

——题记

时光飞逝，离开滨医已五年了。五年是多么漫长又多么短暂，五年的回忆是多么温馨而又难忘。

对于滨医的思念是一种对于家的思念，我思念曾一起生活的每个人，因为每一位滨医人都是我的亲人；我留恋在滨医度过的每一天，因为那每一天都伴着美丽的故事永留心中。

—

"我要改变，我要变得更新，我要变得更好！"，作为一个残疾人注定承受比别人更多的艰辛，付出比别人更多的努力，所以我总梦想自己的生活在原来的轨迹上能有所改变。

1995年的8月，滨州医学院录取通知书的到来让我的努力有了一个答复。

开学的日子天上下着淅淅沥沥的小雨，我从皖北农村告别亲人，乘火车换汽车，千里迢迢，一路越过泰山，跨过黄河到达鲁北这座绿色的城市。在我的心里滨医是与黄河联系在一起的。

二

教室周围种着许多当时不知名的绿树，枝头上开满美丽的花儿，粉色的丝状花瓣在蒂处尚有一抹深红，似一颗勇敢的心，给我们送来淡淡的香。就是在树下我第一次见到我的辅导员郭老师。

这树的名字后来得到了求证：合欢！多好听的名字，如同我们刚到来的这个集体！我对这些有着芳名的花儿喜爱有加，后来也没有忘记多次用我的相机去记录描述它的美丽。

医学是实践科学，课程需要动手操作的部分很多。大多的实验是在一些小动物身上做的，操作起来并不容易，而我向来做得出色顺利。比如兔子耳缘静脉穿刺我基本都做得又快又准，并且还经常到其他的小组帮忙。

最刺激的是局部解剖的课程，刺激你的是弥漫室内的福尔马林！纵然你眼镜口罩隔离衣上下裹个严实，它依然长驱直入，冲进你的鼻孔，融入你的眼睛，于是眼泪流出来，咽部呛起来，甚至整个解剖过程都让你泪流满面，仿佛为谁伤透了心。

但更多的课程还是令人愉悦的和值得回忆的，比如中医的针灸推拿按摩。那段时间一有空就往附院的中医科跑，袭柱婷老师每一次都给我热情地指导，亲自体会那银针的神妙，以便以后更好地为病人服务。

根据我们二系的特点，我们的课程里体育课是特殊设计的，一直忘不了夏侯老师和张琦老师脸上和蔼亲切的微笑，一遍遍耐心示教与纠正我们的动作，仿佛面对学步的孩子，从无批评与厌倦。

大学里很多的老师都是如此，他们不仅教给我们知识，更是高尚人格的楷模。

三

在校的五年，不仅有知识的进步，更有我身体的进一步康复。

进入大学之前我已经接受了两次矫形手术，取得了部分肢体功能的恢复，进入大学以后我更想能再次手术以求更多的改善。幸运的是学校不仅提供给我们学习的机会更有对矫形康复的资助，大三的寒假我终于实现了再次手术的愿望。

手术是充满痛苦的，不仅手术当时，以后的康复训练依然如此。手术三个月以后拆了石膏，开始了康复锻炼，休息了三月的脚再放到地上即有针扎般的疼痛，每走一步都承受了巨大的痛苦。而我从不畏惧，术后十余日就开学了，那一年教室在免疫楼的四楼，但我没有缺过一节课。

痛苦孕育着激情，痛苦孕育着浪漫，痛苦孕育了生命，痛苦让人升华。

手术的那一年我得到了很多老师同学的帮助。他们帮我买饭打水，而我的老闫（舍友对闫方进的称呼）兄弟更是帮我洗衣洗澡，关心备至，让我时刻体味着手足的深情，至今感激无限。

四

校园的生活是美好而丰富的，求学之余，我更期望自己的每一分每一秒都得到更有效的利用。

因为自己对于电子音乐文学等广泛爱好，几年里一直负责广播站的节目制作，每一个朝霞与晚霞升起的时候，自己亲手制作的节目便在校园的上空响起来，丰富着广大师生的课余生活。此外我还参加电子协会，义务为同学老师修理各种小电器，回报这个大家庭对我的关爱。

大学的最后一年我更是迷上了摄影，美丽的校园与美好的校园生活都是我镜头捕捉的对象，让无数的精彩瞬间变成了永恒。在二系及宣传部领导老师们的支持下完成了两次影展，开创了滨医学生影展的先河，同时很好地宣传了二系人自强不息的精神。

在动手的过程中，在师生肯定的目光里，我享受着创造的快乐，体验着生活与生命的美好。

五

一转眼五年的学习结束了，我已深深地爱上了这脚下的土地，我多么地不忍分别。

实习的那一年，因为自己的勤奋与努力，附院的董新军老师不辞辛苦地为我联系了工作。在这竞争的年代，我们二系学生要得到一份工作绝非易事，我对老师充满了感激。但因为挂念家乡和日益年迈的父母，我谢绝恩师，回到了养育我的故土。

五年了，我带着身体与学业的双重收获就要离去了！

曾经莽撞，曾经端庄，曾经沉寂，曾经激昂……

别了，我美丽的合欢树和树下碧绿的小草；别了，我尊敬的师长和我朝夕相伴的兄弟。

六

回到家乡我开始了在县医院的医师生活，牢记着母校的教诲，我努力工作，快乐地生活。在工作中与俊秀贤惠的妻相知相恋，现在新的生命即将呱呱坠地，在享受家庭欢乐的同时我无时无刻不思念着千里之外的母校。

花开花落，一年又一年，

梦回母校，一天又一天！

永远的感怀

左　超

（滨州医学院临床医学二系97级学生）

那个秋高气爽的季节，我们从祖国的四面八方，带着对新生活的向往，来到了这座城市，走进了滨医，于是独一无二的二系97级诞生了。

我们37个人，来自全国10个省（市），从一踏入滨医校园的腼腆，到后来的亲密无间，不同的口音，不同的习惯，但我们还是一起融洽地走过了难忘的五年大学时光，留下多少记忆，直到现在，它都是我记忆相册中最宝贵的一页。

记得第一天踏进116宿舍，看到上铺郓城那家伙大大的鼻孔，就给他起了个老牛的绰号。在以后的日子里，我们似乎都有一个自己的代号，伴随了我们五年，直到现在，甚至我们的一生。或许我们的友情正是从这些看似随便的称呼开始的。忘记了路途的疲惫，我们开始精心布置将伴随我们五年大学生活的宿舍。

37个人，37种个性，有的腼腆，有的泼辣，但从那一天辅导员把我们领进那间教室开始，从那天我们各具风格、幽默风趣的自我介绍开始，我们之间就没有了害羞，没有了距离。我们承认我们的身体上有或多或少的生理残缺，但我们在一起日子里，我们并没有感到和别人有什么不同。在我们自己的体育课上，我们像公园大爷大娘一样像模像样的打太极拳；系运动会上，我们别出心裁的举行自行车慢骑比赛；业余时间，我们举行各种书法演讲比赛，或是几人聚一块天南海北地高谈阔论，或是一个人静静地思索生命，我们有我们独特而多样的生活方式。我们有自己的校园歌手阿涛，自己的电脑高手虫子，象棋大师老杨，作家老郑，更有我们的顶级学习尖子老牛……生活中，课堂上，包括在见习实习期间，我们都是最活跃的分子。总是我们抢着用蹩脚的英语回答外教的问题，总是我们站出来回答带教老师的提问。教室里，图书馆里，病房内，总有我们忙碌的身影，因为我们珍惜我们的大学生活。当太阳还没升起，我们就到小花园晨读，披着星辉我们又结伴而归，简单而充实。大学五年，二系97级给了我们健康的身体，更有健全的人格，我们一直坚信我们是滨医最亮丽的一道风景，我们一直坚信我们的大学生活是最棒的。

在我们自己的元旦晚会上，我们把教室弄得满满当当，红红绿绿，我们有自己的节目，顶个气球，我们就像孩子一样舞来舞去；我们有自己的歌，有人模仿得惟妙惟肖，有的五音不全，你我对唱我爱你，还有人争着唱"他是一只来自北方的狼"，那是年轻人的恶作剧；某个周末，我们会一起包水饺，当然离不开七朵金花劈头盖脸的"家庭"式教育，冷不丁头上掉下来一个面团，不用问，那一定是老郑的杰作，倘若还有人躲在被窝里装病，那肯定是北京人老彬了。每个发补助的月底，我们说去改善生活吧，其实更多的是五个人大摇大摆来到饭馆一坐，要五盘土豆丝。有个性所以真实，所以值得留恋。

宿舍是我们尽情施展自己的另一个舞台，虽然我们的宿舍没有七朵金花她们整齐划一，但是我们的第二课堂，在那间不大的屋子里，曾留下多少故事。有真心的笑，有大声的哭，在这里我们找到了真实的自己，在这里我们学会了相互宽容和理解。还记得那次随着老牛的一声怒吼我从上铺跌下，兄弟几个搀着我从一个科室到另一个科室，并且因此我们的每个床护栏加高一尺，兄弟给我记了头功；还记得每当同宿舍舍友过生日，我们都会在下晚自习熄灯后，敲一敲窗外的小卖部，买上点好吃的，拉上窗帘，在黑暗中开始自己的party，每每总是老郑的一曲走调的"妹妹坐船头"把气氛推向高潮，最是那每晚床头的闲聊，有渐渐长大的真情流露，更有毫不留情的"钩心斗角"，妙语连珠，珠联璧合，直到毕业这么多年，我都一直认为正是这样的夜晚，让我学到了书本上没有的某种知识，让我知道了什么是纯真，什么是真正的眷恋。

见习实习期间，我们都在不同的医院，真正团聚的日子不是很多，或许是我们都踏上了从象牙塔到现实的道路，我们都仿佛一下子成熟了，不在一个地方的同学见面谈的更多是将来。真正的聚会一下子到了我们的毕业聚餐，那是怎样一个聚会呀，或许那是我们第一次喝酒，更确切地说是我们第一次允许随便的喝酒。五年，一千八百天，有太多的沉淀，此时此刻唯有酒。我们都红着脸，端着酒杯，从一个房间到另一个房间，向即将分离的恩师敬酒，向明天就要天南海北各奔前程的兄妹敬酒，向流逝的青春和前面就要到来的美好未来敬酒。那时我们才发现我们就要离开二系了，或者说我们就要带着二系给我们的礼物奔向我们各自的明天了。我们才发现我们也曾经无知的虚度年华，我们也曾经不经意错怪了谁谁谁，我们也曾经暗恋一个女孩五年还没来得及表白，"都在酒里，一路保重" ——干净利落，也竟如此感人。

大学是一本书，每读一遍，每人读一遍，都会有新的不同的感受，人的一生中我想或许只有大学生活是历久弥新的吧。如果现在有人问我，在你的生命里什么最值得留恋，我会说是我的大学，如果十年二十年之后有人问我，你最怀念什么，我仍然会说是我的大学生活，是永远的二系97级。而今，离开大学校园已经3年多了，天南海北的兄妹们，你们这些年过得好吗？是不是也和我一样，在异乡的夜晚，深切怀念我们的大学生活，怀念我们的二系97级呢？

难忘滨医求学时

梅册芳

（滨州医学院临床医学二系98级学生）

金风送爽，丹桂飘香，离开大学校园已经两年多，离家的孩子四处漂泊，而远方的母亲却时时惦念着自己的孩子。滨医二系在风雨中已经走过了20个春秋，我们五年的大学生涯也如同雕塑一样深深地刻入了她前行的轨迹中，留在了我们脑海中。回想往事幕幕，亲切而久违的感觉便越来越强烈地涌入我的思绪。

轻轻闭上眼睛，仿佛回到了从前，来到我们滨医古香古色的大门前，看见了我们敬爱的辅导员刘志敏老师，看见了同学们一个个熟悉的面孔和身影，听到了大家各有特色的口音和笑声，想起了五年学习、生活的点点滴滴，思绪便如脱缰的骏马驰骋起来……

永远记得那些个空气清新的早晨，在晨曦下，九八级二系的同学们集合，由班长赵鹏点名，同学们答到，我们五年的大学生涯也从此拉开了帷幕。学习永远是第一位的，每天早上大家都早早起床，在校园里清净的一角读英语背单词，几乎校园的每一个地方都留有同学们的足迹。去大教室听老师们讲课使得同学们有了名副其实的大学生的感觉，老师们一个个学识渊博，见识宽广，用妙趣横生的言语将我们引入医学这个神圣的殿堂，感受到作为治病救人白衣天使所肩负的重任，更体验到救死扶伤的光荣。同学们如饥似渴海绵般地汲取着医学知识的营养，不甘落后的学习。怎么也忘不了开始上课时一些外地同学听不懂老师讲的带方言的笑话时跟着傻笑的场景，忘不了解剖课时乍看到尸体时大家惊恐的表情，也忘不了物理课上大家亲自照相冲洗的那份快乐……学习是紧张而充实的，我们的辅导员刘老师经常抽时间给我们加油，他最常说的一句话就是："读大学是你们父母的一项投资，你们都是在待价而沽的商品，好好学习就可以使自己具有更大的价值，可以'卖'出更好的价钱。"这个说法很形象，大家也都了解刘老师的用意，也暗自为自己提了更高的要求。

看一个人除了外在的表现，更重要的是内在的素质。知识无疑是重要的一个方面，但是心理素质、人生态度也是影响人一生的关键。在二系我学会了做人。二系的同学们不同程度的都有身体的残疾，从小到大心里或多或少都有过阴影，或者自卑的心理，但是在二系这个大家庭里，大家感觉到了平等，心与心的交流让我们忘却了自己的残疾，在社会交往中也不知不觉忘却了自己的残疾。在我们眼里刘老师是个出色的心理学家，他告诉我们要把自己的残疾像对待人的高矮胖瘦、美丑善恶一样地去对待，让大家倍有感悟。从同学们的身上我也学到不少闪光之处，有位肢残的同学故意在脚踝上戴了个铃铛，我问他这样不是更加引起人家的注意吗，他笑着回答说，就是要人注意我……，我一时无语，沉浸在对勇气与坦荡的思索中。

在风雨中摔倒的时候也有，但是二系人坚守的是：跌倒了再爬起来！二系同学在生命的历程上比常人多了一些坎坷，家人也是比常人倍受煎熬，因为治病等缘故，好多同学的家庭都不是那么富裕，所以做兼职成为大家的一个业余工作，在系领导、辅导员老师等的介绍下，有需要的同学会选择适合自己的家教来补贴生活，减轻家里的负担。辛苦肯定是有的，假期也不能休息，有外省的同学为了节省路费甚至连续三年没有回家。兼职使我们多了些社会经验，充实了我们的生活，也体验到用自己的双手谋生的那份喜悦。

大学五年的生活，最熟悉的莫过于住在一起的姐妹们。宿舍是二系大家庭中的小家，我们把它装扮得漂亮而整洁，并取了诸如"快乐老家"之类的名字，每次卫生评比我们的宿舍几乎都是第一名，让我们倍感光荣。姐妹们朝夕相处，坦诚以对，最让人怀念的就是夜晚的谈心，最热门的话题莫过于爱情，一起谈谈对爱情的憧憬，想着一个个的"如果"：如果已有的爱情有了结果会怎样，如果没有结果又要怎样，如果以后有了小孩会怎样，如果自己没有残疾会怎样，如果……，有好多好多的如果，姐妹们也有好多好多的心里话，往往谈到深夜，直到大脑中枢发出睡眠的冲动，大家才在不知道聊到什么话题的时候带着众多的如果进入梦乡。那是一种释放，心灵的解脱，现在大家都忙于工作，心与心的交流少得可怜，而环境中也没有了那么多可以共享那么多如果的姐妹，我们想念我们的小家，期望旧景重温……

白驹过隙，岁月如梭，转眼间要面临大学毕业的选择工作亦或考研，系领导非常关心我们的去向，多次举行个人谈话以及高年级同学的考研经验报告。当我们下定决心考研，并选择了大学及报考的专业方向的时候，紧张的复习就开始了。经历过的人都知道那是怎样的一种煎熬，一天到晚地看书背书做题，几乎每晚都要看书到两三点才睡，早上又要早早起床，不过那时候可能有股冲劲在支持着我们，所以大家都不会觉得特别累。刘老师也看在眼里，急在心里，时时叮嘱我们要注意营养，还专门为我们争取了一个空闲的值班房给我们学习用，这样我们就不用在熄灯以后跑到走廊看书。就在这种到处弥漫着考试的紧张氛围中，姐妹们仍少不了欢声笑语。如今我已经在南方读了两年多，现在的广州仅有一丝丝的秋意，好快又要面临选择了，现在没有我们的系领导在身边，但是我知道他们都在默默地支持我、祝福我，我会像从前那样继续勇敢而执着地走下去，让身后留下一个个坚实的脚印……

临床医学二系在这个金秋季节就要迎来她建系20周年华诞，在这是个丰收的季节，我们祝福她桃李满园，遍地芬芳。

五、新闻媒体对残疾人大学生教育聚焦报道

早在2000多年前，中国传统文化经典《大学》在开篇中这样描述大学的宗旨："大学之道，在明明德，在亲民，在止于至善。"伟大的教育家、思想家孔子也把"有教无类"作为自己的教育理想。在讲求利益、追求效率的今天，对教育理想的追求、对大学精神的传承显得尤为迫切。不同领域的有识之士都在探索和追问：大学在促进社会文明进步的进程中，应当承担怎样的责任？滨州医学院，给了世人一个响亮的回答，作为山东省属的一所医科大学，利用自身的医疗资源和教育资源，在残疾人高等教育方面敢为人先，闯出了一片天地。

1985年9月12日，一个历史性新闻传遍世界各地：中国，第一个专门招收残疾人大学生的大学本科系在滨州医学院诞生了！第一时间，《人民日报》《光明日报》《解放军报》《文汇报》和中央人民广播电台等八十多个国家和地区的新闻媒体向世界宣布：中国残疾人高等教育由此诞生！

这一振奋人心消息的背后，是滨医人对教育思想的洞察和对大学精神的坚守，更是医科大学对"大学社会服务"职能的内涵丰富和拓展。

30年来，各级各类媒体对滨州医学院残疾人高等教育发展成就的报道，从筹建医学二系的创举，到迎接第一批视障学生入学；从第一个创建时各种条件匮乏艰苦的小系到获国家批准的特殊教育园区的开工建设；从只有临床医学一个专业的"二系"到视障生教育、特殊教育、听力与言语康复学等特殊教育专业等多学科云集的特殊教育学院；从任乐获得"全国三好学生"到陈雪获得全省大学生演讲比赛一等奖，各路媒体和我们一起见证了滨州医学院残疾人大学生对大学理想、大学精神的彰显，也看到了一所大学勇于承担社会责任、彰显人性光辉，推动整个社会对残疾人的理解和接纳的壮举。

残疾人教育事业的发展，需要人文精神的坚守、需要穿透利益的远见，更需要坚韧耐烦、劳怨不避的坚持。不论是掷地有声的呼喊还是默默坚守的付出，在与残疾人共同追求平等、幸福、和谐生活的道路上，我们永不放弃！

表 7-19 社会媒体对滨州医学院残疾人教育的报道一览表

序号	日期	社会媒体报道情况
1	1985.10.18	《大众日报》残疾青年的福音
2	1985.11.22	《解放军报》伤残战士罗长斋上大学
3	1985.12.1	《人民日报》五名作战伤残军人被滨州医学院破格录取
4	1986.1	《山东画报》我终于上大学了
5	1989.11.1	《山东青年报》折翅的雄鹰——滨州医学院残疾人医学系纪实
6	1990.6.24	《大众日报》八五级毕业学生图片新闻
7	1990.7.8	《大众日报》我国首届残疾人大学生毕业
8	1991.1.21	《华夏文化》山东滨州医学院残疾人医学系
9	1991.1	《瞭望周刊》图片新闻
10	1991.2	《瞭望周刊》封面图片
11	1991.2.9	《澳门日报》中国首个残疾人大学本科系
12	1991.3.8	《明报》(香港)中国首间残疾人医科大学
13	1991.4.11	《新中原报》(泰国)中国第一个残疾人五年制大学本科系
14	1991.11.8	《光明日报》图片新闻
15	1992	中央电视台专题为了倾斜的大地
16	1995.10.14	《三联报》为完美一个残缺的世界
17	1995.11.15	《健康报》四百余残疾青年接受高等医学教育——中残联领导感谢滨医
18	1997.10.1	《健康报》滨州医学院圆了残疾学生大学梦
19	1998.12	《中国残疾人教育》自立的阶梯
20	1999.4.29	《中国教育报》自立的阶梯
21	1999.5.7	《齐鲁晚报》中国第一助残大学
22	1999.9.2	《大众日报》校园里的打工族
23	1999.9.23	《齐鲁周刊》滨医的残疾大学生们
24	2000.10.20	《济南时报》走进中国第一残疾人系
25	2000.11.3	《大众日报》燃起残疾学生自强之火
26	2001.4.6	《光明日报》残疾学生的再生之地
27	2001.6.8	《华夏时报》爱的传递
28	2001.6.18	《现代教育导报》携手走进阳光地带
29	2001.6.18	《齐鲁晚报》两个第一手拉手
30	2001.7	滨州电视台 新闻：山东省先进基层党组织
31	2002.4.18	《现代教育导报》一个鸡蛋寓深情
32	2002.5.17	山东卫视《今晚看天下》残疾人大学生助学基金成立
33	2002.5.17	滨州电视台新闻报道残疾人大学生助学基金成立
34	2002.5.18	山东卫视 残疾人大学生助学基金成立

续表

序号	日期	社会媒体报道情况
35	2002.5.27	《大众日报》滨州残疾大学生有了助学基金
36	2004.7.13	《大众日报》滨州医学院特色教育结硕果——80名残疾学生考取研究生
37	2005.5.15	中央电视台午间新闻播出助残日活动
38	2005.6	《中国教育报》一所学校与一群残疾大学生的故事
39	2011.3.22	水母网 滨州医学院残疾学生创奇迹 13人考研10人过线
40	2011.3.25	水母网脊柱畸形身高1米4残疾女孩几经受挫终圆医生梦
41	2012.4.12	《齐鲁晚报》盲人针灸推拿有了本科班 滨州医学院首次单招
42	2012.5.21	新华网滨州医学院以优质教育培育残疾人优秀人才
43	2013.6.13	人民网山东滨州医学院：仁心妙术文化推动残疾人高等教育上水平
44	2013.9.15	水母网滨州医学院为低视力学生进行军训全国首次
45	2014.4.12	人民网-教育频道第九届中国大学生年度人物候选人刘杨事迹
46	2014.5.22	《大众日报》你的坚强感动着我
47	2014.7.8	齐鲁网 滨医老教师十四年 用镜头定格拐杖下的青春年华
48	2014.9.4	网易 滨医开学 41岁"新生"特教学院开启新生活
49	2014.9.4	烟台大众网 滨医军训开锣 特教学生烈日下军姿笔直
50	2014.10.13	《齐鲁晚报》（济南）特殊教育如何办? 18位专家现场"论道"
51	2015.8.17	《健康报》安徽发现国内第4例家族性地中海热
52	2015.9.5	大众网烟台频道 滨医特教学院迎45岁新生 想和儿子一起学医
53	2015.12.4	山东电视台 [视频]国际残疾人日：建设包容所有人的社会

《人民日报》1985年报道（图7-1）

五名作战伤残军人被滨州医学院破格录取

　　本报讯　在对越自卫反击战中荣立一等功的排长钟培陆、班长方顺寿等五名解放军伤残人员，告别了昔日硝烟弥漫的战场，步入了宁静的校园，开始了紧张的学习生活。他们是经中国残疾人基金会、卫生部、山东省教育厅准许，由滨州医学院破格录取的。

　　在开展"战士在我心中"和向对越自卫作战英雄学习的活动中，山东省滨州医学院提出招收五名立功负伤的残疾军人上大学。他们的意见，得到解放军总政治部的赞同。

　　这五名新学员，三名是战士，二名是排职干部。当他们听到入地方高等学校学习的消息时，十分激动。他们说，万万没想到党和人民给我们伤残者一个学习深造的机会。

图 7-1 《人民日报》1985 年报道

（郑远啸　胡万章）

《光明日报》2001 年报道（图 7-2）

残疾学生的"再生之地"

——记山东省滨州医学院

本报记者 范有德

山东省滨州医学院是我国最早开办残疾人高等教育的学校，该校残疾人临床医学系至今先后招收 653 名残疾学生入学深造。学院党委认真研究这些特殊大学生的实际情况，探索出一套做好他们思想政治工作的有效途径和方法，把一批批肢体残疾的学生培育成了品学兼优的建设人才。

这些学生由于肢体残疾，多数又来自困难家庭，与一般大学生相比，他们的学习、生活困难更多，精神负担更重。针对这种情况，学校领导和教师们达成共识：要给这些学生更多的关爱，实实在在地为他们排忧解难。于是学校克服经费困难，为残疾学生建起了专用的微机房、浴室、洗衣房和康复活动室，为他们的学习和生活提供了方便条件。同时通过多种途径解决残疾学生的经济难题，保证他们都能完成学业。学校根据每个学生的身体状况，逐个研究因人而异的教学计划，并让他们与正常学生共同上课和实习。

该校还成功地探索出教育与肢体、心理康复相结合的办学路子，利用附属医院的技术优势，先后为 84 名肢体残疾学生施行了矫形手术，使他们从形体到机能都得到很大改善，使不少同学扔掉了相伴十几年的拐杖。同时，建立心理健康教育咨询中心，积极实施对残疾学生的心理康复，组织他们参加校内外的公益活动，培养他们自信、自立的意识和健全的人格。就业是困扰每个残疾学生的重大难题，学校每年都主动为毕业生联系就业单位，帮他们解决就业中遇到的各种实际困难，使他们全部找到了用武之地。

用学生熟悉的人和事对残疾学生进行生动活泼的思想教育，是滨医党委帮助学生树立正确的人生坐标，以奋发进取精神对待学习和生活的另一有效做法。张海迪、朱彦夫是我国残疾人的楷模，校党委组织学生反复学习这两个先进人物的崇高品质。为激励在校生奋发成才，校党委在对往届毕业生进行调查的基础上，整理出一份数万字的《往届毕业生寄语在校生》文稿。这些寄语充满了往届残疾学生对在校生的关心、对学校创办残疾人高等教育的感激，他们的体会和希望，饱含着他们多年来求学、求职、成才的坎坷而丰富的经历，是发自肺腑之言，有许多真知灼见，读来令人感动。校党委组织残疾学生开展"读往届生寄语，争做跨世纪优秀大学生"的自我教育活动，大家认真地读寄语，写心得，谈体会，许多同学的心灵被深深震撼了。

滨州医学院深入的思想政治工作，像春风一样温暖着残疾学生的心，他们都以优异的成绩毕业，走上工作岗位后很快成为当地医疗卫生事业的骨干。在这些学生中，共有 44 人考取硕士、博士研究生，其中有的已成为国家级学术带头人；先后有 80 多人获得中国残联和省残联颁发的奖学金，还有一些学生获山东省或全国的三好学生称号。真诚地关心爱护学生，及时为他们解决实际困难，成为最有效的思想政治工作。许多残疾学生因此与滨州医学院建立了深厚的感情，称该校为自己的"再生之地"，决心发奋成才，为祖国贡献自己的聪明才智。

图 7-2 　《光明日报》2001 年报道

《健康报》1995 年报道（图 7-3）

四百余残疾青年接受高等医学教育

中残联领导感谢滨医

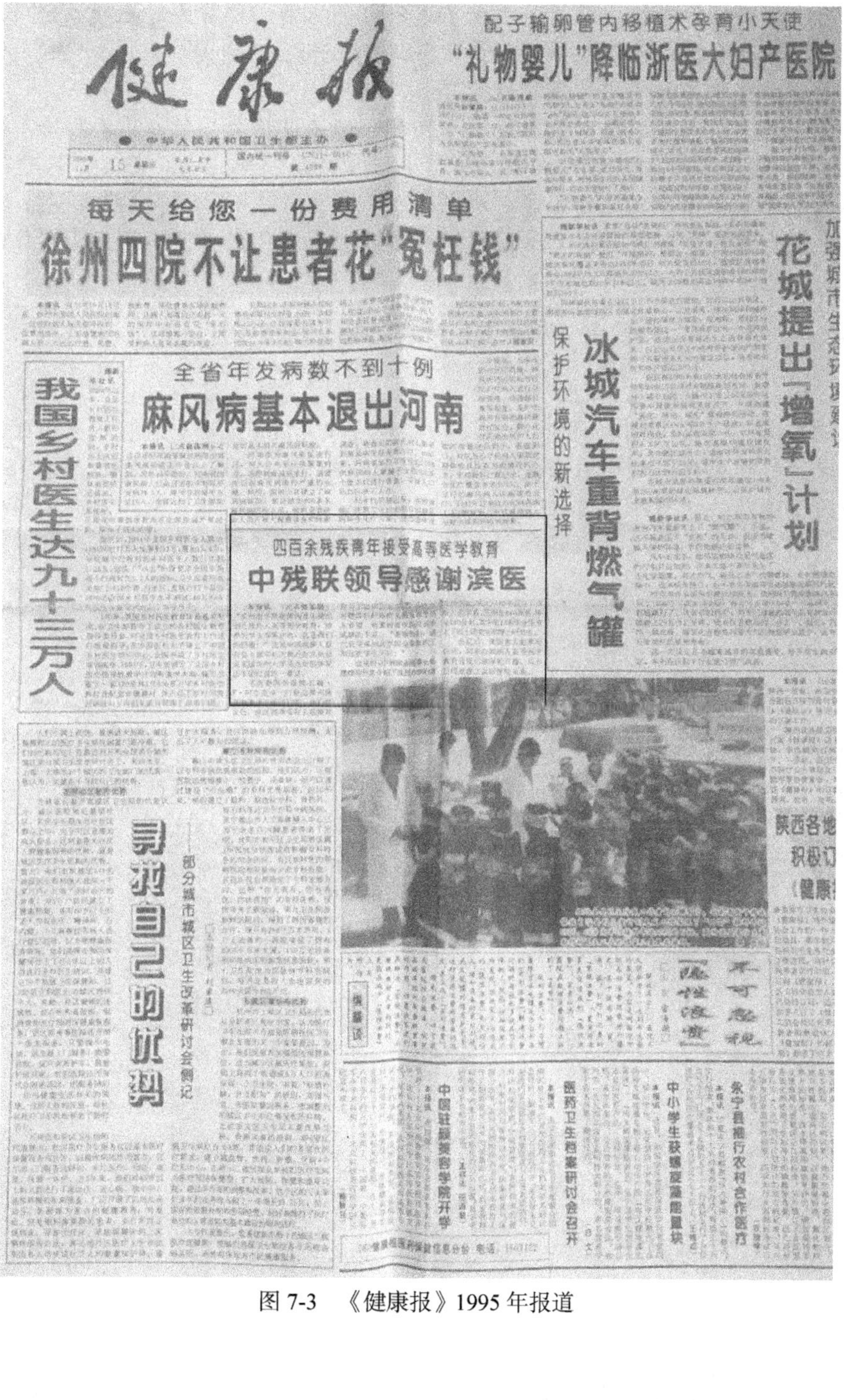

健康报

中华人民共和国卫生部主办

配子输卵管内移植术孕育小天使

“礼物婴儿”降临浙医大妇产医院

每天给您一份费用清单

徐州四院不让患者花“冤枉钱”

全省年发病数不到十例

麻风病基本退出河南

我国乡村医生达九十三万人

四百余残疾青年接受高等医学教育

中残联领导感谢滨医

保护环境的新选择

冰城汽车重背燃气罐

花城提出“增氧”计划

寻找自己的优势

——部分城市城区卫生改革研讨会侧记

陕西各地积极订阅《健康报》

医药卫生档案研讨会召开

永宁县推行农村合作医疗

图 7-3 《健康报》1995 年报道

本报讯（记者 张忠田）"滨州医学院在国内首先提出创办残疾人高等医学教育，培养的学生非常出色，这是我们的骄傲！"这是中国残疾人联合会主席邓朴方最近在北京会见美国加州大学圣迭哥医学院访华团时说的一番话。

圣迭哥医学院院长翰·F·阿尔克辛一行是应滨州医学院邀请来华访问的。他们抵京后，滨医领导专程去迎接并参加了这次会见活动。邓朴方对继续办好残疾人教育寄予很大希望。他紧握着滨医院长李武修的手说："谢谢你们，请代我向滨州医学院全体教职工和残疾学生问好！"

会见时，中残联副理事长郭建模向外宾介绍了滨医办学的情景和经验。滨医自 1985 年创办残疾人医学系以来，已招生 440 余名，毕业 260 余名，其中有 12 名毕业生考上了硕士研究生和博士研究生。

会见后，美国客人赴滨州访问，对举办残疾人高等医学教育表现出浓厚的兴趣。双方已同意建立友好学校关系。

香港《明报》1991 年报道（图 7-4）
中国首间残疾人医科大学

山东省滨州医学院于 1985 年创办的残疾人医学系，是唯一专收残疾人的五年制大学本科专业系。这个系面向全国 12 个省市招生，已招六届学生，共 253 名，大多为下肢残疾的青年，首届 56 名学生于 1990 年 7 月毕业，均被有关省市地方医院招聘为医生。学院根据残疾学生的特殊情况，在临床教学中减少外科系统见

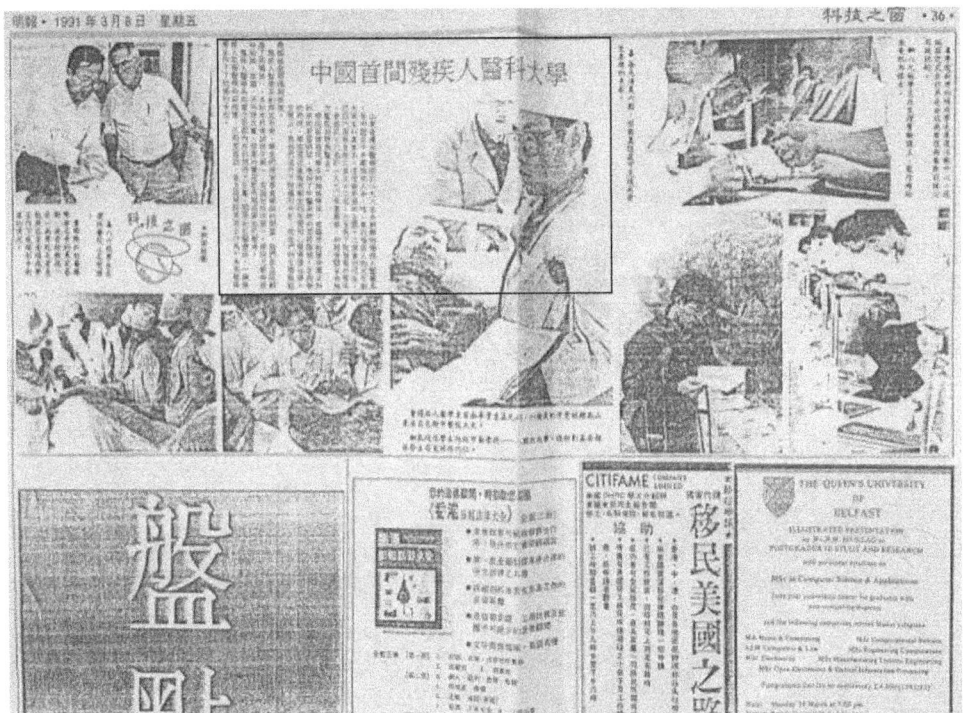

图 7-4　香港《明报》1991 年报道

习时间，增加了中医系统的选修课程，在教学的同时，学院还注重残疾学生的生理和心理康复治疗，生理上为他们进行下肢矫形手术，使他们的生理机能局部或全部得到恢复。

残疾人医学系创办 5 年来，学生们没有辜负学院的期望，他们在全院创造了两个第一：各科年终考试总分第一，英语合格率第一。学校凡举办百科知识、棋类、乒乓球比赛，冠军的宝座都为残疾学生所夺得。

残疾人医学系的建立在国内外引起很大反响，"国际彩虹医疗队"一个残疾人慈善医疗科研机构已两度造访，并且与学院专家合作，为十多名残疾学生做了下肢矫形手术。

《中国教育报》2005 年报道（图 7-5）

一所学校和一群残疾大学生的故事

本报记者：宋全政，通讯员　寇建伟

时间回到 20 年前。

1985 年 9 月 12 日，滨州医学院残疾人医学系新生报到第一天，校园的安静被打破了。有坐着轮椅来的，有拄着双拐来的，有的脊柱严重弯曲无法直起身来走路，有的眼睛残疾，有的手臂残疾，有的面部烧伤……这些学生眼里除了带着好奇、兴奋、感激，更有一种对苦难的坚忍和对人生的执着。

从那一刻起，他们的命运开始改变。因为，他们成了滨州医学院的一名正式大学生。

求学，曲折而艰难

1996 年，张雷毕业于安徽省淮北一中。高中三年，他学习优异，被评为市级三好学生和优秀学生干部。那年高考他考了 597 分，高出省重点入学录取分数线 68 分。张雷填报的第一志愿是某重点电力大学的计算机系，他估计录取的可能性很大。结果出来了，尽管该校当年的录取线只有 560 分，但张雷被拒之门外，因为他左眼残疾。

这位淮北农民的儿子，就因为小时候被剪刀戳伤左眼角膜，而被大学拒之门外，他感到命运对他的不公。他致信《半月谈》，陈述自己的遭遇。同时，他又回到了母校复读。不久，当年第十九期《半月谈》刊登了一篇《谁来帮帮这个农民的儿子》，之后，张雷意外地接到了一份大学录取通知书。

滨州医学院破例录取张雷到校就读。招生结束已两个月了，1996 年 11 月 5 日，这个改变了他命运的日子，张雷说他永远都不会忘记。几年后，张雷又考取了浙江大学的研究生，现在他在深圳一家高科技公司工作。

其实，张雷是幸运的。有多少参加过数次高考并且都过了分数线的残疾考生，却没有学校愿意录取他们。

谢丽福告诉记者，他曾参加了 4 次高考，第一次过了本科线，后三次都过了重点线，但最终都是因为身体残疾而与大学无缘。直到 1985 年，滨州医学院开设了我国第一个专门招收残疾青年大学生的临床医学系，他和全国 12 个省(自治区、直辖市）的 57 名有着相同命运的残疾青年终圆大学梦。

图 7-5　《中国教育报》2005 年报道

　　"滨州医学院临床医学二系创办的前几年，学生年龄都偏大，那是因为许多高校拒收残疾学生而积攒下来的。这些学生高考成绩都很好，大多参加过数次高考，有着相似的坎坷经历。"滨州医学院副院长李克祥告诉记者。

一项决定改变一群人的命运

　　李克祥永远记得那个场景：开学典礼上，学校播放了张海迪的录音祝福，台下那些历经波折终于迈进大学校门的残疾学生失声痛哭……

　　20 年前一个在当时看来还十分大胆的决定改变了一群人的命运。

　　1984 年，时任滨州医学院院长的郭玮发现，当时高考体检标准中明文规定不招收残疾学生，从而导致一批优秀残疾考生无缘大学。他深深为之惋惜，"是否可以为残疾人专门设立一个系，让那些优秀的残疾学生有学上？"一个大胆的建议浮出他的脑海。

　　这个建议得到了学校领导班子的全票通过，也得到了原国家教委、中残联和山东省有关部门的支持。

　　在多方努力下，1985 年 9 月，我国第一个专门招收残疾学生的临床医学系（五年制本科）成立了，它开创了我国残疾人高等教育的先河。

　　截至目前，滨州医学院残疾人医学系已经从全国 15 个省（自治区、直辖市）招收了 771 名学生，毕业 600 人，其中有近百人考取了硕士、博士研究生。

他们挺起了胸膛

　　学校对这些身残志不残的大学生关爱有加。学校专门为二系的学生建了洗衣房，免费为他们洗衣服；专门建了澡堂，无障碍设计，残疾学生可坐可躺，甚至可以坐着轮椅进去；为残疾学生设立了康复室，健身器材齐全；设立了专门的康复基金，为残疾学生进行康复手术。同时，学院附属医院还先后为 80 名学生进行了矫形手术，使他们从形体到机能都得到很大的改善，不少学生扔掉了相伴十几年的拐杖。人性化的呵护化作了学生们发奋的学习，他们以精湛的业务服务社会，回报母校。毕业后，他们大多成了单位的顶梁柱，业务上颇有造诣。

韩芳，腿部残疾，曾多次徘徊在大学校门之外。1992年毕业于滨州医学院残疾人医学系，同年考取了北京医科大学硕博连读研究生。现就职于北京市人民医院呼吸内科。他曾到国外从事研究工作，拥有自己独立的实验室。韩芳对母校有着深厚的感情，他一直说："没有滨州医学院，就没有我的今天。"

41岁的谢丽福是浙江丽水市中医院内科副主任医师，还是一个11岁孩子的父亲，一家三口其乐融融。而25年前，这一切对谢丽福来说却是遥不可及。

86级学生刘根林，现在在中国康复研究中心工作，首都医科大学医学专业英语兼职教师；92级的马永，创办了山东省第一家残疾人网站……

不久，又有一批残疾大学生将从这里走出。他们将以滨州医学院而自豪，滨州医学院也将以他们为骄傲。

第八章　残疾人教育政策

中华人民共和国残疾人保障法

中华人民共和国主席令

第三号

《中华人民共和国残疾人保障法》已由中华人民共和国第十一届全国人民代表大会常务委员会第二次会议于 2008 年 4 月 24 日修订通过，现将修订后的《中华人民共和国残疾人保障法》公布，自 2008 年 7 月 1 日起施行。

中华人民共和国主席　胡锦涛

2008 年 4 月 24 日

第一章　总　　则

第一条　为了维护残疾人的合法权益，发展残疾人事业，保障残疾人平等地充分参与社会生活，共享社会物质文化成果，根据宪法，制定本法。

第二条　残疾人是指在心理、生理、人体结构上，某种组织、功能丧失或者不正常，全部或者部分丧失以正常方式从事某种活动能力的人。

残疾人包括视力残疾、听力残疾、言语残疾、肢体残疾、智力残疾、精神残疾、多重残疾和其他残疾的人。

残疾标准由国务院规定。

第三条　残疾人在政治、经济、文化、社会和家庭生活等方面享有同其他公民平等的权利。

残疾人的公民权利和人格尊严受法律保护。

禁止基于残疾的歧视。禁止侮辱、侵害残疾人。禁止通过大众传播媒介或者其他方式贬低损害残疾人人格。

第四条　国家采取辅助方法和扶持措施，对残疾人给予特别扶助，减轻或者消除残疾影响和外界障碍，保障残疾人权利的实现。

第五条　县级以上人民政府应当将残疾人事业纳入国民经济和社会发展规划，加强领导，综合协调，并将残疾人事业经费列入财政预算，建立稳定的经费保障机制。

国务院制定中国残疾人事业发展纲要，县级以上地方人民政府根据中国残疾人事业发展纲要，制定本行政区域的残疾人事业发展规划和年度计划，使残疾人事业与经济、社会协调发展。

县级以上人民政府负责残疾人工作的机构，负责组织、协调、指导、督促有关部门做好残疾人事业的工作。

各级人民政府和有关部门，应当密切联系残疾人，听取残疾人的意见，按照各自的职责，做好残疾人工作。

第六条　国家采取措施，保障残疾人依照法律规定，通过各种途径和形式，管理国家事务，管理经济和文化事业，管理社会事务。

制定法律、法规、规章和公共政策，对涉及残疾人权益和残疾人事业的重大问题，应当听取残疾人和残疾人组织的意见。

残疾人和残疾人组织有权向各级国家机关提出残疾人权益保障、残疾人事业发展等方面的意见和建议。

第七条　全社会应当发扬人道主义精神，理解、尊重、关心、帮助残疾人，支持残疾人事业。

国家鼓励社会组织和个人为残疾人提供捐助和服务。

国家机关、社会团体、企业事业单位和城乡基层群众性自治组织，应当做好所属范围内的残疾人工作。

从事残疾人工作的国家工作人员和其他人员，应当依法履行职责，努力为残疾人服务。

第八条　中国残疾人联合会及其地方组织，代表残疾人的共同利益，维护残疾人的合法权益，团结教育残疾人，为残疾人服务。

中国残疾人联合会及其地方组织依照法律、法规、章程或者接受政府委托，开展残疾人工作，动员社会力量，发展残疾人事业。

第九条　残疾人的扶养人必须对残疾人履行扶养义务。

残疾人的监护人必须履行监护职责，尊重被监护人的意愿，维护被监护人的合法权益。

残疾人的亲属、监护人应当鼓励和帮助残疾人增强自立能力。

禁止对残疾人实施家庭暴力，禁止虐待、遗弃残疾人。

第十条　国家鼓励残疾人自尊、自信、自强、自立，为社会主义建设贡献力量。

残疾人应当遵守法律、法规，履行应尽的义务，遵守公共秩序，尊重社会公德。

第十一条　国家有计划地开展残疾预防工作，加强对残疾预防工作的领导，宣传、普及母婴保健和预防残疾的知识，建立健全出生缺陷预防和早期发现、早期治疗机制，针对遗传、疾病、药物、事故、灾害、环境污染和其他致残因素，组织和动员社会力量，采取措施，预防残疾的发生，减轻残疾程度。

国家建立健全残疾人统计调查制度，开展残疾人状况的统计调查和分析。

第十二条 国家和社会对残疾军人、因公致残人员以及其他为维护国家和人民利益致残的人员实行特别保障，给予抚恤和优待。

第十三条 对在社会主义建设中做出显著成绩的残疾人，对维护残疾人合法权益、发展残疾人事业、为残疾人服务做出显著成绩的单位和个人，各级人民政府和有关部门给予表彰和奖励。

第十四条 每年5月的第三个星期日为全国助残日。

第二章 康 复

第十五条 国家保障残疾人享有康复服务的权利。

各级人民政府和有关部门应当采取措施，为残疾人康复创造条件，建立和完善残疾人康复服务体系，并分阶段实施重点康复项目，帮助残疾人恢复或者补偿功能，增强其参与社会生活的能力。

第十六条 康复工作应当从实际出发，将现代康复技术与我国传统康复技术相结合；以社区康复为基础，康复机构为骨干，残疾人家庭为依托；以实用、易行、受益广的康复内容为重点，优先开展残疾儿童抢救性治疗和康复；发展符合康复要求的科学技术，鼓励自主创新，加强康复新技术的研究、开发和应用，为残疾人提供有效的康复服务。

第十七条 各级人民政府鼓励和扶持社会力量兴办残疾人康复机构。

地方各级人民政府和有关部门，应当组织和指导城乡社区服务组织、医疗预防保健机构、残疾人组织、残疾人家庭和其他社会力量，开展社区康复工作。

残疾人教育机构、福利性单位和其他为残疾人服务的机构，应当创造条件，开展康复训练活动。

残疾人在专业人员的指导和有关工作人员、志愿工作者及亲属的帮助下，应当努力进行功能、自理能力和劳动技能的训练。

第十八条 地方各级人民政府和有关部门应当根据需要有计划地在医疗机构设立康复医学科室，举办残疾人康复机构，开展康复医疗与训练、人员培训、技术指导、科学研究等工作。

第十九条 医学院校和其他有关院校应当有计划地开设康复课程，设置相关专业，培养各类康复专业人才。

政府和社会采取多种形式对从事康复工作的人员进行技术培训；向残疾人、残疾人亲属、有关工作人员和志愿工作者普及康复知识，传授康复方法。

第二十条 政府有关部门应当组织和扶持残疾人康复器械、辅助器具的研制、生产、供应、维修服务。

第三章 教 育

第二十一条 国家保障残疾人享有平等接受教育的权利。

各级人民政府应当将残疾人教育作为国家教育事业的组成部分，统一规划，加强领导，为残疾人接受教育创造条件。

政府、社会、学校应当采取有效措施，解决残疾儿童、少年就学存在的实际困难，帮助其完成义务教育。

各级人民政府对接受义务教育的残疾学生、贫困残疾人家庭的学生提供免费教科书，并给予寄宿生活费等费用补助；对接受义务教育以外其他教育的残疾学生、贫困残疾人家庭的学生按照国家有关规定给予资助。

第二十二条　残疾人教育，实行普及与提高相结合、以普及为重点的方针，保障义务教育，着重发展职业教育，积极开展学前教育，逐步发展高级中等以上教育。

第二十三条　残疾人教育应当根据残疾人的身心特性和需要，按照下列要求实施：

（一）在进行思想教育、文化教育的同时，加强身心补偿和职业教育；

（二）依据残疾类别和接受能力，采取普通教育方式或者特殊教育方式；

（三）特殊教育的课程设置、教材、教学方法、入学和在校年龄，可以有适度弹性。

第二十四条　县级以上人民政府应当根据残疾人的数量、分布状况和残疾类别等因素，合理设置残疾人教育机构，并鼓励社会力量办学、捐资助学。

第二十五条　普通教育机构对具有接受普通教育能力的残疾人实施教育，并为其学习提供便利和帮助。

普通小学、初级中等学校，必须招收能适应其学习生活的残疾儿童、少年入学；普通高级中等学校、中等职业学校和高等学校，必须招收符合国家规定的录取要求的残疾考生入学，不得因其残疾而拒绝招收；拒绝招收的，当事人或者其亲属、监护人可以要求有关部门处理，有关部门应当责令该学校招收。

普通幼儿教育机构应当接收能适应其生活的残疾幼儿。

第二十六条　残疾幼儿教育机构、普通幼儿教育机构附设的残疾儿童班、特殊教育机构的学前班、残疾儿童福利机构、残疾儿童家庭，对残疾儿童实施学前教育。

初级中等以下特殊教育机构和普通教育机构附设的特殊教育班，对不具有接受普通教育能力的残疾儿童、少年实施义务教育。

高级中等以上特殊教育机构、普通教育机构附设的特殊教育班和残疾人职业教育机构，对符合条件的残疾人实施高级中等以上文化教育、职业教育。

提供特殊教育的机构应当具备适合残疾人学习、康复、生活特点的场所和设施。

第二十七条　政府有关部门、残疾人所在单位和有关社会组织应当对残疾人开展扫除文盲、职业培训、创业培训和其他成人教育，鼓励残疾人自学成才。

第二十八条 国家有计划地举办各级各类特殊教育师范院校、专业,在普通师范院校附设特殊教育班,培养、培训特殊教育师资。普通师范院校开设特殊教育课程或者讲授有关内容,使普通教师掌握必要的特殊教育知识。

特殊教育教师和手语翻译,享受特殊教育津贴。

第二十九条 政府有关部门应当组织和扶持盲文、手语的研究和应用,特殊教育教材的编写和出版,特殊教育教学用具及其他辅助用品的研制、生产和供应。

第四章 劳 动 就 业

第三十条 国家保障残疾人劳动的权利。

各级人民政府应当对残疾人劳动就业统筹规划,为残疾人创造劳动就业条件。

第三十一条 残疾人劳动就业,实行集中与分散相结合的方针,采取优惠政策和扶持保护措施,通过多渠道、多层次、多种形式,使残疾人劳动就业逐步普及、稳定、合理。

第三十二条 政府和社会举办残疾人福利企业、盲人按摩机构和其他福利性单位,集中安排残疾人就业。

第三十三条 国家实行按比例安排残疾人就业制度。

国家机关、社会团体、企业事业单位、民办非企业单位应当按照规定的比例安排残疾人就业,并为其选择适当的工种和岗位。达不到规定比例的,按照国家有关规定履行保障残疾人就业义务。国家鼓励用人单位超过规定比例安排残疾人就业。

残疾人就业的具体办法由国务院规定。

第三十四条 国家鼓励和扶持残疾人自主择业、自主创业。

第三十五条 地方各级人民政府和农村基层组织,应当组织和扶持农村残疾人从事种植业、养殖业、手工业和其他形式的生产劳动。

第三十六条 国家对安排残疾人就业达到、超过规定比例或者集中安排残疾人就业的用人单位和从事个体经营的残疾人,依法给予税收优惠,并在生产、经营、技术、资金、物资、场地等方面给予扶持。国家对从事个体经营的残疾人,免除行政事业性收费。

县级以上地方人民政府及其有关部门应当确定适合残疾人生产、经营的产品、项目,优先安排残疾人福利性单位生产或者经营,并根据残疾人福利性单位的生产特点确定某些产品由其专产。

政府采购,在同等条件下应当优先购买残疾人福利性单位的产品或者服务。

地方各级人民政府应当开发适合残疾人就业的公益性岗位。

对申请从事个体经营的残疾人,有关部门应当优先核发营业执照。

对从事各类生产劳动的农村残疾人,有关部门应当在生产服务、技术指导、农用物资供应、农副产品购销和信贷等方面,给予帮助。

第三十七条　政府有关部门设立的公共就业服务机构，应当为残疾人免费提供就业服务。

残疾人联合会举办的残疾人就业服务机构，应当组织开展免费的职业指导、职业介绍和职业培训，为残疾人就业和用人单位招用残疾人提供服务和帮助。

第三十八条　国家保护残疾人福利性单位的财产所有权和经营自主权，其合法权益不受侵犯。

在职工的招用、转正、晋级、职称评定、劳动报酬、生活福利、休息休假、社会保险等方面，不得歧视残疾人。

残疾职工所在单位应当根据残疾职工的特点，提供适当的劳动条件和劳动保护，并根据实际需要对劳动场所、劳动设备和生活设施进行改造。

国家采取措施，保障盲人保健和医疗按摩人员从业的合法权益。

第三十九条　残疾职工所在单位应当对残疾职工进行岗位技术培训，提高其劳动技能和技术水平。

第四十条　任何单位和个人不得以暴力、威胁或者非法限制人身自由的手段强迫残疾人劳动。

第五章　文 化 生 活

第四十一条　国家保障残疾人享有平等参与文化生活的权利。

各级人民政府和有关部门鼓励、帮助残疾人参加各种文化、体育、娱乐活动，积极创造条件，丰富残疾人精神文化生活。

第四十二条　残疾人文化、体育、娱乐活动应当面向基层，融于社会公共文化生活，适应各类残疾人的不同特点和需要，使残疾人广泛参与。

第四十三条　政府和社会采取下列措施，丰富残疾人的精神文化生活：

（一）通过广播、电影、电视、报刊、图书、网络等形式，及时宣传报道残疾人的工作、生活等情况，为残疾人服务；

（二）组织和扶持盲文读物、盲人有声读物及其他残疾人读物的编写和出版，根据盲人的实际需要，在公共图书馆设立盲文读物、盲人有声读物图书室；

（三）开办电视手语节目，开办残疾人专题广播栏目，推进电视栏目、影视作品加配字幕、解说；

（四）组织和扶持残疾人开展群众性文化、体育、娱乐活动，举办特殊艺术演出和残疾人体育运动会，参加国际性比赛和交流；

（五）文化、体育、娱乐和其他公共活动场所，为残疾人提供方便和照顾。有计划地兴办残疾人活动场所。

第四十四条　政府和社会鼓励、帮助残疾人从事文学、艺术、教育、科学、技术和其他有益于人民的创造性劳动。

第四十五条　政府和社会促进残疾人与其他公民之间的相互理解和交流，宣传残疾人事业和扶助残疾人的事迹，弘扬残疾人自强不息的精神，倡导团结、友爱、互助的社会风尚。

第六章　社　会　保　障

第四十六条　国家保障残疾人享有各项社会保障的权利。

政府和社会采取措施，完善对残疾人的社会保障，保障和改善残疾人的生活。

第四十七条　残疾人及其所在单位应当按照国家有关规定参加社会保险。

残疾人所在城乡基层群众性自治组织、残疾人家庭，应当鼓励、帮助残疾人参加社会保险。

对生活确有困难的残疾人，按照国家有关规定给予社会保险补贴。

第四十八条　各级人民政府对生活确有困难的残疾人，通过多种渠道给予生活、教育、住房和其他社会救助。

县级以上地方人民政府对享受最低生活保障待遇后生活仍有特别困难的残疾人家庭，应当采取其他措施保障其基本生活。

各级人民政府对贫困残疾人的基本医疗、康复服务、必要的辅助器具的配置和更换，应当按照规定给予救助。

对生活不能自理的残疾人，地方各级人民政府应当根据情况给予护理补贴。

第四十九条　地方各级人民政府对无劳动能力、无扶养人或者扶养人不具有扶养能力、无生活来源的残疾人，按照规定予以供养。

国家鼓励和扶持社会力量举办残疾人供养、托养机构。

残疾人供养、托养机构及其工作人员不得侮辱、虐待、遗弃残疾人。

第五十条　县级以上人民政府对残疾人搭乘公共交通工具，应当根据实际情况给予便利和优惠。残疾人可以免费携带随身必备的辅助器具。

盲人持有效证件免费乘坐市内公共汽车、电车、地铁、渡船等公共交通工具。盲人读物邮件免费寄递。

国家鼓励和支持提供电信、广播电视服务的单位对盲人、听力残疾人、言语残疾人给予优惠。

各级人民政府应当逐步增加对残疾人的其他照顾和扶助。

第五十一条　政府有关部门和残疾人组织应当建立和完善社会各界为残疾人捐助和服务的渠道，鼓励和支持发展残疾人慈善事业，开展志愿者助残等公益活动。

第七章　无障碍环境

第五十二条　国家和社会应当采取措施，逐步完善无障碍设施，推进信息交流无障碍，为残疾人平等参与社会生活创造无障碍环境。

各级人民政府应当对无障碍环境建设进行统筹规划，综合协调，加强监督管理。

第五十三条　无障碍设施的建设和改造，应当符合残疾人的实际需要。

新建、改建和扩建建筑物、道路、交通设施等，应当符合国家有关无障碍设施工程建设标准。

各级人民政府和有关部门应当按照国家无障碍设施工程建设规定，逐步推进已建成设施的改造，优先推进与残疾人日常工作、生活密切相关的公共服务设施的改造。

对无障碍设施应当及时维修和保护。

第五十四条　国家采取措施，为残疾人信息交流无障碍创造条件。

各级人民政府和有关部门应当采取措施，为残疾人获取公共信息提供便利。

国家和社会研制、开发适合残疾人使用的信息交流技术和产品。

国家举办的各类升学考试、职业资格考试和任职考试，有盲人参加的，应当为盲人提供盲文试卷、电子试卷或者由专门的工作人员予以协助。

第五十五条　公共服务机构和公共场所应当创造条件，为残疾人提供语音和文字提示、手语、盲文等信息交流服务，并提供优先服务和辅助性服务。

公共交通工具应当逐步达到无障碍设施的要求。有条件的公共停车场应当为残疾人设置专用停车位。

第五十六条　组织选举的部门应当为残疾人参加选举提供便利；有条件的，应当为盲人提供盲文选票。

第五十七条　国家鼓励和扶持无障碍辅助设备、无障碍交通工具的研制和开发。

第五十八条　盲人携带导盲犬出入公共场所，应当遵守国家有关规定。

第八章　法律责任

第五十九条　残疾人的合法权益受到侵害的，可以向残疾人组织投诉，残疾人组织应当维护残疾人的合法权益，有权要求有关部门或者单位查处。有关部门或者单位应当依法查处，并予以答复。

残疾人组织对残疾人通过诉讼维护其合法权益需要帮助的，应当给予支持。

残疾人组织对侵害特定残疾人群体利益的行为，有权要求有关部门依法查处。

第六十条　残疾人的合法权益受到侵害的，有权要求有关部门依法处理，或者依法向仲裁机构申请仲裁，或者依法向人民法院提起诉讼。

对有经济困难或者其他原因确需法律援助或者司法救助的残疾人，当地法律援助机构或者人民法院应当给予帮助，依法为其提供法律援助或者司法救助。

第六十一条　违反本法规定，对侵害残疾人权益行为的申诉、控告、检举，推诿、拖延、压制不予查处，或者对提出申诉、控告、检举的人进行打击报复的，由其所在单位、主管部门或者上级机关责令改正，并依法对直接负责的主管人员和其他直接责任人员给予处分。

国家工作人员未依法履行职责,对侵害残疾人权益的行为未及时制止或者未给予受害残疾人必要帮助,造成严重后果的,由其所在单位或者上级机关依法对直接负责的主管人员和其他直接责任人员给予处分。

第六十二条 违反本法规定,通过大众传播媒介或者其他方式贬低损害残疾人人格的,由文化、广播电影电视、新闻出版或者其他有关主管部门依据各自的职权责令改正,并依法给予行政处罚。

第六十三条 违反本法规定,有关教育机构拒不接收残疾学生入学,或者在国家规定的录取要求以外附加条件限制残疾学生就学的,由有关主管部门责令改正,并依法对直接负责的主管人员和其他直接责任人员给予处分。

第六十四条 违反本法规定,在职工的招用等方面歧视残疾人的,由有关主管部门责令改正;残疾人劳动者可以依法向人民法院提起诉讼。

第六十五条 违反本法规定,供养、托养机构及其工作人员侮辱、虐待、遗弃残疾人的,对直接负责的主管人员和其他直接责任人员依法给予处分;构成违反治安管理行为的,依法给予行政处罚。

第六十六条 违反本法规定,新建、改建和扩建建筑物、道路、交通设施,不符合国家有关无障碍设施工程建设标准,或者对无障碍设施未进行及时维修和保护造成后果的,由有关主管部门依法处理。

第六十七条 违反本法规定,侵害残疾人的合法权益,其他法律、法规规定行政处罚的,从其规定;造成财产损失或者其他损害的,依法承担民事责任;构成犯罪的,依法追究刑事责任。

第九章 附 则

第六十八条 本法自 2008 年 7 月 1 日起施行。

国务院办公厅关于转发教育部等部门特殊

教育提升计划（2014～2016 年）的通知

国办发〔2014〕1 号

各省、自治区、直辖市人民政府，国务院各部委、各直属机构：

教育部、发展改革委、民政部、财政部、人力资源社会保障部、卫生计生委、中国残联《特殊教育提升计划（2014～2016 年）》已经国务院同意，现转发给你们，请认真贯彻执行。

国务院办公厅

2014 年 1 月 8 日

特殊教育提升计划（2014～2016 年）

教育部　发展改革委　民政部　财政部
人力资源社会保障部　卫生计生委　中国残联

为贯彻落实党的十八大和十八届二中、三中全会精神，深入实施《国家中长期教育改革和发展规划纲要（2010～2020 年）》，加快推进特殊教育发展，大力提升特殊教育水平，切实保障残疾人受教育权利，特制定本计划。

一、重　要　意　义

发展特殊教育是推进教育公平、实现教育现代化的重要内容，是坚持以人为本理念、弘扬人道主义精神的重要举措，是保障和改善民生、构建社会主义和谐社会的重要任务。新世纪以来特别是近年来，我国特殊教育事业取得较大发展，各级政府投入明显增加，残疾儿童少年义务教育普及水平显著提高，非义务教育阶段特殊教育办学规模不断扩大，基本实现了 30 万人口以上的县独立设置一所特殊教育学校的目标，残疾学生在国家助学体系中得到优先保障。但总体上看，我国特殊教育整体水平不高，发展不平衡。农村残疾儿童少年义务教育普及率不高，非义务教育阶段特殊教育发展水平偏低，特殊教育学校办学条件有待改善，特殊教育教师和康复专业人员数量不足、专业水平有待提高。因此，必须加快推进特殊教育发展，提升特殊教育水平，进一步保障残疾人受教育权利，帮助残疾人全面发展和更好融入社会，使广大残疾人共享改革发展成果，在全面建成小康社会、实现"两个百年"目标和中国梦的进程中实现幸福人生。

二、总体目标和重点任务

（一）总体目标

全面推进全纳教育，使每一个残疾孩子都能接受合适的教育。经过三年努力，初步建立布局合理、学段衔接、普职融通、医教结合的特殊教育体系，办学条件和教育质量进一步提升。建立财政为主、社会支持、全面覆盖、通畅便利的特殊教育服务保障机制，基本形成政府主导、部门协同、各方参与的特殊教育工作格局。到 2016 年，全国基本普及残疾儿童少年义务教育，视力、听力、智力残疾儿童少年义务教育入学率达到 90% 以上，其他残疾人受教育机会明显增加。

（二）重点任务

1. 提高普及水平　针对实名登记的未入学残疾儿童少年残疾状况和教育需

求，采用多种形式，逐一安排其接受义务教育。积极发展残疾儿童学前教育，大力发展以职业教育为主的残疾人高中阶段教育，加快发展残疾人高等教育，逐步提高非义务教育阶段残疾人接受教育的比例。

2. 加强条件保障 提高特殊教育学校生均预算内公用经费标准。建立健全覆盖全体残疾学生的资助体系。改善特殊教育办学条件，加强残疾学生学习和生活无障碍设施建设。

3. 提升教育教学质量 研究制订盲、聋和培智三类特殊教育学校课程标准。健全适合残疾学生学习特点的教材体系。扩大特殊教育教师培养规模，加大特殊教育教师培训力度，提高特殊教育教师的专业化水平。逐步建立特殊教育质量监测评价体系。

三、主 要 措 施

（一）扩大残疾儿童少年义务教育规模

扩大普通学校随班就读规模。尽可能在普通学校安排残疾学生随班就读，加强特殊教育资源教室、无障碍设施等建设，为残疾学生提供必要的学习和生活便利。有条件的儿童福利机构可设立特教班。

提高特殊教育学校招生能力。国家支持建设的中西部地区特殊教育学校，要在 2014 年秋季开学前全部开始招生。支持现有特殊教育学校扩大招生规模、增加招生类别。

组织开展送教上门。县（市、区）教育行政部门要统筹安排特殊教育学校和普通学校教育资源，为确实不能到校就读的重度残疾儿童少年提供送教上门或远程教育等服务，并将其纳入学籍管理。

（二）积极发展非义务教育阶段特殊教育

学前教育。各地要将残疾儿童学前教育纳入当地学前教育发展规划，列入国家学前教育重大项目。支持普通幼儿园创造条件接收残疾儿童。支持特殊教育学校和有条件的儿童福利机构增设附属幼儿园（学前教育部）。

高中阶段教育。普通高中和中等职业学校要积极招收残疾学生。鼓励特殊教育学校根据需要举办残疾人高中部（班）。扩大残疾人中等职业学校招生规模，紧密结合经济社会发展需求和残疾人特点合理调整专业结构，为残疾学生提供更多选择。

高等教育。各地要根据需要，有计划地在高等学校设置特殊教育学院或相关专业，满足残疾人接受高等教育的需求。高等学校要按照有关法律法规和政策，努力创造条件，积极招收符合录取标准的残疾考生，不得因其残疾而拒绝招收。要为残疾人接受成人高等学历教育提供便利。加强残疾人职业培训，提高就业创业能力。

（三）加大特殊教育经费投入力度

切实保障特殊教育学校正常运转。义务教育阶段特殊教育学校生均预算内公用经费标准要在三年内达到每年 6000 元，有条件的地区可进一步提高。目前标准高于每年 6000 元的地区不得下调。随班就读、特教班和送教上门的义务教育阶段生均公用经费参照上述标准执行。

进一步提高残疾学生资助水平。针对义务教育阶段残疾学生的特殊需要，在"两免一补"基础上进一步提高补助水平。各地可根据实际对残疾学生提供交通费补助，纳入校车服务方案统筹解决。完善非义务教育阶段残疾学生资助政策，积极推进高中阶段残疾学生免费教育。

各级财政支持的残疾人康复项目优先资助残疾儿童。安排一定比例的残疾人就业保障金，支持特殊教育学校开展劳动技能教育。中央专项彩票公益金继续支持特殊教育发展。鼓励企事业单位、社会团体和公民个人捐资助学。

（四）加强特殊教育基础能力建设

继续实施特殊教育学校建设项目。合理布局，科学规划，支持残疾人中等职业学校和高等院校新建或改扩建一批急需的基础设施，扩大残疾人接受中、高等教育的规模。支持高等学校特殊教育师范专业建设，扩建教学设施，提高特教教师培养培训能力。鼓励有条件的地区试点建设孤独症儿童少年特殊教育学校(部)。

继续实施改善特殊教育办学条件项目。支持承担随班就读残疾学生较多的普通学校设立特殊教育资源教室(中心)，配备基本的教育教学和康复设备，为残疾学生提供个别化教育和康复训练。支持特殊教育学校配备必要的教育教学、康复训练等仪器设备，开展"医教结合"实验，探索教育与康复相结合的特殊教育模式。加大对薄弱特殊教育学校配备教育教学和康复设施的支持力度。

（五）加强特殊教育教师队伍建设

完善教师管理制度。各省（区、市）要落实特殊教育学校开展正常教学和管理工作所需编制，配足配齐教职工。针对特殊教育学校学生少、班额小、寄宿生多、残疾差异大、康复类专业人员需求多、承担随班就读巡回指导任务等特点，可结合地方实际出台特殊教育学校教职工编制标准。全面落实国家规定的特殊教育津贴等特殊教育教师工资待遇倾斜政策。对在普通学校承担残疾学生随班就读教学和管理工作的教师，在绩效考核中给予倾斜。各地要为送教教师和承担"医教结合"实验的相关医务人员提供工作和交通补贴。

提高教师专业水平。研究建立特殊教育教师专业证书制度，逐步实行特殊教育教师持证上岗。制订特殊教育学校教师专业标准。推动地方确定随班就读教师、送教上门指导教师和康复训练人员等的岗位条件。将特殊教育相关内容纳入教师资格考试。教师职务（职称）评聘向特殊教育教师倾斜，将儿童福利机构特教班教师职务（职称）评聘工作纳入当地教师职务（职称）评聘规划。加大特殊教育教师培养力度，鼓励各省（区、市）择优选择师范类院校和其他高校增设特殊教育专业。鼓励高校在师范类专业中开设特殊教育课程，培养师范生的全纳教育理念和指导残疾学生随班就读的教学能力。加大国家级教师培训计划中特殊教育教师培训的比重。采取集中培训和远程培训相结合的方式，逐级开展特殊教育教师全员培训和校长、骨干教师培训。加强普通学校随班就读、资源指导、送教上门等特殊教育教师培训。

（六）深化特殊教育课程教学改革

健全课程教材体系。根据国家义务教育课程标准，结合残疾学生特点和需求，制订盲、聋和培智三类特殊教育学校课程标准。加强特殊教育教材建设，新编和改编盲、聋和培智三类特殊教育学校的义务教育阶段课程教材，覆盖所有学科所有年级。注重培养学生自尊、自信、自立、自强的精神，注重学生的潜能开发和功能补偿。增加必要的职业教育内容，强化生活技能和社会适应能力培养。

改革教育教学方法。加强个别化教育，增强教育的针对性与有效性。开展"医教结合"实验，提升残疾学生的康复水平和知识接受能力。探索建立特殊教育学校与普通学校定期举行交流活动的制度，促进融合教育。以培养就业能力为导向，强化残疾人中、高等职业学校专业特色，建好实习实训基地，进一步加强对残疾学生的就业指导。

四、组 织 领 导

（一）加强统筹规划

各地要将发展特殊教育作为落实教育规划纲要和办好人民满意教育的重要任务，明确各级政府责任，结合本地实际制订特殊教育提升计划实施方案，明确路线图和时间表。要本着特教特办、重点扶持的原则，统筹安排相关资金，合理配置特殊教育和康复资源，切实解决制约特殊教育事业发展的瓶颈问题。

（二）建立工作机制

各地要建立政府领导负责、相关部门协同推进计划实施的工作机制，落实目标任务和主要措施，确保计划如期完成。教育部门要统筹制定特殊教育计划实施方案，加强对承担特殊教育工作学校的指导，开展特殊教育教师培养培训，依托全国中小学生学籍信息管理系统等平台，加强残疾儿童少年教育信息监测服务和动态管理。发展改革部门要把特殊教育纳入当地经济社会发展规划，加强特殊教育学校建设。财政部门要完善特殊教育投入政策，支持改善特殊教育办学条件，加大对特殊教育学生资助力度。民政部门要做好福利机构孤残儿童抚育工作。人力资源社会保障部门要完善和落实工资待遇、职称评定等方面对特殊教育教师的支持政策。卫生计生部门要做好对残疾儿童少年的医疗与康复服务。残联要继续做好未入学适龄残疾儿童少年实名调查登记工作，加强残疾儿童少年康复训练和辅具配发等工作。

（三）加强督导检查和评估验收

各地要以县（市、区）为单位，对基本普及残疾儿童少年义务教育进行评估验收，将残疾儿童少年入学率、特殊教育教师专业化水平和特殊教育保障水平等作为评估验收的主要指标，评估结果向社会公布。国家有关部门组织开展对特殊教育提升计划实施情况的专项督导检查。残疾儿童少年义务教育入学率不达标的县（市、区），不得申报全国义务教育基本均衡县。

教育部关于印发《特殊教育教师专业标准（试行）》的通知

各省、自治区、直辖市教育厅（教委），新疆生产建设兵团教育局：

为落实《国家中长期教育改革和发展规划纲要（2010～2020 年）》要求，进一步完善教师队伍建设标准体系，引领特殊教育教师专业成长，促进特殊教育内涵发展，我部研究制定了《特殊教育教师专业标准（试行）》，现印发给你们，请结合实际认真贯彻执行。

教育部

2015 年 8 月 21 日

特殊教育教师专业标准（试行）

为促进特殊教育教师专业发展，建设高素质特殊教育教师队伍，根据《中华人民共和国义务教育法》《中华人民共和国教师法》《中华人民共和国残疾人保障法》《残疾人教育条例》，特制定本标准。

特殊教育教师是指在特殊教育学校、普通中小学幼儿园及其他机构中专门对残疾学生履行教育教学职责的专业人员，要经过严格的培养与培训，具有良好的职业道德，掌握系统的专业知识和专业技能。本标准是国家对合格特殊教育教师的基本专业要求，是特殊教育教师实施教育教学行为的基本规范，是引领特殊教育教师专业发展的基本准则，是特殊教育教师培养、准入、培训、考核等工作的重要依据。

一、基 本 理 念

（一）师德为先

热爱特殊教育事业，具有职业理想，践行社会主义核心价值观，履行教师职业道德规范，依法执教。具有人道主义精神，关爱残疾学生（以下简称学生），尊重学生人格，富有爱心、责任心、耐心、细心和恒心；为人师表，教书育人，自尊自律，公平公正，以人格魅力和学识魅力教育感染学生，做学生健康成长的指导者和引路人。

（二）学生为本

尊重学生权益，以学生为主体，充分调动和发挥学生的主动性；遵循学生的身心发展特点和特殊教育教学规律，为每一位学生提供合适的教育，最大限度地开发潜能、补偿缺陷，促进学生全面发展，为学生更好地适应社会和融入社会奠定基础。

（三）能力为重

将学科知识、特殊教育理论与实践有机结合，突出特殊教育实践能力；研究学生，遵循学生成长规律，因材施教，提升特殊教育教学的专业化水平；坚持实践、反思、再实践、再反思，不断提高专业能力。

（四）终身学习

学习先进的教育理论，了解国内外特殊教育改革与发展的经验和做法；优化知识结构，提高文化素养；具有终身学习与持续发展的意识和能力，做终身学习的典范。

二、基 本 内 容

维度	领域	基本要求
专业理念 与师德	职业理解与认识	1. 贯彻党和国家教育方针政策，遵守教育法律法规。
		2. 理解特殊教育工作的意义，热爱特殊教育事业，具有职业理想和敬业精神。
		3. 认同特殊教育教师职业的专业性、独特性和复杂性，注重自身专业发展。
		4. 具有良好的职业道德修养和人道主义精神，为人师表。
		5. 具有良好的团队合作精神，积极开展协作交流。
	对学生的态度与 行为	6. 关爱学生，将保护学生生命安全放在首位，重视学生的身心健康发展。
		7. 平等对待每一位学生，尊重学生人格尊严，维护学生合法权益。不歧视、讽刺、挖苦学生，不体罚或变相体罚学生。
		8. 理解残疾是人类多样性的一种表现，尊重个体差异，主动了解和满足学生身心发展的特殊需要。
		9. 引导学生正确认识和对待残疾，自尊自信、自强自立。
		10. 对学生始终抱有积极的期望，坚信每一位学生都能成功，积极创造条件，促进学生健康快乐成长。
	教育教学的态度 与行为	11. 树立德育为先、育人为本、能力为重的理念，将学生的品德养成、知识学习与能力发展相结合，潜能开发与缺陷补偿相结合，提高学生的综合素质。
		12. 尊重特殊教育规律和学生身心发展特点，为每一位学生提供合适的教育。
		13. 激发并保护学生的好奇心和自信心，引导学生体验学习乐趣，培养学生的动手能力和探究精神。
		14. 重视生活经验在学生成长中的作用，注重教育教学、康复训练与生活实践的整合。
		15. 重视学校与家庭、社区的合作，综合利用各种资源。
		16. 尊重和发挥好少先队、共青团组织的教育引导作用。
	个人修养与行为	17. 富有爱心、责任心、耐心、细心和恒心。
		18. 乐观向上、热情开朗、有亲和力。
		19. 具有良好的耐挫力，善于自我调适，保持平和心态。
		20. 勤于学习，积极实践，不断进取。
		21. 衣着整洁得体，语言规范健康，举止文明礼貌。
专业知识	学生发展知识	22. 了解关于学生生存、发展和保护的有关法律法规及政策。
		23. 了解学生身心发展的特殊性与普遍性规律，掌握学生残疾类型、原因、程度、发展水平、发展速度等方面的个体差异及教育的策略和方法。
		24. 了解对学生进行青春期教育的知识和方法。
		25. 掌握针对学生可能出现的各种侵犯与伤害行为、意外事故和危险情况下的危机干预、安全防护与救助的基本知识与方法。
		26. 了解学生安置和不同教育阶段衔接的知识，掌握帮助学生顺利过渡的方法。
	学科知识	27. 掌握所教学科知识体系的基本内容、基本思想和方法。
		28. 了解所教学科与其他学科及社会生活的联系。

续表

维度	领域	基本要求
	教育教学知识	29. 掌握特殊教育教学基本理论，了解康复训练的基本知识与方法。
		30. 掌握特殊教育评估的知识与方法。
		31. 掌握学生品德心理和教学心理的基本原理和方法。
		32. 掌握所教学科的课程标准以及基于标准的教学调整策略与方法。
		33. 掌握在学科教学中整合情感态度、社会交往与生活技能的策略与方法。
		34. 了解学生语言发展的特点，熟悉促进学生语言发展、沟通交流的策略与方法。
	通识性知识	35. 具有相应的自然科学和人文社会科学知识。
		36. 了解教育事业和残疾人事业发展的基本情况。
		37. 具有相应的艺术欣赏与表现知识。
		38. 具有适应教育内容、教学手段和方法现代化的信息技术知识。
专业能力	环境创设与利用	39. 创设安全、平等、适宜、全纳的学习环境，支持和促进学生的学习和发展。
		40. 建立良好的师生关系，帮助学生建立良好的同伴关系。
		41. 有效运用班级和课堂教学管理策略，建立班级秩序与规则，创设良好的班级氛围。
		42. 合理利用资源，为学生提供和制作适合的教具、辅具和学习材料，支持学生有效学习。
		43. 运用积极行为支持等不同管理策略，妥善预防、干预学生的问题行为。
	教育教学设计	44. 运用合适的评估工具和评估方法，综合评估学生的特殊教育需要。
		45. 根据教育评估结果和课程内容，制订学生个别化教育计划。
		46. 根据课程和学生身心特点，合理地调整教学目标和教学内容，编写个别化教学活动方案。
		47. 合理设计主题鲜明、丰富多彩的班级、少先队和共青团等群团活动。
	组织与实施	48. 根据学生已有的知识和经验，创设适宜的学习环境和氛围，激发学生学习的兴趣和积极性。
		49. 根据学生的特殊需要，选择合适的教学策略与方法，有效实施教学。
		50. 运用课程统整策略，整合多学科、多领域的知识与技能。
		51. 合理安排每日活动，促进教育教学、康复训练与生活实践紧密结合。
		52. 整合应用现代教育技术及辅助技术，支持学生的学习。
		53. 协助相关专业人员，对学生进行必要的康复训练。
		54. 积极为学生提供必要的生涯规划和职业指导教育，培养学生的职业技能和就业能力。
		55. 正确使用普通话和国家推行的盲文、手语进行教学，规范书写钢笔字、粉笔字、毛笔字。
		56. 妥善应对突发事件。
	激励与评价	57. 对学生日常表现进行观察与判断，及时发现和赏识每一位学生的点滴进步。
		58. 灵活运用多元评价方法和调整策略，多视角、全过程评价学生的发展情况。
		59. 引导学生进行积极的自我评价。
		60. 利用评价结果，及时调整和改进教育教学工作。
	沟通与合作	61. 运用恰当的沟通策略和辅助技术进行有效沟通，促进学生参与、互动与合作。

续表

维度	领域	基本要求
	反思与发展	62. 与家长进行有效沟通合作，开展教育咨询、送教上门等服务。 63. 与同事及其他专业人员合作交流，分享经验和资源，共同发展。 64. 与普通教育工作者合作，指导、实施随班就读工作。 65. 协助学校与社区建立良好的合作互助关系，促进学生的社区融合。 66. 主动收集分析特殊教育相关信息，不断进行反思，改进教育教学工作。 67. 针对特殊教育教学工作中的现实需要与问题，进行教育教学研究，积极开展教学改革。 68. 结合特殊教育事业发展需要，制定专业发展规划，积极参加专业培训，不断提高自身专业素质。

三、实施意见

（一）各级教育行政部门要将本标准作为特殊教育教师队伍建设的基本依据

根据特殊教育改革发展的需要，充分发挥本标准的引领和导向作用，深化教师教育改革，建立教师教育质量保障体系，不断提高特殊教育教师培养培训质量。制定特殊教育教师专业证书制度和准入标准，严把教师入口关；制定特殊教育教师聘任（聘用）、考核、退出等管理制度，保障教师合法权益，形成科学有效的特殊教育教师队伍管理和督导机制。

（二）开展特殊教育教师教育的院校要将本标准作为特殊教育教师培养培训的主要依据

重视特殊教育教师职业特点，加强特殊教育学科和专业建设。完善特殊教育教师培养培训方案，科学设置教师教育课程，改革教育教学方式；重视特殊教育教师职业道德教育，重视社会实践和教育实习；加强特殊教育师资队伍建设，建立科学的质量评价制度。

（三）实施特殊教育的学校（机构）要将本标准作为教师管理的重要依据

制订特殊教育教师专业发展规划，注重教师职业理想与职业道德教育，增强教师教书育人的责任感与使命感；开展校本研修，促进教师专业发展；完善教师岗位职责和考核评价制度，健全特殊教育教师绩效管理机制。

（四）特殊教育教师要将本标准作为自身专业发展的基本依据

制定自我专业发展规划，爱岗敬业，增强专业发展自觉性；大胆开展教育教学实践，不断创新；积极进行自我评价，主动参加教师培训和自主研修，逐步提升专业发展水平。

残疾人参加普通高等学校招生全国统一考试管理规定（暂行）

第一条 为维护残疾人的合法权益，保障残疾人平等参加普通高等学校招生全国统一考试（以下简称"高考"），根据《中华人民共和国教育法》、《中华人民共和国残疾人保障法》、《残疾人教育条例》和《无障碍环境建设条例》以及国家相关规定，制定本规定。

第二条 各级招生考试机构应遵循高考基本原则，为残疾人参加高考提供平等机会和合理便利。

教育部考试中心负责牵头协调有关部门，研究、提升和完善合理便利的种类及技术水平；省级教育考试机构负责本辖区残疾人参加高考的组织管理和实施工作。

第三条 符合高考报名条件、通过报名资格审查，需要教育考试机构提供合理便利予以支持、帮助的残疾人（以下简称残疾考生）参加高考，适用本规定。

第四条 有关残疾考生参加高考的考务管理工作，除依本规定提供合理便利外，其他应按照教育部《普通高等学校招生全国统一考试考务工作规定》和省级招生考试机构制定的考务工作实施细则的规定执行。

第五条 招生考试机构应在保证考试安全和考场秩序的前提下，根据残疾考生的残疾情况和需要以及各地实际，提供以下一种或几种必要条件和合理便利：

（一）提供现行盲文试卷。

（二）提供大字号试卷。

（三）免除外语听力考试。

（四）优先进入考点、考场。

（五）设立环境整洁安静、采光适宜、便于出入的单独标准化考场，配设单独的外语听力播放设备。

（六）考点、考场配备专门的工作人员（如引导辅助人员、手语翻译人员等）予以协助。

（七）考点、考场设置文字指示标识、交流板等。

（八）考点提供能够完成考试所需、数量充足的盲文纸和普通白纸。

（九）允许视力残疾考生携带答题所需的盲文笔、盲文手写板、盲文作图工具、橡胶垫、无存储功能的盲文打字机、台灯、光学放大镜、盲杖等辅助器具或设备。

（十）允许听力残疾考生携带助听器、人工耳蜗等助听辅听设备。

（十一）允许行动不便的残疾考生使用轮椅、拐杖，有特殊需要的残疾考生可以自带特殊桌椅参加考试。

（十二）适当延长考试时间：使用盲文试卷的视力残疾考生的考试时间，在该科目规定考试总时长的基础上延长 50%；使用大字号试卷、因脑瘫或其他疾病引起的上肢无法正常书写或无上肢考生等书写特别困难考生的考试时间，在该科目规定考试总时长的基础上延长 30%；外语科目延长的考试时间中包含听力考试每道试题播放间隔适当延长的时间。

（十三）其他必要且能够提供的合理便利。

第六条 省级招生考试机构应将残疾人报考办法、途径、针对残疾考生的合理便利措施等纳入当年普通高等学校招生考试报名办法，并提前向社会公布。

第七条 申请合理便利的一般程序应包括：

（一）报名参加高考并申请提供合理便利的残疾考生，应按省级招生考试机构规定的时间、地点、方式提出正式书面申请。申请内容应包括本人基本信息、残疾情况、所申请的合理便利以及需自带物品等，并提供本人的第二代及以上《中华人民共和国残疾人证》以及省级招生考试机构规定的有效身份证件的复印件（扫描件）。

（二）招生考试机构负责受理并审核在本地参加考试的残疾考生提出的正式申请，并组织由有关招生考试机构、残联、卫生等相关部门专业人员组成的专家组，对残疾考生身份及残疾情况进行现场确认，结合残疾考生的残疾程度、提出的合理便利申请以及考试组织条件等因素进行综合评估，并形成书面评估报告。

（三）省级招生考试机构根据专家组评估意见，形成《普通高等学校招生全国统一考试残疾考生申请结果告知书》（以下简称"《告知书》"），在规定的时限内将《告知书》送达残疾考生，由残疾考生或法定监护人确认、签收。《告知书》内容应包含残疾考生申请基本情况、考试机构决定的详细内容以及决定的理由与依据、救济途径等。

第八条 残疾考生对《告知书》内容有异议，可按《告知书》规定的受理时限，向省级教育行政部门提出书面复核申请。

省级教育行政部门的复核意见应按相关程序及时送达残疾考生。

第九条 听力残疾考生，经申请批准后可免除外语听力考试。免除外语听力考试残疾考生的外语科成绩，按"笔试成绩×外语科总分值/笔试部分总分值"计算。

外语听力免考的残疾考生，听力考试部分作答无效。其他考生进行外语听力考试期间，外语听力免考的残疾考生可以翻看试卷，但不得答题。听力考试结束后，方可答题。

第十条 涉及制作盲文试卷、大字号试卷等特殊制卷的，原则上由负责制卷的招生考试机构联合当地残联，提前协调特殊教育学校（院）、盲文出版社等机构，选聘遵纪守法，熟悉业务，工作认真负责，身体健康，且无直系亲属或利害关系人参加当年高考的盲文专业技术人员参加入闱制卷工作。

招生考试机构应当指定专职的盲文专业技术人员分别负责试卷的翻译、校对和制卷工作。盲文试卷制作过程应始终实行双岗或多岗监督。盲文试卷、大字号试卷的包装应有明显区别于其他试卷的标识。

第十一条 省级招生考试机构应当将已确定为其提供合理便利的残疾考生情况提前通知有关考点。考点及其所在地招生考试机构应提前做好相应的准备和专项技能培训工作，并按照省级招生考试机构确定的合理便利组织实施考试，考试过程应全程录音、录像并建档备查。

第十二条 所有获得合理便利服务的残疾考生每科目考试开始时间与最早交卷离场时间按省级招生考试机构的规定执行。

第十三条 省级招生考试机构应组织专门的学科评卷小组，对无法扫描成电子格式实施网上评卷的残疾考生答卷进行单独评阅，评卷工作严格按照教育部高考评卷工作有关规定执行。

涉及盲文试卷的，省级招生考试机构应组织具有盲文翻译经验、水平较高且熟悉学科内容的专业人员（每科目不少于2人），将盲文答卷翻译成明眼文答卷，在互相校验确认翻译无误后，交由各科评卷组进行单独评阅。盲文答卷的翻译工作应在评卷场所完成，并按照高考评卷工作的有关规定进行管理。

第十四条 省级招生考试机构应在已有的突发事件应急预案基础上，制定具有适用于残疾考生特点的专项预案，并对相关考务工作人员进行必要的培训和演练。

第十五条 在组织残疾人参加考试过程中违规行为的认定与处理，按照《国家教育考试违规处理办法》（教育部令第33号）执行。

第十六条 省级招生考试机构可依据本规定，结合当地的实际制订工作实施细则。

第十七条 本规定自2015年起在高考中施行。

第十八条 残疾人参加其他国家教育考试需要提供合理便利的，可参照本规定执行。

第十九条 本规定由教育部负责解释。

残疾人教育条例

（1994 年 8 月 23 日中华人民共和国国务院令第 161 号发布根据 2011 年 1 月 8 日《国务院关于废止和修改部分行政法规的决定》修订 2017 年 1 月 11 日国务院第 161 次常务会议修订通过）

第一章 总 则

第一条 为了保障残疾人受教育的权利，发展残疾人教育事业，根据《中华人民共和国教育法》和《中华人民共和国残疾人保障法》，制定本条例。

第二条 国家保障残疾人享有平等接受教育的权利，禁止任何基于残疾的教育歧视。

残疾人教育应当贯彻国家的教育方针，并根据残疾人的身心特性和需要，全面提高其素质，为残疾人平等地参与社会生活创造条件。

第三条 残疾人教育是国家教育事业的组成部分。

发展残疾人教育事业，实行普及与提高相结合、以普及为重点的方针，保障义务教育，着重发展职业教育，积极开展学前教育，逐步发展高级中等以上教育。

残疾人教育应当提高教育质量，积极推进融合教育，根据残疾人的残疾类别和接受能力，采取普通教育方式或者特殊教育方式，优先采取普通教育方式。

第四条 县级以上人民政府应当加强对残疾人教育事业的领导，将残疾人教育纳入教育事业发展规划，统筹安排实施，合理配置资源，保障残疾人教育经费投入，改善办学条件。

第五条 国务院教育行政部门主管全国的残疾人教育工作，统筹规划、协调管理全国的残疾人教育事业；国务院其他有关部门在国务院规定的职责范围内负责有关的残疾人教育工作。

县级以上地方人民政府教育行政部门主管本行政区域内的残疾人教育工作；县级以上地方人民政府其他有关部门在各自的职责范围内负责有关的残疾人教育工作。

第六条 中国残疾人联合会及其地方组织应当积极促进和开展残疾人教育工作，协助相关部门实施残疾人教育，为残疾人接受教育提供支持和帮助。

第七条 学前教育机构、各级各类学校及其他教育机构应当依照本条例以及国家有关法律、法规的规定，实施残疾人教育；对符合法律、法规规定条件的残疾人申请入学，不得拒绝招收。

第八条 残疾人家庭应当帮助残疾人接受教育。

残疾儿童、少年的父母或者其他监护人应当尊重和保障残疾儿童、少年接受教育的权利，积极开展家庭教育，使残疾儿童、少年及时接受康复训练和教育，并协助、参与有关教育机构的教育教学活动，为残疾儿童、少年接受教育提供支持。

第九条 社会各界应当关心和支持残疾人教育事业。残疾人所在社区、相关社会组织和企事业单位，应当支持和帮助残疾人平等接受教育、融入社会。

第十条 国家对为残疾人教育事业作出突出贡献的组织和个人，按照有关规定给予表彰、奖励。

第十一条 县级以上人民政府负责教育督导的机构应当将残疾人教育实施情况纳入督导范围，并可以就执行残疾人教育法律法规情况、残疾人教育教学质量以及经费管理和使用情况等实施专项督导。

第二章 义 务 教 育

第十二条 各级人民政府应当依法履行职责，保障适龄残疾儿童、少年接受义务教育的权利。

县级以上人民政府对实施义务教育的工作进行监督、指导、检查，应当包括对残疾儿童、少年实施义务教育工作的监督、指导、检查。

第十三条 适龄残疾儿童、少年的父母或者其他监护人，应当依法保证其残疾子女或者被监护人入学接受并完成义务教育。

第十四条 残疾儿童、少年接受义务教育的入学年龄和年限，应当与当地儿童、少年接受义务教育的入学年龄和年限相同；必要时，其入学年龄和在校年龄可以适当提高。

第十五条 县级人民政府教育行政部门应当会同卫生行政部门、民政部门、残疾人联合会，根据新生儿疾病筛查和学龄前儿童残疾筛查、残疾人统计等信息，对义务教育适龄残疾儿童、少年进行入学前登记，全面掌握本行政区域内义务教育适龄残疾儿童、少年的数量和残疾情况。

第十六条 县级人民政府应当根据本行政区域内残疾儿童、少年的数量、类别和分布情况，统筹规划，优先在部分普通学校中建立特殊教育资源教室，配备必要的设备和专门从事残疾人教育的教师及专业人员，指定其招收残疾儿童、少年接受义务教育；并支持其他普通学校根据需要建立特殊教育资源教室，或者安排具备相应资源、条件的学校为招收残疾学生的其他普通学校提供必要的支持。

县级人民政府应当为实施义务教育的特殊教育学校配备必要的残疾人教育教学、康复评估和康复训练等仪器设备，并加强九年一贯制义务教育特殊教育学校建设。

第十七条 适龄残疾儿童、少年能够适应普通学校学习生活、接受普通教育的，依照《中华人民共和国义务教育法》的规定就近到普通学校入学接受义务教育。

适龄残疾儿童、少年能够接受普通教育，但是学习生活需要特别支持的，根据身体状况就近到县级人民政府教育行政部门在一定区域内指定的具备相应资源、条件的普通学校入学接受义务教育。

适龄残疾儿童、少年不能接受普通教育的，由县级人民政府教育行政部门统筹安排进入特殊教育学校接受义务教育。

适龄残疾儿童、少年需要专人护理，不能到学校就读的，由县级人民政府教育行政部门统筹安排，通过提供送教上门或者远程教育等方式实施义务教育，并纳入学籍管理。

第十八条　在特殊教育学校学习的残疾儿童、少年，经教育、康复训练，能够接受普通教育的，学校可以建议残疾儿童、少年的父母或者其他监护人将其转入或者升入普通学校接受义务教育。

在普通学校学习的残疾儿童、少年，难以适应普通学校学习生活的，学校可以建议残疾儿童、少年的父母或者其他监护人将其转入指定的普通学校或者特殊教育学校接受义务教育。

第十九条　适龄残疾儿童、少年接受教育的能力和适应学校学习生活的能力应当根据其残疾类别、残疾程度、补偿程度以及学校办学条件等因素判断。

第二十条　县级人民政府教育行政部门应当会同卫生行政部门、民政部门、残疾人联合会，建立由教育、心理、康复、社会工作等方面专家组成的残疾人教育专家委员会。

残疾人教育专家委员会可以接受教育行政部门的委托，对适龄残疾儿童、少年的身体状况、接受教育的能力和适应学校学习生活的能力进行评估，提出入学、转学建议；对残疾人义务教育问题提供咨询，提出建议。

依照前款规定作出的评估结果属于残疾儿童、少年的隐私，仅可被用于对残疾儿童、少年实施教育、康复。教育行政部门、残疾人教育专家委员会、学校及其工作人员对在工作中了解的残疾儿童、少年评估结果及其他个人信息负有保密义务。

第二十一条　残疾儿童、少年的父母或者其他监护人与学校就入学、转学安排发生争议的，可以申请县级人民政府教育行政部门处理。

接到申请的县级人民政府教育行政部门应当委托残疾人教育专家委员会对残疾儿童、少年的身体状况、接受教育的能力和适应学校学习生活的能力进行评估并提出入学、转学建议，并根据残疾人教育专家委员会的评估结果和提出的入学、转学建议，综合考虑学校的办学条件和残疾儿童、少年及其父母或者其他监护人的意愿，对残疾儿童、少年的入学、转学安排作出决定。

第二十二条　招收残疾学生的普通学校应当将残疾学生合理编入班级；残疾学生较多的，可以设置专门的特殊教育班级。

招收残疾学生的普通学校应当安排专门从事残疾人教育的教师或者经验丰富的教师承担随班就读或者特殊教育班级的教育教学工作，并适当缩减班级学生数额，为残疾学生入学后的学习、生活提供便利和条件，保障残疾学生平等参与教育教学和学校组织的各项活动。

第二十三条　在普通学校随班就读残疾学生的义务教育，可以适用普通义务教育的课程设置方案、课程标准和教材，但是对其学习要求可以有适度弹性。

第二十四条　残疾儿童、少年特殊教育学校（班）应当坚持思想教育、文化教育、劳动技能教育与身心补偿相结合，并根据学生残疾状况和补偿程度，实施分类教学；必要时，应当听取残疾学生父母或者其他监护人的意见，制定符合残疾学生身心特性和需要的个别化教育计划，实施个别教学。

第二十五条　残疾儿童、少年特殊教育学校（班）的课程设置方案、课程标准和教材，应当适合残疾儿童、少年的身心特性和需要。

残疾儿童、少年特殊教育学校（班）的课程设置方案、课程标准由国务院教育行政部门制订；教材由省级以上人民政府教育行政部门按照国家有关规定审定。

第二十六条　县级人民政府教育行政部门应当加强对本行政区域内的残疾儿童、少年实施义务教育工作的指导。

县级以上地方人民政府教育行政部门应当统筹安排支持特殊教育学校建立特殊教育资源中心，在一定区域内提供特殊教育指导和支持服务。特殊教育资源中心可以受教育行政部门的委托承担以下工作：

（一）指导、评价区域内的随班就读工作；

（二）为区域内承担随班就读教育教学任务的教师提供培训；

（三）派出教师和相关专业服务人员支持随班就读，为接受送教上门和远程教育的残疾儿童、少年提供辅导和支持；

（四）为残疾学生父母或者其他监护人提供咨询；

（五）其他特殊教育相关工作。

第三章　职　业　教　育

第二十七条　残疾人职业教育应当大力发展中等职业教育，加快发展高等职业教育，积极开展以实用技术为主的中期、短期培训，以提高就业能力为主，培养技术技能人才，并加强对残疾学生的就业指导。

第二十八条　残疾人职业教育由普通职业教育机构和特殊职业教育机构实施，以普通职业教育机构为主。

县级以上地方人民政府应当根据需要，合理设置特殊职业教育机构，改善办学条件，扩大残疾人中等职业学校招生规模。

第二十九条　普通职业学校不得拒绝招收符合国家规定的录取标准的残疾人入学，普通职业培训机构应当积极招收残疾人入学。

县级以上地方人民政府应当采取措施，鼓励和支持普通职业教育机构积极招收残疾学生。

第三十条　实施残疾人职业教育的学校和培训机构，应当根据社会需要和残疾人的身心特性合理设置专业，并与企业合作设立实习实训基地，或者根据教学需要和条件办好实习基地。

第四章　学前教育

第三十一条　各级人民政府应当积极采取措施，逐步提高残疾幼儿接受学前教育的比例。

县级人民政府及其教育行政部门、民政部门等有关部门应当支持普通幼儿园创造条件招收残疾幼儿；支持特殊教育学校和具备办学条件的残疾儿童福利机构、残疾儿童康复机构等实施学前教育。

第三十二条　残疾幼儿的教育应当与保育、康复结合实施。

招收残疾幼儿的学前教育机构应当根据自身条件配备必要的康复设施、设备和专业康复人员，或者与其他具有康复设施、设备和专业康复人员的特殊教育机构、康复机构合作对残疾幼儿实施康复训练。

第三十三条　卫生保健机构、残疾幼儿的学前教育机构、儿童福利机构和家庭，应当注重对残疾幼儿的早期发现、早期康复和早期教育。

卫生保健机构、残疾幼儿的学前教育机构、残疾儿童康复机构应当就残疾幼儿的早期发现、早期康复和早期教育为残疾幼儿家庭提供咨询、指导。

第五章　普通高级中等以上教育及继续教育

第三十四条　普通高级中等学校、高等学校、继续教育机构应当招收符合国家规定的录取标准的残疾考生入学，不得因其残疾而拒绝招收。

第三十五条　设区的市级以上地方人民政府可以根据实际情况举办实施高级中等以上教育的特殊教育学校，支持高等学校设置特殊教育学院或者相关专业，提高残疾人的受教育水平。

第三十六条　县级以上人民政府教育行政部门以及其他有关部门、学校应当充分利用现代信息技术，以远程教育等方式为残疾人接受成人高等教育、高等教育自学考试等提供便利和帮助，根据实际情况开设适合残疾人学习的专业、课程，采取灵活开放的教学和管理模式，支持残疾人顺利完成学业。

第三十七条　残疾人所在单位应当对本单位的残疾人开展文化知识教育和技术培训。

第三十八条　扫除文盲教育应当包括对年满 15 周岁以上的未丧失学习能力的文盲、半文盲残疾人实施的扫盲教育。

第三十九条　国家、社会鼓励和帮助残疾人自学成才。

第六章 教　师

第四十条　县级以上人民政府应当重视从事残疾人教育的教师培养、培训工作，并采取措施逐步提高他们的地位和待遇，改善他们的工作环境和条件，鼓励教师终身从事残疾人教育事业。

县级以上人民政府可以采取免费教育、学费减免、助学贷款代偿等措施，鼓励具备条件的高等学校毕业生到特殊教育学校或者其他特殊教育机构任教。

第四十一条　从事残疾人教育的教师，应当热爱残疾人教育事业，具有社会主义的人道主义精神，尊重和关爱残疾学生，并掌握残疾人教育的专业知识和技能。

第四十二条　专门从事残疾人教育工作的教师（以下称特殊教育教师）应当符合下列条件：

（一）依照《中华人民共和国教师法》的规定取得教师资格；

（二）特殊教育专业毕业或者经省、自治区、直辖市人民政府教育行政部门组织的特殊教育专业培训并考核合格。

从事听力残疾人教育的特殊教育教师应当达到国家规定的手语等级标准，从事视力残疾人教育的特殊教育教师应当达到国家规定的盲文等级标准。

第四十三条　省、自治区、直辖市人民政府可以根据残疾人教育发展的需求，结合当地实际为特殊教育学校和指定招收残疾学生的普通学校制定教职工编制标准。

县级以上地方人民政府教育行政部门应当会同其他有关部门，在核定的编制总额内，为特殊教育学校配备承担教学、康复等工作的特殊教育教师和相关专业人员；在指定招收残疾学生的普通学校设置特殊教育教师等专职岗位。

第四十四条　国务院教育行政部门和省、自治区、直辖市人民政府应当根据残疾人教育发展的需要有计划地举办特殊教育师范院校，支持普通师范院校和综合性院校设置相关院系或者专业，培养特殊教育教师。

普通师范院校和综合性院校的师范专业应当设置特殊教育课程，使学生掌握必要的特殊教育的基本知识和技能，以适应对随班就读的残疾学生的教育教学需要。

第四十五条　县级以上地方人民政府教育行政部门应当将特殊教育教师的培训纳入教师培训计划，以多种形式组织在职特殊教育教师进修提高专业水平；在普通教师培训中增加一定比例的特殊教育内容和相关知识，提高普通教师的特殊教育能力。

第四十六条　特殊教育教师和其他从事特殊教育的相关专业人员根据国家有关规定享受特殊岗位补助津贴及其他待遇；普通学校的教师承担残疾学生随班就读教学、管理工作的，应当将其承担的残疾学生教学、管理工作纳入其绩效考核内容，并作为核定工资待遇和职务评聘的重要依据。

县级以上人民政府教育行政部门、人力资源社会保障部门在职务评聘、培训进修、表彰奖励等方面，应当为特殊教育教师制定优惠政策、提供专门机会。

第七章　条 件 保 障

第四十七条　省、自治区、直辖市人民政府应当根据残疾人教育的特殊情况，依据国务院有关行政主管部门的指导性标准，制定本行政区域内特殊教育学校的建设标准、经费开支标准、教学仪器设备配备标准等。

义务教育阶段普通学校招收残疾学生，县级人民政府财政部门及教育行政部门应当按照特殊教育学校生均预算内公用经费标准足额拨付费用。

第四十八条　各级人民政府应当按照有关规定安排残疾人教育经费，并将所需经费纳入本级政府预算。

县级以上人民政府根据需要可以设立专项补助款，用于发展残疾人教育。

地方各级人民政府用于义务教育的财政拨款和征收的教育费附加，应当有一定比例用于发展残疾儿童、少年义务教育。

地方各级人民政府可以按照有关规定将依法征收的残疾人就业保障金用于特殊教育学校开展各种残疾人职业教育。

第四十九条　县级以上地方人民政府应当根据残疾人教育发展的需要统筹规划、合理布局，设置特殊教育学校，并按照国家有关规定配备必要的残疾人教育教学、康复评估和康复训练等仪器设备。

特殊教育学校的设置，由教育行政部门按照国家有关规定审批。

第五十条　新建、改建、扩建各级各类学校应当符合《无障碍环境建设条例》的要求。

县级以上地方人民政府及其教育行政部门应当逐步推进各级各类学校无障碍校园环境建设。

第五十一条　招收残疾学生的学校对经济困难的残疾学生，应当按照国家有关规定减免学费和其他费用，并按照国家资助政策优先给予补助。

国家鼓励有条件的地方优先为经济困难的残疾学生提供免费的学前教育和高中教育，逐步实施残疾学生高中阶段免费教育。

第五十二条　残疾人参加国家教育考试，需要提供必要支持条件和合理便利的，可以提出申请。教育考试机构、学校应当按照国家有关规定予以提供。

第五十三条　国家鼓励社会力量举办特殊教育机构或者捐资助学；鼓励和支持民办学校或者其他教育机构招收残疾学生。

县级以上地方人民政府及其有关部门对民办特殊教育机构、招收残疾学生的民办学校，应当按照国家有关规定予以支持。

第五十四条　国家鼓励开展残疾人教育的科学研究，组织和扶持盲文、手语的研究和应用，支持特殊教育教材的编写和出版。

第五十五条 县级以上人民政府及其有关部门应当采取优惠政策和措施，支持研究、生产残疾人教育教学专用仪器设备、教具、学具、软件及其他辅助用品，扶持特殊教育机构兴办和发展福利企业和辅助性就业机构。

第八章 法 律 责 任

第五十六条 地方各级人民政府及其有关部门违反本条例规定，未履行残疾人教育相关职责的，由上一级人民政府或者其有关部门责令限期改正；情节严重的，予以通报批评，并对直接负责的主管人员和其他直接责任人员依法给予处分。

第五十七条 学前教育机构、学校、其他教育机构及其工作人员违反本条例规定，有下列情形之一的，由其主管行政部门责令改正，对直接负责的主管人员和其他直接责任人员依法给予处分；构成违反治安管理行为的，由公安机关依法给予治安管理处罚；构成犯罪的，依法追究刑事责任：

（一）拒绝招收符合法律、法规规定条件的残疾学生入学的；

（二）歧视、侮辱、体罚残疾学生，或者放任对残疾学生的歧视言行，对残疾学生造成身心伤害的；

（三）未按照国家有关规定对经济困难的残疾学生减免学费或者其他费用的。

第九章 附 则

第五十八条 本条例下列用语的含义：

融合教育是指将对残疾学生的教育最大程度地融入普通教育。

特殊教育资源教室是指在普通学校设置的装备有特殊教育和康复训练设施设备的专用教室。

第五十九条 本条例自 2017 年 5 月 1 日起施行。

参 考 文 献

A. Cieza，G. Stucki，张静，等. 2011. 国际功能、残疾与健康分类：发展过程和内容效度[J]. 中国康复理论与实践，17（1）：11～16.

阿历克斯·英格尔斯. 1985. 人的现代化——心理、思想、态度、行为[M]. 殷陆君编译. 成都：四川人民出版社.

陈伟军. 2016. 教育学[M]. 济南：山东人民出版社.

陈永明. 1999. 现代教师论[M]. 上海．华东师范大学出版社.

程柳. 2013. 德国双元制大学课程开发研究[D]. 咸阳：西北农林科技大学.

崔允漷. 2000. 校本课程开发：理论与实践[M]. 北京：教育科学出版社.

崔允漷. 2011. 学校本位教师专业发展：框架及其意义[J]. 教育发展研究，（18）：68.

邓猛. 2009. 融合教育与随班就读：理想与现实之间[M]. 武汉：华中师范大学出版社.

邓猛. 2014. 融合教育理论反思与本土化探索[M]. 北京：北京大学出版社.

方俊明. 2005. 特殊教育学[M]. 北京：人民教育出版社.

高芳. 2011. 教师专业发展的生态环境构建[J]. 继续教育研究，（9）.

高光. 2015. 教育专业发展：外部驱动与自主发展之间的关系[D]. 上海：上海师范大学.

古斯基. 2005. 教师专业发展评价[M]. 方乐，张英等译. 北京：中国轻工业出版社.

郭晨燕. 2016. 志愿服务的社会工作支持研究——以南京市N托养中心为例[D]. 南京：南京师范大学.

郭辉. 2014. 基于生态学视域的少数民族双语教育研究的研究[J]. 青海师范大学学报（哲学社会科学版），（3）.

国办发[2015]36号. 2015. 国务院办公厅关于深化高等学校创新创业教育改革的实施意见.

侯晶晶. 2016. 中国残疾人文化权利保障研究——融合教育的视角[M]. 北京：北京师范大学出版社.

胡桃，沈莉. 2013. 国外创新创业教育模式对我国高校的启示[J]. 中国大学教学，（2）：91～94.

胡中锋. 2016. 教育评价学[M]. 北京：中国人民大学出版社.

黄建行，雷江华. 2012. 特殊教育学校校本课程开发[M]. 北京：北京大学出版社.

江畅、周鸿雁. 2006. 幸福与优雅[M]. 北京：人民出版社.

教育部师范司. 2001. 教师专业化的理论与实践[M]. 北京：人民教育出版社.

靳玉乐. 2003. 新课程改革的理念与创新[M]. 北京：人民教育出版社.

经柏龙. 2008. 教师专业素质的形成与发展研究[D]. 长春：东北师范大学.

卡尔·R·罗杰斯，H. 杰罗姆·弗雷伯格. 2006. 自由学习[M]. 伍新春，管琳，贾荣芳译. 北京：北京师范大学出版社.

李宝，谢康，马丽蓉. 2005. 教师专业化发展研究综述[J]. 康定民族师范高等专科学校学报，（12）.

李超逸. 2013. 系统视域下大学生思想政治教育诸要素协同模式研究[D]. 晋中：山西农业大学.

李定仁. 2006. 西北民族地区校本课程开发研究[M]. 北京：民族出版社.

李伟. 2013. 批判与重建：个体"生命自觉"与当代学校教育[M]. 武汉：华中科技大学出版社.

李政涛. 2010. 生命自觉与教育学自觉[J]. 教育研究，（4）：9.

刘衍玲，潘彦谷，唐凌. 2014. 基于心理素质培养的大学生心理健康教育课程体系建构[J]. 西南大学学报（社会科学版），（5）：93.

刘志敏. 2016. 化育之道——残疾人高等教育的理念与实践[M]. 北京：商务印书馆.

鲁道夫·奥伊肯. 1997. 生活的意义与价值[M]. 万以译. 上海：上海译文出版社.

罗晓轲. 2008. 论校园心理环境对大学生健康人格形成的影响[D]. 大连：大连理工大学.

马静，赵丛. 2015. 浅议多元化大学生学业评价体系的构建与实施[J]. 教育教学论坛，（10）：13.

马斯洛. 1987. 人的潜能和价值[M]. 林方译. 北京：华夏出版社.

马宇. 2012. 美国残疾人高等教育支持体系的特点及其启示[J]. 现代特殊教育，（6）：60～62.

毛晋平. 2006. 教师继续教育中的异化现象及其现代性的反思[J]. 大学教育科学，（2）.

苗强. 2014. 全纳教育视角下对我国弱势儿童教育的审视[D]. 沈阳：沈阳师范大学.

彭美贵. 2013. 现代化视角下大学生和谐人格建构研究[D]. 南京：南京理工大学.

彭兴蓬. 2015. 全纳教育与残疾人的受教育权[M]. 武汉：华中师范大学出版社.

朴永馨. 2004. 残疾人高等特殊教育的产生与发展[J]. 中国听力语言康复科学杂志，（3）：4～6.

申仁洪. 2012. 特殊儿童生涯发展：问题与对策[M]. 北京：科学出版社.

宋改敏，陈向明. 2009. 教师专业成长研究的生态学转向[J]. 现代教育管理，（7）.

孙胜男. 2008. 高中语文校本课程的教育功能研究[D]. 长春：东北师范大学.

王凯. 2008. 西欧中世纪修道院教育研究[D]. 保定：河北大学.

王彦才，郭翠菊. 2010. 教育学[M]. 北京：北京师范大学出版社.

王长纯. 2001. 教师专业化发展：对教师的重新发现[J]. 教育研究，（11）：5.

夏征农，陈至立. 2009. 辞海[M]. 上海：上海辞书出版社.

邢同渊. 2015. 特殊儿童随班就读教育[M]. 北京：中国轻工业出版社.

徐玉珍. 2006. 校本课程开发与校本化课程实施行动研究[M]. 北京：首都师范大学出版社.

雅斯贝尔斯. 1991. 什么是教育[M]. 北京：生活·读书·新知三联书店.

颜廷睿，邓猛. 2013. 西方全纳教育效果的研究分析与启示[J]. 中国特殊教育，（3）：3～7.

杨平，周广强. 2002. 谁来决定我们学校的课程[M]. 北京：北京大学出版社.

杨韶刚. 2003. 人本主义心理学与教育[M]. 哈尔滨：黑龙江教育出版社.

叶澜等. 2001. 教师角色与教师发展新探[M]. 北京：教育科学出版社.

游小培. 2003. 教师职业与发展[M]. 长春：东北师范大学出版社.

禹玲玲. 2011. 《残疾人残疾分类和分级》国家标准发布[J]. 中国残疾人，（5）：12.

昝飞. 融合教育：理想与实践[M]. 上海：华东师范大学出版社.

张娜，申继亮. 2012. 教师专业发展：能动性的视角[J]. 教育理论与实践，（19）：35～38.

张万兴. 2002. 校长领导完全手册[M]. 北京：中央民族大学出版社.

张文京. 2015. 特殊儿童生活教育[M]. 南京：南京师范大学出版社.

赵国军. 2015. 生活适应性校本课程开发的现状、问题及建议——以兰州市F培智学校为个案[D]. 兰州：西北师范大学.

赵丽，陈曦. 2016. 大学生创新创业教育体系研究[J]. 当代教育理论与实践，（5）：114.

赵汀阳. 2004. 论可能生活——一种关于幸福和公正的理论[M]. 北京：中国人民大学出版社.

赵新宇. 2013. 高校第二课堂育人模式构建的概念和理论阐释[D]. 长春：吉林农业大学.

中国残疾人联合会. 2016年中国残疾人事业发展统计公报[残联发（2017）15号][EB/OL]. [2017-03-31]. http://www.cdpf.org.cn/zcwj/zxwj/201703/t20170331_587445.shtml

钟海平，邱建维，郝晓红. 2016. 老年与残疾人康复职业能力培养与课程设置探讨[J]. 课程教育研究，（6）：14.

钟启泉. 2009. 新课程改革开启中国课程发展新纪元——中国课程与教学论的学科确立与研究进展[N]. 中国社会科学报，2009-09-22.

朱永新. 2010. 论新教育实验的教师专业发展[J]. 大连教育学院学报，（2）：1.

Brown PM., Foster S. 1991. Integrating Hearing and Deaf Students on a College Campus: Successes and Barriers as Perceived by Hearing Students[J]. Americans Annals of the Deaf, 136: 21～27.

Day C. 1999. Developing Teachers: the Challenges of Lifelong Learning[M]. London: Falmer.

Evans L. 2002. WhatisTeacher Development?[J]. Oxford Review of Education, （1）: 123～137.

Farrell M. 2009. Foundations of Special Education: An Introduction[M]. New-Jersey: Wiley-Blackwell.

Fullan M, Hargreaves A. 1992. Teacher Development and Educational Change[A]. In: Micheal F., Andy H. Teacher Development and Educational Change[C]. Washington, D. C. : Falmer Press.

Glatthorn A. 1995. Teacher Development[A]. In: Lorin W. A. International Encyclopedia of Teaching and Teacher Education[C]. Oxford: Elsevier Science Ltd.

Gregg N. 2007. Underserved and unprepared: post-secondary learning disabilities[J]. Learning Disabilities Research& Practice, 22（4）: 219～228.

Holye E. 1980. Professionalization and Deprofessionalization in Education [A]. In: Hoyle E., Megarry J. World Yearbook of Education 1980: Professional Development of Teachers[C]. London: Kogan Page.

OECD. 2009. Creating Effective Teaching and Learning Environments: First Results from TALIS[R]. Paris: OECD.

Rogers. 1969. Freedom to learn: A view of what education might become[M]. Colubus, Ohio: Merrill.

Rogers. 1980. C. R. A way of being[M]. Boston, MA: Houghton Mifflin.

Stodden RA. 2005. Supporting persons with disabilities in post-secondary education and life long learning[J]. Journal of Vocational Rehabilitation, 22: 1～2.

Winzer MA. 1993. The History of Special Education from Isolation to Integration[M]. Washington D. C. : Gallaudet University Press.

附　　录
滨州医学院残疾人大学生教育三十年纪事

1985 年

1月20日，省教育厅、省卫生厅联合下达（85）鲁教高字7号文《关于滨州医学院开办残疾人医学二系的意见》。文中明确表示"同意滨州医学院从一九八五年开始创办残疾人医学系。每年招生50人，学制五年，规模为250人，面向全国招生"。

5月25日，经中央和省有关部门同意，学校向华东、华北两地区的山东、江苏、安徽、浙江、江西、福建、北京、天津、河北、山西和解放军总政治部等发出医学二系招生通知，招生名额共57人。

9月10日至11日，医学二系第一届学生入校报到。

9月12日，学校为医学二系首届学生举行了隆重的开学典礼。本届学生57名，他们来自山东等十多个省、市。其中五名学生为中国人民解放军总政治部推荐的在对越自卫反击战中立功受奖的伤残战士。中国残疾人福利基金会派郭福荣同志到会祝贺，卫生部发来贺电，省民政厅等有关部门发来贺电，中共山东省委副书记陆懋曾同志电话祝贺，"当代青年学习的榜样"张海迪转赠了讲话录音及题词，中共惠民地委、惠民地区行署、惠民军分区、滨州市委、市府派代表到会祝贺。《大众日报》社、山东电视台、山东画报社派记者到校进行采访。至此，我国的残疾人高等医学教育揭开了新的篇章。

1986 年

9月13日，学校为医学二系第二届来自十二个省市的50名学生举行开学典礼。中国残疾人福利基金会郭福荣、律曼华同志专程到校参加开学典礼，省民政厅和张海迪同志来电祝贺，惠民地区派人到会祝贺。郭福荣代表基金会在会上宣布：从一九八六年起，向医学二系学生颁发优秀残疾人大学生奖学金。

1987 年

9月9日、10日，医学二系八七级新生入学，当年医学二系从华东、华北十一个省市招收了四十九名学生，其中少数民族1人，华眷子女1人，归侨子女1人，台胞亲属1人，受到省（市）级表彰的三好学生2人，受到地（市）级表彰的优秀学生干部2人。

9月12日，医学二系的席思川、李纯平、黄建臣、唐光波、李玮、张在斌等六名同学荣获中国残疾人福利基金会设立的"残疾人奖学金"。

1988 年

10 月 20 日，被誉为"中国汉森"、"北国保尔"的残疾青年李尔祥，摇轮椅至滨州，来我校与医学二系学生进行亲切交流。

1989 年

10 月，在省教委、省残联联合召开的特殊教育工作会议上，医学二系受省教委通报表彰。

1990 年

5 月 5 日上午，原中央顾问委员、中国残疾人福利基金会名誉理事、山东省残疾人联合会名誉理事长谭启龙同志来我校视察工作，并为我校题词：身残志坚，自强不息。

1991 年

5 月，中央和国家机关八部委向我校颁发全国扶残助残先进集体证书。

5 月，我校荣获"全国助残先进集体奖"。

1992 年

5 月 16 日，由医学二系九一级发起，医学二系团总支、学生会主办的"迎接助残日，声援申办奥运"签名活动走向街头，向社会寻求支持。北京二〇〇〇年奥运会申办委员会收到签名条幅后复信医学二系表示感谢。

11 月 24 日上午，省委副书记、省长赵志浩来我校视察工作，并亲切看望了医学二系学生。

1993 年

3 月 22 日，宋法棠副省长和省教委副主任刘鸣泽一行来我校视察工作，并看望医学二系学生，对学校的工作给予充分肯定。

1994 年

9 月 27 日，学校举行医学二系创办 10 周年庆祝大会暨残疾人康复基金会理事会成立大会。

1995 年

6 月 14 日，医学二系 91 级殷兆方同学获得"省十大优秀学生"荣誉称号。

9 月 8 日，在山东省第四届伤残人运动会上，医学二系学生钟连生、宗立永、耿洪波各获一枚金牌，缪绯等同学获银牌。

1996 年

9 月，医学二系 94 级王宇同学获由省委高校工委与《齐鲁晚报》联合开展的全省高校"齐鲁晚报杯"勤奋奖二等奖。

1997 年

医学二系 93 级被评为 1997 年省普通高校"先进集体"；94 级任乐同学被评为省普通高校"十佳三好学生"和 省普通高校"三好学生"。

1998 年

医学二系完成《医学二系往届毕业生寄语在校生》的编印工作。

1999 年

4 月，医学二系 94 级学生任乐获得全国"三好学生"荣誉称号。《中国教育报》刊发题为《教育：自立的阶梯》的文章，对医学二系进行报道。

10 月 18 日，教育部、共青团中央、《人民日报》社在北京人民大会堂联合召开了"第三届胡楚南优秀大学生奖学金颁奖暨表彰大会"，医学二系 94 级任乐同学获优秀奖，并应邀出席大会。

2000 年

3 月，医学二系 94 级毕业生刘安为回报母校，将自己历年获得的奖金和积蓄共三万元捐赠医学二系，购置 6 台微机创建医学二系微机房。

9 月 9 日，由医学二系 92 级马永同学创办和制作的山东省第一个残疾人专业网站——"山东残疾人"宣告诞生。

10 月 14 日，医学二系 12 名同学获得山东省首届"自强杯"优秀残疾人大学生奖学金。

10 月 16 日，《齐鲁晚报》刊发了张海迪题为《飞吧，鸽子》的文章，该文是张海迪同志为一部反映医学二系 15 年发展史和学生成长足迹的书籍《飞吧，鸽子》作的序。

12 月，一部反映医学二系 15 年发展史和学生成长足迹的书籍《飞吧，鸽子》由中国文联出版社正式出版发行。

2001 年

6 月 30 日，医学二系党支部获"省先进基层党组织"荣誉称号。

9 月，医学二系 2000 级学生许辉勇、孙会发明的"便携式多功能拐杖"获得第七届"挑战杯"全国大学生科技大赛山东赛区特等奖。

2002 年

1 月，由贾玉忱同志主持完成的省社科"九五"重点课题"我国残疾人高等教育研究"成果继获得 2001 年山东省高校科研成果（人文社科类）一等奖之后，再次获得省社科优秀成果二等奖。

3 月，医学二系启动帮助特困生"一个鸡蛋助学工程"。

5 月 17 日，我校成立残疾人大学生助学基金会，首批 46 名贫困学生得到资助。

2003 年

5 月，在山东省第六届伤残人运动会上，医学二系 18 名运动员再创佳绩，共取得 17 枚奖牌，其中金牌 7 枚。

9 月，医学二系获得"山东省首届高校思想政治工作创新奖"荣誉称号。

2004 年

3 月，医学二系获得"全省残疾人体育先进单位"荣誉称号。

6 月，医学二系 99 级张博、张弼臣参加团中央组织的志愿服务西部计划。

11 月，医学二系 2002 级钱宗森同学获得"省级优秀特困生"荣誉称号。

2005 年

5 月 15 日，中央电视台、山东电视台对我校残疾人高等医学教育进行报道。

6 月 2 日，《中国教育报》刊发《一所学校和一群残疾人大学生的故事》的文章。

2005 年 6 月，由省政协委员、我校原党委书记贾玉忱研究员为课题负责人的国家社科基金项目——"我国残疾人就业问题研究"获得山东省第十九次社科评审三等奖。该研究在理论上取得重要突破，主要观点被受国务院委托的《残疾人就业和社会保障条例》起草小组采纳，实际应用于残疾人就业工作中。

2005 年 11 月 21 日、23 日，学校在滨州与烟台两校区举行活动隆重庆祝创办残疾人高等教育 20 周年。庆祝会上，宋文杰校友向母校捐赠三十万元人民币，设立了"文杰·自强奖学基金"。

2006 年

5 月 18 日，在第 16 个"全国助残日"到来之际，滨州市委副书记、市长安世银一行来我校慰问医学二系学生，并捐款人民币二万元。

10 月 15 日、16 日，中国残疾人联合会教育就业部副主任唐淑芬、山东省残疾人联合会教育就业部主任杨忠民一行分别到滨州、烟台两校区考察我校残疾人教育情况。

12月，贾玉忱研究员申报的"残疾人社会适应能力培养研究"获得中国残联委托立项，这是我校残疾人事业理论与实践研究的又一突破。

12月，学校被中国残疾人联合会确定为中国残疾人高等教育基地。这是继6月份被《中国残疾人事业"十一五"发展纲要》列为重点支持的特殊教育院校之后，中残联对学校发展残疾人高等教育的又一支持措施。

2007 年

8月6日上午，中国残联副理事长程凯在滨州市人大常委会副主任郭德刚、市残联理事长石祯祥陪同下到学校视察，并与医学二系学生进行了座谈。省政协委员、我校原党委书记贾玉忱亲切会见了程凯副理事长一行。程凯副理事长高度评价了我校在残疾人教育领域做出的开拓性贡献。

2008 年

5月29日，以"期待·共享"为主题的2008年北京残奥会国际论坛暨2008年北京残奥会开幕式倒计时100天主题活动在北京举行，我校特教学院院长刘志敏作了"超越之路——体育与残疾人大学生和谐发展"的发言，介绍了我校在残疾人教育领域的探索实践和取得的显著成就。特教学院学生李清华同时作了"我爱体育、我爱滨医"的简短发言。

2009 年

6月30日，我校举行残疾人大学生助学金暨文杰·自强奖学金捐赠发放仪式。捐赠发放仪式上，滨州市残联捐赠1万元，滨州市民政局捐赠1万元，学校注资5万元，此次有27名同学得到资助奖励。

8月29日，中国残疾人联合会副理事长程凯来我校指导工作。程凯听取了校领导关于近年来我校残疾人教育发展情况的介绍，对我校在发展残疾人高等教育、完善残疾人基础设施建设等方面取得的成绩给予了充分肯定，并对我校残疾人针灸推拿专业申报、烟台附院康复专科建设等方面提出了意见和建议。

2010 年

2月26日，中央电视台新闻频道在《新闻直播间》节目中播出了关于我校特教学院2005级学生张晓波就业经历的新闻报道。

10月3日，特教学院院长刘志敏应邀参加中国人民大学法学院成立60周年庆祝大会，并在中国人民大学与哈佛大学联合举办的第二届残疾人权益保障论坛上作大会发言。

10月27日，山东省第八届残疾人运动会圆满完成各项赛程，胜利闭幕，我校学生在运动会上取得了3金1银1铜的优异成绩。为学校赢得了荣誉。

12月4日下午，亚洲首位盲人医科博士李雁雁做客"滨医大讲堂"并作题为

《于黑暗处点燃生命之光》的报告。副院长李克祥出席报告会，校团委、各学院学团工作负责人、团总支书记及 1500 余名在校学生一起听取了报告。报告中，李雁雁博士以勇气、毅力、智慧这三个词作为引线，简要介绍了自己双目失明的 20 年人生经历。随后李雁雁博士用幽默风趣的语言与同学们进行现场交流。

2011 年

2011 年 12 月，学校组织开展了 2011 年度残疾人大学生康复补助工作，针对残疾人大学生进行康复手术、辅助器具安装等康复活动中产生的费用进行补助。2011 年康复补助工作涉及全校 11 名同学，补助金额达 12000 元。有效缓解了残疾学生进行康复手术产生的家庭经济困难，同时康复训练使残疾学生重新找回了尊严与自信，行动得到改善，充分体现了学校对残疾人大学生的特殊关怀。

2012 年

4 月 7 至 8 日，我校与北京联合大学联合在北京联合大学特教学院举行了 2012 年残疾人高等教育单考单招录取考试，来自全国 29 个省市自治区直辖市的考生参加了此次考试，其中报考我校中医学（针灸推拿方向）视障考生 44 名。我校残疾人单考单招录取考试是经过教育部、山东省教育厅批准，专门面向残疾人设立的高等教育录取考试，本次考试采取单独报名、统一命题、联合考试、分别录取的联考方式。

6 月，我校成功申报听力与言语康复学本科专业，成为全国首批获得此专业招生资格的医学院校，开创了听力与言语康复学人才培养的先河。

9 月 13 日，学校隆重举行 2012 级视障学生开学典礼。中残联就业服务指导中心主任钱鹏江、中残联盲人按摩管理处处长于滨、国家中医药管理局"金氏脉学"流派传承工作室主任金伟专程出席典礼。学校同时还举行了中国盲人医疗按摩教育培训基地合作协议签署会议。

2013 年

3 月 18 日，中国盲人按摩指导中心处长于滨、北京市中医药管理局医政处处长赵建宏等三人组成的评审团对我校"国家级盲人医疗按摩规范化实训基地建设"情况进行了评审。评审专家听取了基地建设情况汇报，对基地建设进行了实地考察，并现场观摩了视障学生的授课情况。评审专家对我校实训基地的建设情况给予了肯定。

5 月 8 日，一支由滨州医学院、烟台大学、鲁东大学、山东工商学院等 8 所驻烟高校的 8 支 200 余名青年志愿者组成的器官捐献宣传服务队在我校成立。志愿服务队的前身为我校成立的爱心社团——承光心社，"承光心社"发起人系我校 2011 级临床医学专业残疾人大学生刘杨。

2014 年

2014 年 4 月，我校 2014 年单考单招视障学生录取工作顺利结束。共有来自全国各地的 78 名考生报考我校，录取 32 人，超额完成 30 人的原定计划，且生源质量逐年提高，全国考生前六名均被我校录取。

10 月 11 日，由我校主办的第二届教育康复高峰论坛在烟台隆重开幕。来自全国的 18 位特殊教育专家作主场报告。本届论坛主题为"中国特殊教育的必经之路——医教结合，智慧康复"。

10 月 12 日，中国残联残疾人职业教育研讨会在我校成功举办。来自北京联合大学以及我校特殊教育学院等 6 所单位的 9 位专家就《关于加强残疾人职业教育发展的实施意见（修改稿）》的政策文件进行了研讨。

2015 年

9 月，第二届海峡两岸（福州）大学生创业创新大赛在海峡会展中心落下帷幕，滨州医学院王彦龙、赵姣姣、张祖声、陈俭等同学的"健心团队"凭借《非视觉健心—黑暗体验》项目在全国 50 个决赛项目中突出重围，获得三等奖。

9 月，国际著名期刊《Nature》在线发表了迄今为止最大规模的群体基因组测序成果（Whole-genome sequencing identifies EN1 as a determinant of bone density and fracture）。该文第一作者为我校特殊教育学院（医学二系）99 级校友郑厚峰博士。

9 月，国家橄榄球队到烟台驻地集训。期间，到学校寻求医疗支持。经过遴选，决定由学校特殊教育学院周长逯老师带领张凯等 2012 级针灸推拿专业的视障学生，为国家橄榄球队提供运动按摩康复服务。在近两个月里，师生团结合作，圆满完成了各项工作任务。同时，周长逯老师也作为指定随队按摩师参加了在泰国、斯里兰卡举办的亚洲橄榄球外围系列赛和即将在香港举办的 2016 年奥运会选拔赛的保障任务。

10 月 21 日，教育部"国培计划（2015）"特殊教育骨干教师培训班开班典礼在我校学术报告厅成功举行。本次培训班经教育部审批，由滨州医学院承办，主要承担培智教育培训，依托滨州医学院特殊教育和听力与言语康复学科优势，结合国内特殊教育领域高水平专家，从理论与实践角度对自闭症儿童的神经认知、教育康复等方面进行系统培训，是国内该领域最高水平的培训，在全省乃至全国培智教育领域具有重要影响力。

12 月 20 日，学校隆重举行创办残疾人高等教育 30 周年纪念活动。中国残疾人联合会主席张海迪发来贺信。中国残疾人联合会副理事长程凯等领导、嘉宾及校友代表参加了"飞吧鸽子"雕塑揭幕仪式、残疾人高等教育创办 30 周年成就展、残疾人高等教育创办 30 周年座谈会等活动，对滨州医学院为推动中国残疾人高等教育事业发展所作出的积极贡献给予高度评价。